城市轨道交通系列教材

TONGXIN JIANXIU

通信检修

昆明地铁运营有限公司　编

西南交通大学出版社
·成都·

图书在版编目（CIP）数据

通信检修／昆明地铁运营有限公司编. —成都：
西南交通大学出版社，2015.4
城市轨道交通系列教材
ISBN 978-7-5643-3847-3

Ⅰ. ①通… Ⅱ. ①昆… Ⅲ. ①城市铁路－铁路通信－
检修－教材 Ⅳ. ①U239.5

中国版本图书馆 CIP 数据核字（2015）第 070512 号

城市轨道交通系列教材

通信检修

昆明地铁运营有限公司　编

责 任 编 辑	李　伟	
封 面 设 计	墨创文化	
出 版 发 行	西南交通大学出版社 （四川省成都市金牛区交大路 146 号）	
发 行 部 电 话	028-87600564　　028-87600533	
邮 政 编 码	610031	
网　　　　址	http://www.xnjdcbs.com	
印　　　　刷	成都中铁二局永经堂印务有限责任公司	
成 品 尺 寸	185 mm×260 mm	
印　　　　张	18.25	
字　　　　数	454 千	
版　　　　次	2015 年 4 月第 1 版	
印　　　　次	2015 年 4 月第 1 次	
书　　　　号	ISBN 978-7-5643-3847-3	
定　　　　价	60.00 元	

编委会

·出版说明·

　　城市轨道交通诞生于 19 世纪中叶的英国伦敦，经历了近 150 多年的发展历史。它技术成熟、安全可靠、形式多样、用途广泛，以其大载客量、快捷、准时、环保而成为解决日益严重的城市交通堵塞的最有效手段。

　　随着我国经济社会的发展，内地城市化进程大大加快，城市交通问题已然成为制约城市发展的一大问题。为此，国家确立了优先发展城市公共交通的城市发展战略。2009 年年底，国务院批准几个城市轨道交通建设计划。到目前为止，除北京、上海、广州已建成并使用的城市轨道交通线路外，许多二线城市已在建或拟建城市轨道交通线路。根据统计，到 2015 年年底，我国拥有城市轨道交通的城市将达到 30 个。未来 10 年，我国内地将新建城市轨道交通线路 60 多条，新建线路里程在不断扩大；北京、上海、广州等一线城市的城市轨道交通已经形成网络化格局，并呈现密集态势。我国城市轨道交通迎来了最好的发展时机。

　　城市轨道交通的发展，急需大量德才兼备的各类专业人才，如运营、供电、驾驶与检修等。为满足企业对人才特别是高、中级技能型人才培养的迫切需要，同时为适应职业教育"校企合作、工学结合"的教改形势，促进轨道交通行业职业教育教材体系趋于完善，西南交通大学出版社与昆明地铁运营公司及几所高中职学校共同策划，拟出版一套（有 20 余种）适合高、中级职业学校城市轨道交通类专业学生学习以及城市轨道交通管运公司员工培训的教材，首期推出以下 6 种（余下的后续出版）：

《信号检修》

《通信检修》

《电客列车司机》

《车站值班员》

《电客列车检修》

《变电检修》

本套教材侧重运营和维修知识的介绍，编写者根据近几年城市轨道交通的发展，将最新的技术资料收入其中；紧扣职业教育的特点及企业岗位需求，在讲述基本专业知识的基础上，注重实际操作技能的培养。内容系统完整，文字通俗易懂，图文并茂。为配合教学需要，还配有适量练习题。

希望本套教材的出版，能对城市轨道交通职业教育，对正在运行和将要运行的相关城市轨道交通营运公司的用人产生积极影响。受编者水平和时间的限制，本套教材的不足或错漏之处在所难免，欢迎读者批评指正。

西南交通大学出版社

2015 年 1 月

·序·

经过多年的发展，我国城市轨道交通将在 2015 年迎来发展的一个高峰。从已经开通和正在修建的城市轨道交通线路来看，我国的城市轨道交通建设已呈现稳健、持续的态势。城市轨道交通的发展无疑给我们的城市带来诸多益处，让城市魅力得到展现。

为更好地落实"十二五"城市轨道交通人才发展规划，强化人才培养和实践锻炼，加快建设一支数量充足、结构合理、素质过硬的专业技术人才队伍，尽快满足并确保城市轨道交通安全运营对专业技术人才的需要，昆明地铁运营有限公司本着立足当前、着眼长远、瞄准前沿、务求实用的原则，编写了这套既可为企业培训所用，亦可为开设有城市轨道交通课程学习的职业学校所用的专业系列教材。

这套教材与其他的城市轨道交通教材不同，它既突出企业管理新理念，又突出职业学校"产学结合、校企合作"的办学新理念。企业化培训教学，是由国际劳工组织开发推广的以现场教学为主、技能培训为核心的一种教学模式。因其教学模式具有灵活性、针对性、现实性、经济性的特点，即通过科学高效的培训，可大大提高职工业务技术、操作技能水平和应急处理能力，在国内外现代企业中被广泛应用。而我国职业教育发展到今天，校企合作成为一种必然选择。无论哪种职业教育，只有注重培养质量，注重学校学习与企业实践相结合，注重学校与企业资源、信息共享，才能使自身筋骨更强劲，道路更宽广。

这套教材针对地铁一线生产岗位需要，以应知应会、实作技能为重点，涵盖了地铁行车组织、调度指挥、客运、供电、工务、通信、信号等专业系统知识。教材内容通俗易懂、信息量大、专业性强，侧重地铁运营管理中的新技术、新设备，既立足应用实际又有适度超前，部分章节在各类地铁教材中属于首次涉及，因而对培训者与学习者来说具有重要意义与参考价值。编排体例上进行了分类处理，分章节模式和模块模式，对涉及地铁运营、调度岗位的采用章节模式，对涉及地铁维修岗位的采用模块模式。

这套教材由昆明地铁运营有限公司人力资源部组织筹划，体现了公司及客运站段、维保中心专业部室骨干人员的技术力量与智慧，公司工程师以及上海地铁专家对教材内容进行了评审。在此，谨对撰写者付出的辛劳，对专家们给予的大力支持表示衷心感谢！

王　征

2015 年 1 月

·前　言·

城市轨道交通诞生于 19 世纪中叶的英国伦敦，已经历了 150 多年的发展历史。它技术成熟、安全可靠、形式多样、用途广泛，以其大载客量、快捷、准时、环保等优点而成为解决日益严重的城市交通堵塞的最有效手段。

改革开放以来，随着经济的发展，我国内地城市化进程的加快，城市交通问题已成为制约城市发展的重要因素。为此，国家确立了优先发展城市公共交通的城市发展战略，建立以大容量快速轨道交通为骨干、以公共交通为主体的综合交通体系，以此来解决城市交通拥挤问题，从而实现可持续发展这一治本之策。

城市轨道交通的发展，急需大量德才兼备的人才。为了满足人才培养特别是高、中级技能型人才培养的需要，我们组织编写了适合高、中级职业学校城市轨道交通类专业的系列教材。

这套教材紧扣职业教育的特点，在讲述基本专业知识的基础上，注重实际操作技能的培养。内容简洁明了，文字通俗易懂。

本书包括两大部分内容：第一部分是理论知识，分为基础知识和专业知识，是对通信系统基本理论和专业子系统的介绍，主要包括：通信系统通用基础知识、无线通信子系统、电话交换子系统、传输子系统、广播子系统、视频监控子系统、时钟子系统、不间断电源子系统、乘客信息导向子系统、信息网络子系统、集中告警子系统的组织架构与作用原理等；第二部分是实作技能，分为基本技能和检修技能，主要介绍城市轨道交通通信维修组织和基础安全知识；其中，检修技能又详细分为初级检修技能、中级检修技能和高级检修技能，通过技能等级划分，以实际案例介绍通信维护需掌握的检修技能。

本教材可供城市轨道交通通信检修专业的学生使用。要求学生全面掌握通信系统通用知识，对通信系统各子系统的作用、基本架构和工作原理能够熟练掌握，为以后的实际工作打下一定的基础。因此，编者在编写本教材过程中，充分考虑了职业教育的特点，文字通俗易懂，内容简洁明了，并配有大量插图，以满足学生学习的要求。本书充分体现了以全面素质为基础、以能力为本位的思想，注重培养综合应用能力、实践能力、创新能力和职业能力，值得专业学习者学习，也可作为轨道交通行业职工的培训用书。

本教材由赵佳佳担任主编，何溪担任副主编，其他参与编写的人员有：胡清锋、鲁庚、段建林、杨金海、李军、聂娜，全书由何溪统稿。在本教材的编写过程中，编者参阅了大量专业书籍和部分杂志中的专题文章，书末列出了参考文献，在此向所有文献作者表示衷心感谢。

本教材虽然经过反复修改和校对，但由于编者水平与时间有限，书中难免存在不足和疏漏之处，欢迎读者批评指正。

编　者
2014 年 10 月

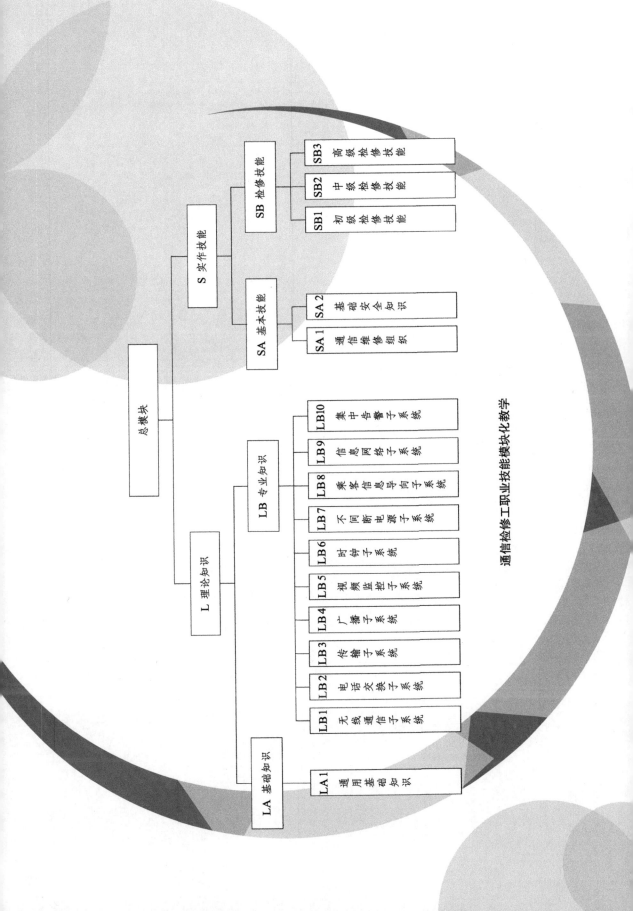

通信检修工职业技能模块化教学

·目 录·

·目 录·

总模块 L

理论知识

分模块 LA　基础知识

子模块 LA1　通用基础知识

一、通信原理基础

1. 通信的定义

通信按传统理解就是信息的传输与交换，信息可以是语音、文字、符号、音乐、图像等。任何一个通信系统，都是从一个称为信息源的时空点向另一个称为信宿的目的点传送信息。以各种通信技术，如以长途和本地的有线电话网（包括光缆、同轴电缆网）、无线电话网（包括卫星通信、微波中继通信网）、有线电视网和计算机数据网为基础组成的现代通信网，通过多媒体技术，可为家庭、办公室、医院、学校等提供文化、娱乐、教育、卫生、金融等广泛的信息服务。可见，通信网络已成为支撑现代社会最重要的基础结构之一。

（1）通信的定义：通信是传递信息的手段，即将信息从发送器传送到接收器。

（2）相关概念：

① 信息：可以理解为消息中包含的有意义的内容。信息一词在概念上与消息的意义相似，但它的含义却更普通化、抽象化。

② 消息：消息是信息的表现形式，消息具有不同的形式，如符号、文字、话音、音乐、数据、图片、活动图像等。也就是说，一条信息可以用多种形式的消息来表示，不同形式的消息可以包含相同的信息。例如，分别用文字（访问特定网站）和话音（拨打 121 特服号）发送的天气预报，所含信息内容相同。

③ 信号：信号是消息的载体，消息是靠信号来传递的。信号一般为某种形式的电磁能（电信号、无线电、光）。

（3）通信的目的：为了完成信息的传输和交换。

2. 通信系统

通信系统是以实现通信为目标的硬件、软件以及人的集合。

（1）通信系统的模型。

基本的点到点通信系统的一般模型如图 LA1-1 所示。

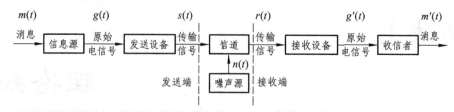

图 LA1-1　点到点通信系统的一般模型图

点到点通信系统各部分的功能如下：

① 信息源：把各种消息转换成原始电信号；

② 发送设备：为了使原始电信号适合在信道中传输，将原始电信号变换成与传输信道相匹配的传输信号；

③ 信道：信号传输的通道；

④ 接收设备：从接收信号中恢复出原始电信号；

⑤ 收信者：将复原的原始电信号转换成相应的消息。

（2）模拟通信系统与数字通信系统。

通信系统中的消息可以分为：

① 连续消息（模拟消息）——消息状态连续变化，如语音、图像等；

② 离散消息（数字消息）——消息状态可数或离散，如符号、文字、数据等。

信号是消息的表现形式，消息被承载在电信号的某一参量上。因此，信号同样可以分为：

① 模拟信号——电信号的该参量连续取值，如普通电话机收发的语音信号；

② 数字信号——电信号的该参量离散取值，如计算机内 PCI/ISA 总线的信号。

模拟信号和数字信号可以互相转换。因此，任何一个消息既可以用模拟信号表示，也可以用数字信号表示。

相应的，通信系统也可以分为模拟通信系统与数字通信系统两大类。

① 模拟通信系统：模拟通信系统在信道中传输的是模拟信号，如图 LA1-2 所示。

图 LA1-2　模拟信号传输图

图中：

基带信号——由消息转化而来的原始模拟信号，一般含有直流和低频成分，不宜直接传输；

已调信号——由基带信号转化来的、频域特性适合信道传输的信号，又称为频带信号。

对模拟通信系统进行研究的主要内容就是研究不同信道条件下不同的调制解调方法。

② 数字通信系统：数字通信系统在信道中传输的是数字信号，如图 LA1-3 所示。

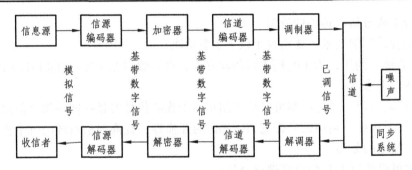

图 LA1-3　数字信号传输图

图中：

信源编/解码器——实现模拟信号与数字信号之间的转换；

加/解密器——实现数字信号的保密传输；

信道编/解码器——实现差错控制功能，用以对抗由于信道条件造成的误码；

调制/解调器——实现数字信号的传输与复用。

以上各个部分的功能可根据具体的通信需要进行设置，对数字通信系统进行研究的主要内容就是研究这些功能的具体实现方法。

数字通信具有以下显著特点：

① 数字电路易于集成化，因此数字通信设备功耗低，易于小型化；

② 再生中继无噪声累积，抗干扰能力强；

③ 信号易于进行加密处理，保密性强；

④ 支持各种消息的传递；

⑤ 数字信号占用信道频带较宽，因此频带利用率较低。

（3）通信系统的分类。

通信系统有不同的分类方法：

① 按消息分：电报系统、电话系统、数据系统、图像系统；

② 按调制方式分：基带传输、频带传输（调幅、调频、调相、脉幅、脉宽、脉位）；

③ 按媒质上的信号分：模拟系统、数字系统；

④ 按传输媒质（信道）分：有线系统（架空明线、对称电缆、同轴电缆、光纤、波导）、无线系统（长波、中波、短波、微波、卫星）；

⑤ 按复用方式分：频分复用、时分复用、码分复用；

⑥ 按消息传送的方向和时间分：单工、半双工、全双工；

⑦ 按数字信号的排列顺序分：串序、并序；

⑧ 按连接形式分：专线直通（点对点）、交换网络（多点对多点）。

3. 信号的传输技术

（1）调制技术的概念。

由消息变换过来的原始信号具有频率较低的频谱分量，这种信号大多不适宜直接传输，必须先在发送端进行调制才便于在信道中传输，而在接收端进行相应的解调操作。所谓调制，就是按原始信号的变化规律去改变载波信号的某些参数的过程。调制过程的目的是把输入信号变换为适合于通过信道传输的波形。

从功能上看，调制技术主要实现了以下 3 个功能：

① 频率变换。例如，为了利用无线传输方式，将有效带宽（0.3～3.4 kHz）内的语音信号调制到高频段上去。

② 实现信道复用。通过调制可以将多路互不干扰的信号安排在同一物理信道中传输。

③ 提高抗干扰性。利用信号带宽和信噪比的互换性，提高通信系统的抗干扰性。

（2）调制技术的分类。

调制技术可以按以下几个角度进行分类：

① 按源信号的不同，可以分为：

a. 模拟调制：连续信号；

b. 数字调制：离散信号。

② 按载波信号的不同，可以分为：

a. 连续波调制：连续信号；

b. 脉冲调制：脉冲信号，如周期矩形脉冲序列。

③ 按调制器的功能，可以分为：

a. 幅度调制：改变幅度，如 AM、DSB、SSB、VSB、ASK；

b. 频率调制：改变频率，如 FM、FSK；

c. 相位调制：改变相位，如 PM、PSK。

频率调制与相位调制均属于角度调制技术。

④ 按调制器传输函数的性质，可以分为：

a. 线性调制：调制前、后的频谱呈线性搬移关系；

b. 非线性调制：无上述关系，且调制后的频谱产生许多新成分。

（3）模拟信号的调制传输。

当源信号是模拟信号且被改变的载波信号的参数也是连续变量时，即称为模拟调制。常见的模拟调制技术包括幅度调制、频率调制、相位调制以及将以上调制方法结合的复合调制技术和多级调制技术。

（4）幅度调制（AM）。

① 幅度调制原理。

幅度调制是用调制信号去控制高频载波的幅度，使其按调制信号的规律而变化的过程。

② 幅度调制的解调。

检波解调：其基本原理是用电容器的充放电过程来跟踪输入的已调信号包络的变化。当输入信号为正向周期时，二极管导通，电容 C 充电；当输入信号为负向周期时，二极管截止，电容 C 放电；当下一个正向周期到来时，电容 C 再次被充电。经过包络检波器后的输出中包含直流分量，隔掉直流后，即可恢复出基带信号。包络检波器的设计需要注意合理选择 RC 时间常数，防止拖尾现象；也可以再加一级低通滤波器，将包络锯齿滤去。

相干解调：调幅信号的相干解调，就是在接收端用一个与发送载波同频、同相的本地载波与接收到的已调信号相乘。

（5）频率调制（FM）。

频率调制：是已调信号的瞬时角频率受基带信号的控制而改变的调制过程，调频信号的瞬时频率与基带信号呈线性关系。

（6）相位调制（PM）。

相位调制：是已调信号的瞬时相位受基带信号的控制而改变的调制过程，调相信号的幅度和角频率相对于载波保持不变，而瞬时相位偏移是基带信号的线性函数。

4. 数字信号的调制传输

（1）基本概念。

通信的最终目的是远距离传递信息，虽然基带数字信号可以在传输距离不远的情况下直接传送，但如果要进行远距离传输，特别是在无线信道上传输时，则必须经过调制将信号频谱搬移到高频处才能在信道中传输。为了使数字信号在有限带宽的高频信道中传输，必须对数字信号进行载波调制。如同模拟信号的频带传输一样，传输数字信号时也有 3 种基本的调制方式：振幅键控（ASK）、频移键控（FSK）和相移键控（PSK）。它们分别对应于利用载波（正弦波）的幅度、频率和相位来承载数字基带信号，可以看作是模拟线性调制和角度调制的特殊情况。

理论上数字调制与模拟调制在本质上没有什么不同，它们都属于正弦波调制。但是，数字调制是源信号为离散型的正弦波调制，而模拟调制则是源信号为连续型的正弦波调制，因而，数字调制具有数字信号的一些特点。这些特点主要包括两个方面：第一，数字调制信号的产生，除把数字的调制信号当作模拟信号的特例而直接采用模拟调制方式产生数字调制信号外，还可以采用键控载波的方法；第二，对于数字调制信号的解调，为提高系统的抗噪声性能，通常采用与模拟调制系统不同的解调方式。

（2）振幅键控（ASK）。

① 2ASK 的调制原理。

振幅键控是正弦载波的幅度随数字基带信号而变化的数字调制，即源信号为"1"时，发送载波；源信号为"0"时，发送 0 电平。所以也称这种调制为通、断键控（OOK）。当数字基带信号为二进制时，也称为二进制振幅键控（2ASK）。

2ASK 信号是数字调制方式中最早出现的，也是最简单的，但其抗噪声性能较差，因此实际应用并不广泛，但经常作为研究其他数字调制方式的基础。

② 2ASK 信号的解调。

与调幅信号相似，2ASK 信号也有 2 种基本的解调方式：非相干解调（包络检波法）和相干解调（同步检测法）。

（3）频移键控（FSK）。

① 2FSK 的调制原理。

在二进制数字调制中，若正弦载波的频率随二进制基带信号在 0 和 1 两个频率点间变化，则产生二进制移频键控信号（2FSK 信号）。2FSK 信号的产生，可以采用模拟调频电路来实现，即利用一个矩形脉冲对载波进行调制；也可以采用数字键控的方法来实现，即利用受控的矩形脉冲序列控制的开关电路对两个独立的频率源进行选通。

② 2FSK 信号的解调。

二进制频移键控信号的解调方法很多，有模拟鉴频法和过零检测法，有非相干解调方法也有相干解调方法。其解调原理是将二进制频移键控信号分解为上下两路二进制振幅键控信号，分别进行解调，通过对上下两路的抽样值进行比较，最终判决出输出信号。这里的抽样判决器是判断哪一个输入样值大，因此可以不设置门限值。

（4）相移键控（PSK）。

① 2PSK 的调制原理。

在二进制数字调制中，当正弦载波的相位随二进制数字基带信号离散变化时，则产生二进制移相键控（2PSK）信号。通常使用信号载波的 0° 和 180° 相位分别表示二进制数字基带信号的"1"和"0"。

② 2PSK 信号的解调。

2PSK 信号的解调通常都是采用相干解调法与极性比较法。在解调过程中，需要用到与接收的 2PSK 信号同频同相的相干载波。

③ 差分相移键控（2DPSK）信号。

绝对相移键控信号只能采用相干解调法接收，而在相干接收过程中由于本地载波的载波相位很可能是不准确的，因此解调后所得的数字信号的符号也容易发生颠倒，这种现象称为相位模糊。这是采用绝对相移键控的主要缺点，因此绝对相移键控在实际中已很少采用。其解决的方法就是使用相对（差分）相移键控（DPSK）调制。

2DPSK 信号的实现方法：首先对二进制数字基带信号进行差分编码，将绝对码表示二进制信息变换为用相对码表示的二进制信息；然后再进行绝对调相，从而产生二进制差分相位键控信号。

2DPSK 信号可以采用相干解调方式。其解调原理为：对 2DPSK 信号进行相干解调，恢复出相对码；再通过码反变换器变换为绝对码，从而恢复出发送的二进制数字信息。在解调过程中，若相干载波产生 180° 相位模糊，解调出的相对码将产生倒置现象，但是经过码反变换器后，输出的绝对码不会发生任何倒置现象，从而解决了载波相位模糊的问题。

5. 信号的数字化处理技术

通信系统中的信号可以分为模拟信号与数字信号两大类，与模拟信号相比，由于数字信号在传输、交换、处理等过程中有极大的优越性，因此目前的通信系统普遍是以数字信号为主的数字通信系统。即使源信号是模拟信号，也要转换成数字信号再进行处理。信号的数字化处理技术研究数字信号的特性及其传输、交换、处理的原理，主要包括模拟/数字（A/D）变换、数字/模拟（D/A）变换、数字复用技术、数字复接技术、同步技术等概念。而数字通信技术的代表——SDH 技术——也是当前应用最为广泛的传输技术之一。

（1）模拟信号的数字化。

通常所说的模拟信号数字化是指将模拟的话音信号数字化，再将数字化的话音信号进行传输和交换的技术。这一过程涉及数字通信系统中的两个基本组成部分：一个是发送端的信源编码器，它将信源的模拟信号变换为数字信号，即完成模拟/数字（A/D）变换；另一个是接收端的译码器，它将数字信号恢复成模拟信号，即完成数字/模拟（D/A）变换，将模拟信号发送给信宿。

模拟信号的数字化过程主要包括 3 个步骤：抽样、量化和编码。抽样是指用每隔一定时间的信号样值序列来代替原来在时间上连续的信号，也就是在时间上将模拟信号离散化。量化是用有限个幅度值近似原来连续变化的幅度值，把模拟信号的连续幅度变为有限数量的有一定间隔的离散值。编码则是按照一定的规律，把量化后的值用二进制数字表示，然后转换成二进制或多进制的数字信号流。这样得到的数字信号可以通过光纤、微波干线、卫星信道等数字线路传输。上述数字化的过程有时也被称为脉冲编码调制。

（2）抽样。

要使话音信号数字化并实现时分多路复用，首先要在时间上对话音信号进行离散化处理，这一过程即是抽样。话音通信中的抽样就是每隔一定的时间间隔 T，抽取话音信号的一个瞬时幅度值（抽样值），抽样后所得出的一系列在时间上离散的抽样值称为样值序列。抽样后的样值序列在时间上是离散的，可进行时分多路复用处理，也可将各个抽样值经过量化、编码后变换成二进制数字信号。

（3）量化。

抽样把模拟信号变成了时间上离散的脉冲信号，但脉冲的幅度仍然是连续的，还必须进行离散化处理，才能最终用离散的数值来表示。这就要对幅值进行舍零取整的处理，这个过程称为量化。

实际信号可以看成量化输出信号与量化误差之和，因此只用量化输出信号来代替原信号就会有失真。一般来说，可以把量化误差的幅度概率分布看成在 $-\Delta/2 \sim +\Delta/2$ 之间的均匀分布。可以证明，量化失真功率与最小量化间隔的平方成正比。最小量化间隔越小，失真就越小；而最小量化间隔越小，用来表示一定幅度的模拟信号所需的量化级数就越多，因此处理和传输就越复杂。所以，量化既要尽量减少量化级数，又要使量化失真尽量小。一般都用一个二进制数来表示某一量化级数，经过传输在接收端再按照这个二进制数来恢复原信号的幅值。所谓量化比特数，是指要区分所有量化等级所需二进制数的位数。例如，有 8 个量化等级，那么可用三位二进制数来区分，因此，称 8 个量化等级的量化为 3 比特量化。8 比特量化则是指共有 256 个量化等级的量化。

量化误差与噪声是有本质区别的。因为任一时刻的量化误差可以从输入信号求出，而噪声与信号之间就没有这种关系。可以证明，量化误差是高阶非线性失真的产物，但量化失真在信号中的表现类似于噪声，也有很宽的频谱，所以也被称为量化噪声，并采用信噪比来衡量。

上述采用均匀间隔量化级进行量化的方法称为均匀量化或线性量化，这种量化方式存在大信号时信噪比有余而小信号时信噪比不足的缺点。如果使小信号时量化级间宽度小些，而大信号时量化级间宽度大些，就可以使小信号时和大信号时的信噪比趋于一致。这种非均匀量化等级的安排称为非均匀量化或非线性量化。实际的通信系统大多采用非均匀量化方式。

目前，实现对于音频信号的非均匀量化通常采用压缩、扩张的方法，即在发送端对输入的信号进行压缩处理，然后进行均匀量化，在接收端再进行相应的扩张处理。目前，国际上普遍采用容易实现的 A 律 13 折线压扩特性和 μ 律 15 折线的压扩特性。我国规定采用 A 律 13 折线压扩特性。采用 13 折线压扩特性后小信号时量化信噪比的改善量最大可达 24 dB，而这是靠牺牲大信号量化信噪比（损失约 12 dB）换来的。

（4）编码。

抽样、量化后的信号还不是数字信号，需要把它转换成数字编码脉冲，这一过程称为编码。最简单的编码方式是二进制编码。具体说来，就是用 n 比特二进制码来表示已经量化了的抽样值,每个二进制数对应一个量化值,然后把它们排列,得到由二值脉冲组成的数字信息流。用这种方式组成的脉冲串的频率等于抽样频率与量化比特数的乘积,称为所传输数字信号的码速率。显然,抽样频率越高、量化比特数越大,码速率就越高,所需要的传输带宽也就越宽。除了上述自然二进制编码外,还有其他形式的二进制编码,如格雷码和折叠二进制码等。

二、计算机网络基础

计算机网络是现代计算机技术与通信技术结合的产物,是随着社会对信息共享和信息传递的日益增强的需求而发展起来的。

计算机网络就是利用通信设备和线路,将地理位置不同、功能独立的多个计算机系统连接起来,以功能完善的网络软件来实现网络中资源共享和信息传递的系统。

(一)计算机网络的基本功能

计算机网络的实现,为用户构造分布式网络计算机环境提供了基础。

计算机网络的主要功能有以下几个方面:

(1)数据传输;

(2)共享资源;

(3)提高可靠性;

(4)分布式数据处理。

(二)计算机网络的形成与发展

计算机网络是计算机技术和通信相结合的产物。计算机网络出现于 20 世纪 60 年代中期,发展非常迅速。

计算机网络的发展经历了由简单到复杂、由低级到高级的发展过程,其演变过程可概括为以下 4 个阶段:

第一阶段是具有通信功能的单机系统;

第二阶段是具有通信功能的多机系统;

第三阶段是资源共享的计算机网络;

第四阶段是网络体系结构标准化以及 Internet 的高级发展。

进入 20 世纪 90 年代后,计算机网络的发展更加迅速,正在向综合化、智能化、高速化的方向发展。

(三)计算机网络的分类

计算机网络有多种类别,下面从几种不同的角度进行分类:

1. 按作用范围分类

(1)网际网(Internet Work);

（2）广域网 WAN（Wide Area Network）；

（3）城域网 MAN（Metropolitan Area Network）；

（4）局域网 LAN（Local Area Network）。

2．按网络的使用者进行分类

（1）公用网（Public Network）；

（2）专用网（Private Network）。

（四）计算机网络的构成

计算机网络系统是由网络硬件和网络软件组成的。

1．网络硬件

网络硬件是计算机网络系统的物质基础。要构成一个计算机网络系统，首先要将计算机及其附属硬件设备与网络中的其他计算机系统连接起来，以实现物理连接。

（1）计算机设备。

在计算机网络中，计算机设备根据其在网络中的服务特性，可划分为网络服务器和网络工作站。

（2）连接设备。

（3）终端。

终端设备是用户进行网络操作所使用的设备。

（4）传输介质。

传输介质是传送信号的载体，负责将网络中的多种设备连接起来。

2．网络软件

在网络系统中，每个用户都可享用系统中的各种资源，为了协调系统资源，需要通过软件对网络资源进行全面管理，进行合理调度和分配，并采取一系列的保密安全措施，保证数据和信息的安全。

（1）网络操作系统。

网络操作系统是为了使网络用户能方便有效地共享网络资源而提供的各种服务软件及相关规程的集合。

（2）网络协议。

网络协议软件是计算机网络中各部分之间必须遵守的规则的集合，计算机网络体系结构也由协议决定，网络管理软件、网络通信软件以及网络应用软件等都要通过网络协议软件才能发生作用。

（3）网络应用软件。

网络应用软件是指在网络环境下直接面向用户的软件。计算机网络通过应用软件为用户提供信息资源的传输和资源共享服务。

（4）网络拓扑结构。

网络拓扑结构是抛开网络物理连接来讨论网络系统的连接方式，网络中各站点相互连接的方法称为拓扑。拓扑图给出了网络服务器、工作站点的网络配置及相互之间的连接。

按拓扑结构来分类，计算机网络可分为星形结构、环形结构、总线形结构、网状形结构、树形结构等。

① 星形结构。

星形结构是指各工作站点都通过连接电缆与主控制机相连。网络中有中央节点，其他节点（工作站、服务器）都与中央节点直接相连，相关站点之间的通信都要通过中央节点，因此又称为集中式网络，如图 LA1-4 所示。

② 环形结构。

环形结构由网络中若干节点通过点到点的连接线路依次互相连接构成一个闭合的环形，数据在环形路线中单向或双向传输，信息从一个节点传到另一个节点，如图 LA1-5 所示。

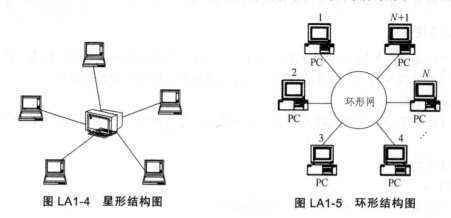

图 LA1-4　星形结构图　　　　　　　　图 LA1-5　环形结构图

③ 总线形结构。

总线形结构是指各个工作站直接连接到一条作为公共传输介质的总线上，各工作站地位平等，无中心节点控制，数据源可以沿着两个不同的方向由一个工作站传到另一个工作站，如同广播电台发射的信息一样，因此又称广播式计算机网络。

④ 网状形结构（或称分布式结构）。

分布式结构的网络是将分布在不同地点的计算机通过线路互相连接起来的一种形式。

⑤ 树形结构。

树形结构是将各节点通过多级处理主机进行分级连接，是一种分级集中控制式网络，如图 LA1-6 所示。

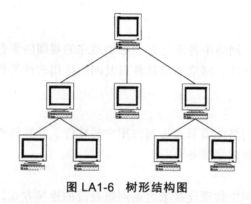

图 LA1-6　树形结构图

（五）计算机网络协议

1. 网络协议的定义

协议在本质上是指通信双方必须遵守的、控制信息交换的规则集合。通信双方要实现彼此之间的信息交换和资源共享，同样必须遵守协议。

2. 网络协议的组成要素

协议一般由语法、语义、定时 3 个要素组成。

（1）语法：确定通信双方之间"如何建立统一规范"的问题，涉及用于协调和差错处理的控制信息，即用户数据与控制信息的结构与格式；

（2）语义：涉及通信双方之间"通信内容"的问题，即需要发出控制信息的种类，以及完成的动作与所做出的响应；

（3）定时：涉及事件的顺序以及速度匹配的问题。

3. 常用网络协议介绍

（1）TCP/IP 协议。

TCP/IP（Transmission Control Protocol/ Internet Protocol）即"传输控制协议/网际协议"。计算机网络中最常用的协议为 TCP/IP 协议，不同的网络通过 TCP/IP 协议能够相互通信。

全球最大的网络是因特网（Internet），它所采用的网络协议就是 TCP/IP 协议，它是因特网的核心技术。

传输控制协议（TCP）负责收集信息包，并将其按适当的次序放好传送，在接收端收到后再将其正确地还原，并保证数据包在传送过程中准确无误。

网际协议（IP）负责将消息从一个主机送到另一个主机。为了安全，消息在传送的过程中被分割成一个个的小包。

（2）IPX/SPX 协议。

IPX/SPX 协议是 Novell 公司为了适应网络的发展而开发的通信协议，具有很强的适应性，安装很方便，同时还具有路由功能，可以实现多个网段之间的通信。

IPX 协议负责数据包的传送，SPX 负责数据包传输的完整性。IPX/SPX 协议一般用于局域网中。

（3）NetBEUI 协议。

NetBEUI 协议的全称是"NetBIOS Extends User Interface"，是"NetBIOS 扩展用户接口"的意思，其中 NetBIOS 是指"网络基本输入/输出系统"。

NetBEUI 是一种网络通信协议，它主要应用于一些规模较小，无需使用 IPX/SPX 或 TCP/IP 协议的网络。

（4）FTP。

FTP（File Transfer Protocol）是文件传输协议，允许用户计算机之间在网上传送程序或文件。

（5）SMTP 协议。

SMTP（Simple Mail Transfer Protocol）是简单邮件传送协议，允许网上计算机之间互通信。

（六）计算机网络的体系结构

1. OSI 参考模型——标准网络体系结构

在计算机网络产生之初，每个计算机厂商都有自己的网络体系的结构概念，它们之间互不相容。为此，国际标准化组织（ISO）专门建立了一个分委员会来研究一种用于开放系统互联（Open Systems Interconnection，OSI）的体系结构。

OSI 参考模型分为 7 层：物理层、数据链路层、网络层、传输层、会话层、表示层和应用层，如图 LA1-7 所示。

（1）物理层：OSI 模型的最底层或第一层，该层包括物理联网媒介，如电缆连线连接器。物理层的协议产生并检测电压以便发送和接收携带数据的信号。例如，当你在桌面 PC 上插入网络接口卡时，你就建立了计算机联网的基础，换言之，你就提供了一个物理层。尽管物理层不提供纠错服务，但它能够设定数据传输速率并监测数据出错率。网络物理问题，如电线断开时，将影响物理层。

图 LA1-7　OSI 参考模型图

（2）数据链路层：OSI 模型的第二层，它控制网络层与物理层之间的通信。它的主要功能是实现在不可靠的物理线路上进行数据的可靠传递。为了保证传输，从网络层接收到的数据被分割成特定的、可被物理层传输的帧。帧是用来移动数据的结构包，它不仅包括原始数据，还包括发送方和接收方的网络地址以及纠错和控制信息。其中的地址确定了帧将发送到何处，而纠错和控制信息则确保帧无差错到达。

数据链路层的功能独立于网络和它的节点及所采用的物理层类型，它也不关心是否正在运行 Word、Excel 或使用 Internet。有一些连接设备，如交换机，由于它们要对帧解码并使用帧信息将数据发送到正确的接收方，所以它们是工作在数据链路层的。

（3）网络层：OSI 模型的第三层，其主要功能是将网络地址翻译成对应的物理地址，并决定如何将数据从发送方路由到接收方。

网络层通过综合考虑发送优先权、网络拥塞程度、服务质量以及可选路由的花费来决定从一个网络中节点 A 到另一个网络中节点 B 的最佳路径。由于网络层处理路由，而路由器因为连接网络各段，并智能指导数据传送，属于网络层。在网络中，"路由"基于编址方案、使用模式以及可达性来指引数据的发送。

（4）传输层：OSI 模型中最重要的一层，用于传输协议同时进行流量控制，或是基于接收方可接收数据的快慢程度规定适当的发送速率。除此之外，传输层按照网络能处理的最大尺寸将较长的数据包进行强制分割。例如，以太网无法接收大于 1 500 个字节的数据包。发送方节点的传输层将数据分割成较小的数据片，同时对每一数据片安排一序列号，以便数据到达接收方节点的传输层时，能以正确的顺序重组。该过程即被称为排序。

工作在传输层的一种服务是 TCP/IP 协议套中的 TCP（传输控制协议），另一项传输层服务是 IPX/SPX 协议集的 SPX（序列包交换）。

（5）会话层：负责在网络中的两节点之间建立和维持通信。会话层的功能包括：建立通信链接、保持会话过程通信链接的畅通、同步两个节点之间的对话、决定通信是否被中断以及通信中断时决定从何处重新发送。

人们有时把会话层称作网络通信的"交通警察"。当通过拨号向你的 ISP（因特网服务提供商）请求连接到因特网时，ISP 服务器上的会话层向你与你的 PC 客户机上的会话层进行协商连接。若你的电话线偶然从墙上插孔脱落时，你终端机上的会话层将检测到连接中断并重新发起连接。会话层通过决定节点通信的优先级和通信时间的长短来设置通信期限。

（6）表示层：应用程序和网络之间的翻译官。在表示层，数据将按照网络能理解的方案进行格式化；这种格式化也因所使用网络的类型不同而不同。

表示层管理数据的解密与加密，如系统口令的处理。例如，在 Internet 上查询银行账户时，使用的即是一种安全连接。账户数据在发送前被加密，在网络的另一端，表示层将对接收到的数据解密。除此之外，表示层协议还对图片和文件格式信息进行解码和编码。

（7）应用层：负责对软件提供接口以使程序能使用网络服务。术语"应用层"并不是指运行在网络上的某个特别应用程序，应用层提供的服务包括文件传输、文件管理以及电子邮件的信息处理。

2. TCP/IP 分层模型与协议

Internet 实际是采用基于开放系统的网络参考模型 TCP/IP 模型。

不同的厂家生产各种型号的计算机，它们运行完全不同的操作系统，但 TCP/IP 协议簇允许它们互相进行通信。

TCP/IP 是一组不同层次上的多个协议组合，通常被认为是一个 4 层协议系统，分别为应用层、传输层、网络层和链路层。

（1）链路层，有时也称作数据链层或网络接口层，通常包括操作系统中的设备驱动程序和计算机中对应的网络接口卡。它们一起处理与电缆（或其他任何传输媒介）的物理接口细节。

（2）网络层，也称作互联网层，负责处理分组在网络中的活动。在 TCP/IP 协议簇中，网络层协议包括 IP 协议、ICMP 协议以及 IGMP 协议。

（3）传输层，主要为两台主机上的应用程序提供端到端的通信。该层定义了两个传输协议：TCP 和 UDP。

（4）应用层，负责处理特定的应用程序细节，专门为用户提供应用服务。常用的应用层协议有：Telnet、FTP、SMTP、SNMP 等。

（七）Internet 基础知识

1. Internet 概述

因特网（Internet）是当今世界上最大的计算机网络通信系统，它的全称为"国际计算机分组交换互联网络"。

Internet 可以连接各种各样的计算机系统和计算机网络。只要遵循 TCP/IP 协议，就可以连入 Internet。Internet 已经成为现代人获取信息的一种最有效的手段。

2. Internet 在中国

我国在接入 Internet 网络基础设施方面已进行了大规模的投入，建成了中国公用分组交换数据网（CHINAPAC）和中国公用数字数据网（CHINADDN），覆盖全国范围的数据通信网络为 Internet 在我国的普及打下了良好的基础。

我国现有四大网络：

（1）中国公用计算机互联网；

（2）中国教育科研网；

（3）中国科技信息网；

（4）国家公用经济信息通信网络。

3. 接入 Internet

人们想要充分利用网络上的丰富资源，就需要接入 Internet。由于每个用户的环境和要求不同，所以采用的接入 Internet 的方法也不同。

Internet 可以采用如下几种技术接入：

（1）PSTN（Published Switched Telephone Network，公用电话交换网）；

（2）ISDN（Integrated Service Digital Network，综合业务数字网）；

（3）ADSL（Asymmetrical Digital Subscriber Line，非对称数字用户环路）；

（4）DDN 专线；

（5）光纤接入；

（6）HFC 接入方式。

4. IP 地址

IP 地址是指人们为了通信，给每一台计算机都事先分配的标志地址，而且在 Internet 范围内是唯一的。

（1）IP 地址分类。

一个 IP 地址包含 32 位的二进制数，在表示时，通常用十进制数标记，按字节分为四段，每段的取值范围是 0 ~ 225，段间用圆点“.”分开。

例如，假设有一个 IP 地址是："11011011 11001010 10101010 01010101"，则该 IP 地址用十进制数表示为："219.202.170.85"。

IP 地址类型如图 LA1-8 所示。

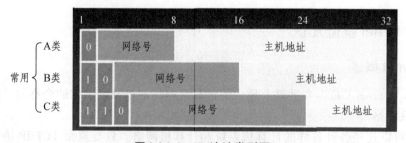

图 LA1-8　IP 地址类型图

IP 地址规定：网络号不能以 127 开头；第一字节不能全为 0，也不能全为 1；机器号不能全为 0，也不能全为 1。

IP 地址规划如图 LA1-9 所示。

A类	126个	1677214	1.0.0.1~126.255.255.254
B类	16384个	65534	128.0.0.1~191.255.255.254
C类	20971152	254	192.0.0.1~223.255.255.254
D类	组播	254	224.0.0.1~239.255.255.254
E类	保留	254	240.0.0.1~254.255.255.254

图 LA1-9　IP 地址规划图

（2）子网和子网掩码。

① 子网。

在给网络分配 IP 地址时，有时为了便于管理和维护网络，可能将网络分成几个部分，每个部分称为一个"子网"。划为子网的常用方法是用主机地址的高位来标识子网号，其余位表示主机地址。

② 子网掩码。

由于子网的划定没有统一的算法，因此单从 IP 地址无法判定一台主机处于哪个子网，解决的方法是采用子网掩码技术。子网掩码的作用就是判断两个需要通信的主机是否需要经过网络转发。

子网掩码也是一个 32 位地址，其构成规则是：所有标识网络地址和子网地址的部分用"1"表示，主机地址用"0"表示，将子网掩码和 IP 地址进行"与"运算，得到的地址即为该 IP 地址所属的子网。

A 类地址的子网掩码：255.0.0.0

B 类地址的子网掩码：255.255.0.0

C 类地址的子网掩码：255.255.255.0

将子网掩码和 IP 地址进行"与"运算，用以区分一台计算机是在本地网络还是在远程网络，如果两台计算机 IP 地址和子网掩码"与"运算结果相同，则表示两台计算机处于同一网络内。

③ 新一代 IP 地址——IPV6。

从 20 世纪 90 年代起，人们开始开发 IPV6（Internet Protocol Version 6）协议，并于 1998 年发布了草案标准。这一协议的地址长度从 IPV4 的 32 位发展到 128 位，提供了巨大的网络地址空间，从而从根本上解决了网络地址枯竭的问题。

一个 IPV6 的 IP 地址由 8 个地址节组成，每节包含 16 个地址位，以 4 个十六进制数书写，节与节之间用冒号分隔。IPV6 是用于替代现行版本 IP 协议 IPV4 的下一代 IP 协议。

（八）二、三层交换基础

1．二、三层交换原理

二层交换技术发展比较成熟，二层交换机属于数据链路层设备，可以识别数据包中的 MAC 地址信息，根据 MAC 地址进行转发，并将这些 MAC 地址与对应的端口记录在自己内部的一个地址表中。具体的工作流程如下：

（1）当交换机从某个端口收到一个数据包时，它先读取包头中的源 MAC 地址，这样它就知道源 MAC 地址的机器是连在哪个端口上的；

（2）再去读取包头中的目的 MAC 地址，并在地址表中查找相应的端口；

（3）如表中找不到相应的端口，则把数据包广播到所有端口上，当目的机器对源机器回应时，交换机又可以学习一目的 MAC 地址与哪个端口对应，在下次传送数据时就不再需要对所有端口进行广播了。

不断的循环这个过程，对于全网的 MAC 地址信息都可以学习到，二层交换机就是这样建立和维护它自己的地址表的。

从二层交换机的工作原理可以推知以下 3 点：

（1）由于交换机对多数端口的数据进行同时交换，这就要求具有很宽的交换总线带宽，如果二层交换机有 N 个端口，每个端口的带宽是 M，交换机总线带宽超过 $N \times M$，那么这个交换机就可以实现线速交换；

（2）学习端口连接的机器的 MAC 地址，写入地址表，地址表的大小（一般有两种表示方式：一种为 BEFFER RAM，另一种为 MAC 表项数值）影响交换机的接入容量；

（3）还有一个就是二层交换机一般都含有专门用于处理数据包转发的 ASIC（Application specific Integrated Circuit）芯片，因此转发速度可以非常快。由于各个厂家采用的 ASIC 不同，所以产品性能也存在差异。

以上 3 点也是评判二、三层交换机性能优劣的主要技术参数，在考虑设备选型时应注意比较。

2. 路由技术

路由器工作在 OSI 模型的第三层——网络层操作，其工作模式与二层交换相似，但路由器工作在第三层，这个区别决定了路由和交换在传递包时使用不同的控制信息，实现功能的方式也就不同。其工作原理是：在路由器的内部也有一个表，这个表所标示的是如果要去某一个地方，下一步应该向哪里走，如果能从路由表中找到数据包下一步往哪里走，把链路层信息加上转发出去；如果不能知道下一步走向哪里，则将此包丢弃，然后返回一个信息交给源地址。

路由技术实质上来说不过两种功能：决定最优路由和转发数据包。路由表中写入各种信息，由路由算法计算出到达目的地址的最佳路径，然后由相对简单直接的转发机制发送数据包。接收数据的下一台路由器依照相同的工作方式继续转发，依次类推，直到数据包到达目的路由器。而路由表的维护也有两种不同的方式。一种是路由信息的更新，将部分或者全部路由信息公布出去，路由器通过互相学习路由信息，就掌握了全网的拓扑结构，这一类的路由协议称为距离矢量路由协议；另一种是路由器将自己的链路状态信息进行广播，通过互相学习掌握全网的路由信息，进而计算出最佳的转发路径，这类路由协议称为链路状态路由协议。

由于路由器需要做大量的路径计算工作，所以一般处理器的工作能力直接决定其性能的优劣。当然这一判断还是对中低端路由器而言，因为高端路由器往往采用分布式处理系统体系设计。

3. 三层交换技术

近年来，人们对三层技术的讨论比较多，有人说这是个非常新的技术，也有人说，三层交换仅仅是路由器和二层交换机的堆叠，没有什么新的创意，事实果真如此吗？下面通过一个简单的网络来看看三层交换机的工作过程。其组网比较简单，使用 IP 的设备 A—三层交换机—使用 IP 的设备 B。

如果 A 要给 B 发送数据，已知目的 IP，那么 A 就用子网掩码取得网络地址，判断目的 IP 是否与自己在同一网段。如果在同一网段，但不知道转发数据所需的 MAC 地址，A 就发送一个 ARP 请求，B 返回其 MAC 地址，A 用此 MAC 封装数据包并发送给交换机，交换机启用二层交换模块，查找 MAC 地址表，将数据包转发到相应的端口。

如果目的 IP 地址显示不是同一网段的，那么 A 要实现和 B 的通信，在流缓存条目中没有对应的 MAC 地址条目，就将第一个正常数据包发送到一个缺省网关，这个缺省网关一般在操作系统中已经设好，对应第三层路由模块，所以对于不是同一子网的数据，最先在 MAC 表中放的是缺省网关的 MAC 地址；然后就由三层模块接收到此数据包，查询路由表以确定到达 B 的路由，将构造一个新的帧头，其中以缺省网关的 MAC 地址为源 MAC 地址，以主机 B 的 MAC 地址为目的 MAC 地址。通过一定的识别触发机制，确立主机 A 与 B 的 MAC 地址及转发端口的对应关系，并记录进流缓存条目表，以后的 A 到 B 的数据，就直接交由二层交换模块完成。这就是通常所说的一次路由多次转发。

以上就是三层交换机工作过程的简单概括，可以看出三层交换有以下特点：

① 由硬件结合实现数据的高速转发。

这不是简单的二层交换机和路由器的叠加，三层路由模块直接叠加在二层交换的高速背板总线上，突破了传统路由器的接口速率限制，速率可达几十吉比特/秒（Gb/s）。算上背板带宽，这些是三层交换机性能的两个重要参数。

② 简洁的路由软件使路由过程简化。

大部分的数据转发，除了必要的路由选择交由路由软件处理外，都是由二层模块高速转发，路由软件大多都是经过处理的高效优化软件，并不是简单照搬路由器中的软件。

4. 组网应用

二层交换机用于小型的局域网络。在小型局域网中，广播包影响不大，二层交换机的快速交换功能、多个接入端口和低廉价格为小型网络用户提供了很完善的解决方案。

路由器的优点在于接口类型丰富，支持的三层功能强大，路由能力强大，适合用于大型网络间的路由，它的优势在于选择最佳路由、负荷分担、链路备份及和其他网络进行路由信息的交换等功能。

三层交换机的最重要的功能是加快大型局域网络内部的数据的快速转发，加入路由功能也是为这个目的服务的。如果把大型网络按照部门、地域等因素划分成一个个小局域网，这将导致大量的网际互访。如单纯地使用二层交换机不能实现网际互访；单纯地使用路由器，由于接口数量有限和路由转发速度慢，将限制网络的速度和网络规模。因此，采用具有路由功能的、快速转发的三层交换机就成为首选。从本质上来说，三层交换机与路由器无根本区别。

一般来说，在内网数据流量大，要求快速转发响应的网络中，如全部由三层交换机来做这个工作，会造成三层交换机负担过重，响应速度受影响。如将网间的路由交由路由器去完成，充分发挥不同设备的优点，不失为一种好的组网策略。当然，前提是客户能够承受相应的价格，不然就退而求其次，让三层交换机也兼为网际互联。

（九）网线连接标准

EIA/TIA 的布线标准中规定了两种双绞线的线序 568A 与 568B。

标准 568A：绿白-1，绿-2，橙白-3，蓝-4，蓝白-5，橙-6，棕白-7，棕-8；

标准 568B：橙白-1，橙-2，绿白-3，蓝-4，蓝白-5，绿-6，棕白-7，棕-8。

以上两种做法都为平行线，也就是说这两种做法都可以用，当然还有很多种做法，这只是比较常规的做法，其原理是将线序对应起来，定了颜色只是为了好记。

平行线做完后，用最简单的测线仪测一下，1~8 灯顺序亮了即可，其实 100 M 以下的宽带只要 1、2、3、6 通就可用，这就是为什么有时某根线不通，但是网线也能用的原因。

两台相同设备（如两台计算机）要用交叉线，而不能用平行线，计算机连接猫的网线两头都是 568A 或者都是 568B 的顺序，是平行线，交叉线要一头 A 另一头 B 才可以。

三、电磁兼容基础

（一）电磁兼容现象及基本理论

电磁兼容（Electromagnetic Compatibility，EMC），其定义为：设备或系统在其所处的电磁环境中能正常工作，且不对该环境中任何事物构成不能承受的电磁骚扰的能力。从上述定义可以看出，一台设备或一个系统的电磁兼容性都包括两个方面：一是它对同一电磁环境中其他设备的抗干扰能力（或称为敏感性）；二是它对其他产品的电磁骚扰特性。

电磁骚扰（Electromagnetic Disturbance，EMD），其定义为：任何可能引起装置、设备或系统性能降低或者对有生命或无生命物质产生损害作用的电磁现象。电磁骚扰可能是电磁噪声、无用信号或传播媒介自身的变化（注：一般意义上的"有用的电磁信号或电磁能量"在电磁兼容领域也有可能被认为是电磁骚扰源）。

电磁骚扰的表现形式一般有两种：一是通过导体传播骚扰电压、电流；二是通过空间传播骚扰电磁场。前者称为传导骚扰，后者称为辐射骚扰。例如，电视机的电磁骚扰主要有：对公用电网的无线电骚扰和低频骚扰（如注入谐波电流）、对公用电视天线系统的骚扰、向空间辐射的电磁场等。

抗扰度（Immunity to a Disturbance），其定义为：装置、设备或系统面对电磁骚扰不降低运行性能的能力。

电磁敏感性（Electromagnetic Susceptibility，EMS），其定义为：在存在电磁骚扰的情况下，装置、设备或系统不能避免性能降低的能力。

实际上，抗扰度与敏感性都反映的是对电磁骚扰的适应能力，仅仅是从不同的角度而言，敏感性高即意味着抗扰度低。对应电磁骚扰的两种表现形式，设备对电磁骚扰的抗扰性也同样分为传导抗扰性和辐射抗扰性。

电磁干扰（Electromagnetic Interference，EMI），其定义为：电磁骚扰引起的设备、传输通道或系统性能的下降。对比电磁骚扰的定义，可知电磁干扰与之在概念上的区别。存在电磁骚扰但不一定形成电磁干扰（如较低的骚扰电平）。

电磁骚扰既可能是人为有意识产生的；也可能是人为但无意识产生的；还有可能是自然界固有的，如雷电、地极磁场、磁铁矿藏、宇宙射电噪声等。

其实电磁干扰的问题或现象普遍存在。如雷电对家用电器的破坏、使用电吹风或电动工具对电视收看的影响、移动电话与有线电话间的串扰、电网电压波动对计算机的运行可靠性的影响等。电磁干扰造成的损失可能是非常巨大的。如因静电、雷电每年给全球造成的经济损失可达数亿美元。民航客机上禁用个人电子设备，也是出于对电磁干扰的预防。

电磁干扰的产生必然具备 3 个基本要素：电磁干扰源、敏感设备和电磁能量传播通道。理论上讲，改善其中之一即可防止电磁干扰的产生，实现电磁兼容；但在电磁兼容的实际质量控制工作中，只有先对三要素进行综合考虑，再对个别项目做重点处理才是经济可行的。

（二）电磁兼容标准及组织

1. 国际标准——IEC/CISPR 标准

国际上一些技术研究组织和管理协调机构，如国际电信联盟、国际大电网工作会议、国际电工委员会（IEC）及无线电干扰特别委员会（CISPR）等，即从事电磁兼容的协调、管理和技术标准的制定。IEC 下属的 TC77 组织主要负责制定和维护电磁环境标准、电磁兼容基础标准、较低频率范围和电磁脉冲的电磁兼容标准，而 CISPR 主要负责制定和维护有关电磁兼容的产品标准及较高频率范围的电磁兼容标准。

2. 欧盟标准——EN 标准

欧洲电工标准化委员会（CENELEC）与 IEC/CISPR 关系密切，其过去颁布的标准经常引用 IEC/CISPR 标准。但现在也出现这种情况，即其新制定或修订的 EN 标准影响 IEC/CISPR 标准。当然两者基本上能达到同步。由此可见，欧洲电磁兼容标准在国际上的地位及影响力。

3. 美国 FCC 法规及 ANSI 标准

美国联邦通信委员会 FCC 制定的法规 FCC Rules（即联邦规章法典第 47 卷）也涉及电磁兼容——主要是电磁发射方面的限制要求。而美国电气和电子工程师协会（IEEE）也制定了一系列电磁兼容标准，而且在国际上的影响很大，如 ANSI C63.4，它也是 FCC 电磁发射测量的技术依据。

4. 中国国家标准——GB、GB/T 及 GB/Z 标准

我国的标准化工作正在积极与国际接轨，包括标准接轨、规范程序协调、承担国际义务和国际互认。近些年我国制定或修订的电磁兼容标准一般都等同或等效于 IEC/CISPR 标准。现已发布实施的电磁兼容国家标准有 3 类：字头为 GB 的强制性标准，字头为 GB/T 的推荐性标准，字头为 GB/Z 的指导性专业标准。

5. 几个重要的电磁兼容标准对照（见表 LA1-1）

表 LA1-1　电磁兼容标准对照

序号	相关内容	IEC/CISPR 标准	EN 标准	GB 或 GB/T 标准
1	声音和电视广播接收机及有关设备的无线电干扰	IEC/CISPR 13	EN 55013	GB 13837
2	声音和电视广播接收机及有关设备的抗扰度	IEC/CISPR 20	EN 55020	GB/T 9383
3	信息技术设备的无线电干扰	IEC/CISPR 22	EN 55022	GB 9254
4	信息技术设备的抗扰度	IEC/CISPR 24	EN 55024	GB/T 17618
5	家用电器、电动工具的无线电干扰	IEC/CISPR 14	EN 55014	GB 4343
6	家用电器、电动工具的抗扰度	IEC/CISPR 14-2	EN 55014-2	GB 4343.2
7	电气照明设备的无线电干扰	IEC/CISPR 15	EN 55015	GB 17743
8	电气照明设备的抗扰度	IEC 61547	EN 61547	（暂无）
9	工科医射频设备的无线电干扰	IEC/CISPR 11	EN 55011	GB 4824
10	低压电网用电设备的谐波电流、电压闪烁与波动	IEC 61000-3-2/3	EN 61000-3-2/3	GB 17625.1/2
11	电磁兼容试验方法——基础标准	IEC 61000-4 系列	EN 61000-4 系列	GB/T 17626 系列

（三）欧美国家电磁兼容性质量管理简介

经济发达国家和地区对电磁兼容问题都较为重视，政府甚至采取立法和认证程序来管理相关产品的电磁兼容性，对不符合者采取非常严厉的处罚行动。欧盟的"CE EMC"指令和美国的 FCC 法规对世界的影响尤为深远。

1. 欧盟"CE EMC"指令

欧盟"89/336/EEC EMC"指令要求从 1996 年开始，凡欲进入欧盟市场的电子、电器和相关产品一定要符合有关电磁兼容标准的要求，并在产品上粘贴符合性标记"CE"（注：在有关产品使用"CE"标志时，除电磁兼容指令外，还应符合相应的"LVD"低电压指令等所有相关指令的要求）。欧盟对有关产品的电磁兼容性要求一般包括电磁骚扰和抗扰度两个方面的内容。

2. 美国 FCC 要求

FCC 目前对有关产品的要求主要是电磁骚扰特性。FCC Part15、Part18、Part68 分别是关于射频设备（含广播接收机、数字设备等）、工科医射频设备和通信设备的电磁骚扰特性的限制要求。

（四）我国电磁兼容的质量管理及电磁兼容认证——中国强制认证（3C 认证）

3C 认证制度已于 2002 年 5 月 1 日起启动。对于列入第一批 3C 强制认证目录的产品，从 2002 年 5 月 1 日起，有关认证部门开始受理认证申请。从 2003 年 5 月 1 日起，对于目录中的产品，若未获得 3C 认证将不得出厂、进口和销售。承担 3C 认证业务的机构有中国质量认证中心（CQC）和中国电磁兼容认证中心（CEMC）。

对于未列入第一批强制认证的产品，有关部门将根据情况开展自愿认证。

（五）电磁兼容检测的主要项目

（1）电源端子骚扰电压。主要是考核产品对公用电网的干扰，在电源线的火线和零线上分别进行测量。

（2）其他端子骚扰电压或骚扰电流。这些端子一般包括电信端口、有线广播端口和负载端口。

（3）辐射骚扰场强及骚扰功率。有关产品工作时，经常会通过其外壳或连接线向空间辐射电磁波。过量的电磁污染可能会干扰无线广播、通信、信息和使控制设备工作失灵，甚至还可能会影响导航和救援等重要系统正常运行。

（4）静电放电抗扰度。

（5）射频电磁场抗扰度。

（6）电快速瞬变脉冲群抗扰度。

（7）冲击（雷击浪涌）抗扰度。

（8）由射频场感应的传导干扰抗扰度。

（9）磁场（含工频磁场和脉冲磁场）抗扰度。

（10）电源电压跌落、瞬时中断及电压变化抗扰度。

（11）谐波电流。

（12）电压闪烁和波动。

注：以上所有检验项目一般都包含在 CE 认证检验中。但只有项目（1）、（2）、（3）、（11）是目前 3C 认证常规的 EMC 检验项目，而项目（4）、（6）等仅对部分产品有要求。

（六）电磁兼容检测方法及仪器、场地要求

无线电骚扰测试用的主要仪器有：电磁骚扰测试接收机、功率吸收钳、人工电源网络、测试天线等。

电磁骚扰测试接收机应有准峰值和平均值两种检波方式。标准规定在不同的测量频率范围，测试接收机应采用特定的（分段不同）分辨率带宽，因为被测骚扰噪声可能是宽带的，选择不同的分辨率带宽对测量结果的影响很大。

人工电源网络可以向被测设备提供稳定的符合特定值的电源阻抗，相当于一个取样电

阻，通过它把被测设备注入电网的干扰电压（实际是电流）采样以送到骚扰测试接收机。另外，它一般还具备对公用电网电源的滤波作用，并可向被测设备供电。在不宜使用人工电源网络时，则使用电压探头或电流探头来替代。

功率吸收钳用来测量通过电源线或其他连接线的骚扰功率，它实际上是一个高频电流感应器。骚扰功率测量一般只在家用电器等设备上进行。

天线是测量辐射骚扰场强的基本工具。按照标准要求，在测量过程中，一般要求天线在一定范围内升降，并要分别垂直和水平极化。被测设备应按照一般使用情况进行布置，并在不同角度朝向接收天线。天线用于测试记录最不利情况下的骚扰值。

传导抗扰度测试使用特定参数的模拟器，如静电放电模拟器、电快速瞬变模拟器、浪涌脉冲发生器、电源电压波动模拟器、射频信号发生器等。实际测试过程中还经常需要使用耦合/去耦网络。辐射抗扰度测试使用信号发生器、发射天线、场强监视仪等。

一般来说，传导测量在屏蔽室进行，辐射测量在开阔测试场地或电波暗室进行。辐射骚扰测试的理想测试场地是开阔测试场，而半电波暗室是开阔场地的替代场，因其良好的电磁特性而得到广泛应用。辐射抗扰度测试多在全电波暗室或 TEM 小室内进行。

四、通信设备防雷基础

（一）雷电基础知识

1. 雷电的产生

雷电是一种自然现象。它是由雷云产生的。形成雷云必须具备以下 3 个条件：
（1）空气中含有足够的水蒸气；
（2）大气中的空气形成温度差，以使潮湿的空气形成强大的上升气流；
（3）没有破坏或妨碍强烈而持久的上升气流形成的因素。

大多数雷电放电发生在云间或云内，只有小部分是对地发生的。在对地的雷电放电中，雷电的极性是指雷云下行到地的电荷的极性。根据放电电荷量进行的多次统计表明，90% 左右的雷是负极性的。

2. 雷电参数简介

雷电放电涉及气象、地形、地质等许多自然因素，有一定的随机性，因而表征雷电特性的参数也带有一定的统计性质。在防雷设计中，我们对雷暴日、雷电流波形与幅值等参数比较关心。

3. 雷电过电压的形成

雷电对信息设备产生危害的根源是雷电电磁脉冲。雷电电磁脉冲包括两个方面，即雷电流和雷电电磁场。雷电流是产生直击雷过电压的根源，而雷电电磁场则是产生感应雷过电压的根源。

对于通信设备而言，雷电过电压的来源主要有以下几种：
（1）感应过电压。感应过电压是指雷击建筑物或其近区时，瞬态空间电磁场造成设备的损坏。感应过电压包括电磁感应和静电感应两个分量。静电感应过电压是由电容性耦合产生的，而电磁感应过电压则是由电感性耦合产生的。对于建筑物内的各种金属环路或电子设备而言，电磁感应分量大于静电感应分量。

（2）雷电侵入波。雷电侵入波又称为线路来波。当雷云之间或雷云对地放电时，在附近的金属管线上产生的感应过电压（包括静电感应和电磁感应两个分量，但对于长距离线路而言，静电感应过电压分量远大于电磁感应过电压分量）。该感应过电压也会以行波的方式窜入室内，造成电子设备的损坏。

（3）反击过电压。雷电反击是指雷击建筑物或其近区时，造成其附近设备的接地点处地电位升高，使设备外壳与设备的导电部分间产生高过电压（称为反击过电压），而导致设备损坏的现象。

（二）通信设备防雷保护

应将通信系统及其运行环境作为一个整体进行考虑，防护应该针对整体进行，而不应该只考虑局部情况。

通信系统的保护可以分成线路的保护和电子设备的保护两个部分，两者是相辅相成、缺一不可的。线路保护的主要作用是降低起源处的过电压、过电流，从而减小对系统所有部分的危害（包括对线路本身的绝缘危害）。电子设备的保护则主要指经过适当的保护后，电子设备免于受雷击的损坏。

通信设备的防雷包括外部防雷系统和内部防雷系统两个部分，它们是一个有机的整体。外部防雷主要是指防直击雷，它由接闪器、引下线和接地装置组成；而内部防雷则包括防雷电感应、防反击、防雷电波侵入以及保护人身安全，它是指除了外部防雷系统外的所有附加措施。这些措施可能会减少雷电流在需要防雷的空间内所产生的电磁效应，防止雷电损坏机房内的电气设备或电子设备，这是外部防雷系统所无法保证的。

（三）防雷标准基础知识

1. 国际防雷技术标准框架

防雷技术标准的编制工作主要由 IEC 和 ITU（国际电信联盟，过去称为 CCITT）进行，根据协议 IEC 与 ISO 紧密协作。各国电工委员会（IEC 国家委员会）参加 IEC 关于电气和电子领域标准化的国际合作，并履行义务，将 IEC 标准等效或等同采用为该国国家标准。

最早的国际防雷技术标准工作是由 IEC/TC81（第 81 技术委员会——防雷）在 1980 年开始进行的，最初的目标是制定建筑物防雷标准和指南。

随着电子设备遭受雷电过电压（标准中又常称大气过电压）和投切过电压（电网的投入或切除，又称操作过电压）的损失日趋严重，经 IEC 中央办公室协调，部分 TCSI 专家加入IEC 其他有关委员会工作，而其他委员会专家又应邀加入 TCSI 委员会工作，使各学科技术得以相互渗透。由于工作量的侧重不同，在防雷技术标准的颁布上，除由 TC81 外，还有TC64、TC37、TC77 颁布的建筑物电气装置、过电压保护装置、电磁兼容（EMC）等有关标准。ITU 和 CIGRE（国际大电网会议）也根据电信行业、供电系统行业特点，颁布涉及本行业的防雷技术标准，其原则是在与 IEC 标准不矛盾的情况下制定更具体可行的技术标准。

2．国际防雷标准简介

（1）直击雷的防护（外部防雷）。

IEC 1024-1：在 1990 年，这是第一个国际防雷标准，它适用于高度 60 m 及以下建筑物防雷装置的设计和安装，不适用于铁路系统、建筑物外的输变电系统和输电通信系统以及移动的船舶、车辆和飞机。

外部防雷国家标准和国外标准一致认为：外部防雷的标准是建立在对雷电的统计规律上的，是在绝对保护与防雷装置耗费之间采取的折中方案。

（2）雷击电磁脉冲的防护（内部防雷）。

内部防雷的主要内容有：雷电流参数和雷电波形，防雷保护区的划分、屏蔽，等电位连接及接地，合理的布线位置和电涌保护器（SPD），它们与外部防雷形成了综合防雷体系。

IEC 61312 系列正式颁布的有 1312-1 通则（1995 年）。这个通则介绍了内部防雷的原则，同时对 1992 年版 1024-1-1 公布的雷电流参数进行确认并给出雷电波形图。分析和研究雷电流参数是雷击电磁脉冲（LEMP）防护的基础。IEC 61312-3 的主要内容是介绍电涌保护器（SPD）；IEC 61312-4 主要是介绍对已建好的建筑物如何完善内部防雷的规定；IEC 61312-5 是内部防雷的应用指南。针对通信线路的防雷，IEC 编制了 61663 系列标准。

（3）电涌保护器（SPD）。

电涌保护器（Surge Proteltive Device）又称为浪涌保护器或过电压保护器。IEC 标准与 SPD 相关的有：IEC 61312-3，61644-1，61647-1、2、3、4，61643-1、2、3，60364-5-534，60364-4-443 等。在电磁兼容（EMC）领域里还涉及对 SPD 进行模拟试验的方法。

3．国家防雷标准简介

国家标准分为强制性标准（GB）和非强制性标准（GB/T，又称自愿性标准或推荐性标准，由设计单位自愿选用）。

除国家标准外，还有行业标准（电力标准 DL、邮电标准 DY、铁道标准 TB 等）。行业标准也有自愿性标准，如 TB/T。此外，还有地方标准 DB、工程标准化协会标准 CECS 等。

我国最早的建筑物防雷标准为 GBJ 57—83，1994 年 11 月由起草人林维勇先生按 IEC 1024-1 进行了修订，即 GB 50057—94《建筑物防雷设计规范》。在《规范汇编》中，许多行业、系统的直击雷防护技术标准均源自 GBJ 57—83 或 GB 50057—94。以现在的观点看，GB 50057—94 是符合 IEC 1024-1 的原则的，但有些规定已落后了。

1996 年 10 月 29 日，一批专家在京开会发出呼吁："只要正确遵循防雷设计规范的各个环节，就可以大大减少雷电灾害，把雷击造成的损失限制到可以接受的程度。IEC/TCSI 正在编制防雷电磁脉冲（LEMP）的一系列标准，其中对敏感电子装置的防护占有相当的条款，1995 年已正式出版第一部分通则（IEC 1312-1）。我国应给予足够的关注并制定相应的规范或参照执行。"

1998 年，国家发展计划委员会（现"国家发展和改革委员会"）批准中国气象局科研项目"气象台站现代防雷技术的研究"，其中一项为"防雷技术标准"的制定。

采用和推广国际标准是世界上一项重要的廉价技术转让。目前，世界上含我国在内的大多数国家，均采用等效使用的原则，大量使用国际标准，促进本国技术进步。

（四）通信系统的接地系统

1. 简　介

通信系统的接地系统包含：接地体、接地总汇集线、接地引入线、接地排等。其中，接地体就是埋入地中并直接与大地接触的金属导体，也就是通常所称的地网；接地总汇集线是建筑物内各种接地线汇接的地方，可以理解为建筑物内的总接地排；接地引入线是建筑物内接地总汇集线与接地体之间的连接线，有了接地引入线连接到地网，接地总汇集线才算是连接到了地网；接地排就是从接地总汇集线上接出到建筑物各层或各房间中的接地装置，各机房内通信设备的接地，都接到机房的接地排上。

设备接地的路径为：设备的接地线→接地排→接地总汇集线→接地引入线→接地体。这个路径实现了设备与大地的接地连接。对于相对比较简陋的机房，如只有一个机房的通信局站，机房内的接地排也可以看作是整个局站的接地总汇集线。这时从接地排上直接连接接地引入线到接地体就可以了。

2. 工作接地与保护接地

在国内，通信局站的接地常常提到两个概念：工作接地和保护接地。

保护接地：设备金属外壳及其他非正常带电部分的接地。

工作接地：在 AC/DC 电源内（或配电屏内），输出直流 48 V 总接线排的正极接地；对于 24 V 系统，是直流 24 V 的负极接地。

以上解释与国内信息产业部相关规范中的定义一致。

对于设备的保护接地，一般比较好理解；但是"工作接地"的概念往往不易正确理解，下面澄清几个常容易错误理解的问题：

（1）"工作接地"的概念不是针对直流用电通信设备的 48 V 正极（或 24 V 的负极）的电源线连接。

直流用电通信设备的 48 V 正极（或 24 V 的负极）到电源设备的连接应该属于电源线连接的概念，不应属于接地线连接范畴。

（2）"工作地"的称呼不规范。

国内的防雷接地标准中，"工作地"不是一个规范性的用语，是在规范的长期使用中，在一些场合把"工作接地"的概念误改成"工作地"，造成了一定的混乱和概念不清。公司内部以前长期把设备上的 48 V 正极称为"工作地"，这是不规范的。

3. 通信局站等电位连接的基本要求

（1）通信局站内，应采用通信设备的工作接地、保护接地、建筑物的防雷接地合用一组接地体的联合接地方式。

（2）对于移动通信站，要求机房地网、铁塔地网、配电变压器（如果配电变压器在移动通信站内）地网连接成一个统一的地网。

这是两项最基本的通信局站等电位连接要求，对于通信设备的防雷至关重要。其最根本的作用是为了防止通信局站内雷击发生时，不同的接地体之间产生地电位反击。由于地电位反击很可能导致通信设备的一些接口引入过大的雷击过电压和过电流，所以即使接口部分有合理设计的防雷电路，通信设备也不能有效防止这种情况下的设备遭受雷击损坏。由于上述两项通信局站的等电位连接要求主要是由用户完成的，因此在安装、硬件工程质量检查与维护等相关工作中，应特别注意对上述两项要求进行检查。

4．移动天馈系统外部防雷接地要求

（1）基站的天线应有避雷针保护，天线应处于避雷针 30° 的保护范围之内。

（2）天馈线应铺设在走线桥上进入机房或埋地进入机房。

（3）天线的馈线应在铁塔顶、铁塔底及机房入口处外侧就近良好接地。当铁塔高度大于或等于 60 m 时，同轴电缆馈线的金属外护层还应在铁塔中部增加一处接地。

（4）走线桥始末两端应良好接地。铁塔和机房、配电变压器（如在移动站内）应合用一个地网。

五、蓄电池基础知识

（一）蓄电池介绍

在不间断电源中的电池，采用无需维护的密封铅酸蓄电池。在环境温度 20 ℃ 的条件下，该电池使用寿命可达 10 年。

蓄电池是一种储存电能的装置，需先用直流电源对其充电，将电能转化为化学能而储存起来。当市电中断后，UPS 依靠储存在蓄电池中的能量来维持 UPS 工作，此时，蓄电池通过放电回路将化学能转化为电能。因此，蓄电池是一种可逆电池。

蓄电池安装后，在使用之前要先进行充电，这叫作初充电。初充电的电流大小要按照其说明书规定值进行。如果蓄电池经过放电后，再进行充电，叫作正常充电。一般正常充电的初期采用大电流，充电时间增长到一定时间后，改用小电流来充电，这对提高电池的使用寿命有利，对电池充电的效果也有好处。在 UPS 中，采用连续浮充制的方式来对蓄电池充电。

（二）蓄电池技术参数

1．蓄电池技术指标

（1）蓄电池的容量。

蓄电池在一定放电条件下所能给出的电量称为蓄电池的容量，常用 C 表示。然而，蓄电池作为电源，由于其端电压是一个变值，所以选用安时（A·h）表示蓄电池的电源特性更为准确。蓄电池容量的定义为

$$Q = \int_{t_0}^{t_1} I \mathrm{d}t \tag{1}$$

在 t_0 到 t_1 时间内对电流 I 积分，理论上，t 可以趋于无穷大，但实际上，当蓄电池放电低

于终止电压时，若仍继续放电，可能损坏蓄电池，故对 t 值有限制。

在蓄电池行业中，以小时或分钟表示蓄电池可持续放电的时间，常见的有 C_{24}、C_{20}、C_{10}、C_8、C_3、C_1 等标称容量值。

蓄电池容量可分为理论容量、额定容量、实际容量。理论容量是把活性物质的质量按法拉第定律计算而得到的最高理论值。实际容量是指蓄电池在一定条件下所能输出的电量，它等于放电电流与放电时间的乘积，其值小于理论容量。额定容量也称为标称容量、保证容量，是按国家有关部门颁发的标准，保证蓄电池在一定的放电条件下应该放出的最低限度的容量。固定型免维护蓄电池一般采用 10 h 率所放出的容量作为蓄电池的额定容量，并用来标定蓄电池的型号。

为了比较不同系列的蓄电池，常用比容量的概念，即单位体积或单位质量蓄电池所能给出的电量，分别称为体积比容量和质量比容量，其单位分别为 A·h/L（安时/升）或 A·h/kg（安时/千克）。

在衡量蓄电池的指标时，蓄电池的额定电压和额定容量是两个最常用的技术指标。例如，日本汤浅 NP6-12 型蓄电池的额定电压为 12 V，额定容量是 6 A·h/20 h；德国阳光 A406/165 型蓄电池的额定电压为 6 V，额定容量是 165 A·h/20 h。

恒流放电的情况下，蓄电池容量为

$$Q = It \tag{2}$$

式中　Q——蓄电池放出的电量，A·h；

　　　I——放电电流，A；

　　　t——放电时间，h。

容量的概念实质是蓄电池能量转化的表示方式。例如，考虑到蓄电池的端电压 E 等于 12 V，在实际使用时保持近乎不变的事实，则输出能量表达式 $W(t) = IUt = IEt$，因此，6 A·h 从能量效果的角度可理解为 NP6-12 型蓄电池在保持端电压不变的情况下释放的能量，若以 6 A 电流放电可释放 1 h 或以 1 A 的电流放电可释放 6 h。

由于蓄电池容量的不足，UPS 达不到预期的后备供电时间，而这时市电又未恢复正常，就会造成用电设备的全线崩溃。而在实际应用中并没有感到蓄电池容量不足的原因是用户没有做放电实验的检查，加之在大多数情况下，UPS 的负载量并未 100% 用满，在相当一部分用户中 UPS 负载只有 50%，甚至更低，这就可使后备时间延长到 8 h，甚至更长，因此，就不容易发现蓄电池容量不足的情况了。

（2）开路电压。

蓄电池在开路状态下的端电压称为开路电压。蓄电池的开路电压等于蓄电池在断路时（即没有电流通过两极时）蓄电池的正极电位与负极电位之差。蓄电池的开路电压用 U_k 表示，即

$$U_k = E_z - E_f \tag{3}$$

式中　E_z——蓄电池正极电位；

　　　E_f——蓄电池负极电位。

（3）内阻。

蓄电池的内阻是指电流通过蓄电池内部受到的阻力，它包括欧姆内阻和极化内阻，极化

内阻又包括电化学极化和浓差极化等。由于内阻的存在，蓄电池的工作电压总是小于蓄电池的开路电压或电动势。

欧姆内阻是由蓄电池构件（如板栅、活性物质、隔膜和电解液）产生的，虽遵循欧姆定律，但也随蓄电池的电荷状态而改变，而极化内阻则随电流密度的增加而增大，但不是线性关系。因此，蓄电池的内阻不是常数，它在充放电过程中随时间而不断地改变，即随活性物质的组成状态、电解液浓度和温度的不断改变而改变。

好的蓄电池和差的蓄电池在内阻上差别很大。质量好的蓄电池之所以能持续大电流放电，就是因为其内阻很小。而质量差的蓄电池则不然，由于其内阻较大，在大电流放电时，端电压下降很快，达不到所要求的时间就已接近关闭电平，使 UPS 功能未充分发挥；另外，由于内阻较大，在充放电过程中功耗加大，使蓄电池发热。

（4）放电电压。

蓄电池放电电压又称为蓄电池的工作电压或负荷电压，是指蓄电池在放电时蓄电池两端的电压，常用 U 表示，即

$$U = U_k - I(R_o + R_j) \tag{4}$$

式中　I——蓄电池的放电电流；

　　　R_o——蓄电池的欧姆电阻；

　　　R_j——蓄电池的极化电阻。

蓄电池的放电终止电压是指蓄电池低于这一规定的电压时，蓄电池就无法正常工作的电压。换言之，蓄电池在低于终止电压的情况下继续放电使用，可能会造成蓄电池永久性损坏。

（5）充电电压。

充电电压是指蓄电池在充电时，外电源加在蓄电池两端的电压。

（6）浮充电压。

蓄电池要求充电器应有精确而稳定的浮充电压值，浮充电压值高意味着储能多，质量差的蓄电池浮充电压值一般较小，人为地提高浮充电压值对蓄电池是有害的。

（7）放电时率与放电倍率。

放电时率是以放电时间长短来表示蓄电池放电的速率，即蓄电池在规定的放电时间内，以规定的电流放出的容量，放电时率可用下式表示：

$$T_k = C_k / I_k \tag{5}$$

式中　T_k（T_{10}、T_3、T_1）——10、3、1 小时放电率；

　　　C_k（C_{10}、C_3、C_1）——10、3、1 小时率放电容量，$A \cdot h$；

　　　I_k（I_{10}、I_3、I_1）——10、3、1 小时率放电电流，A。

放电倍率（X）是放电电流为蓄电池额定容量的一个倍数，即

$$X = I / C \tag{6}$$

式中　X——放电倍率；

　　　I——放电电流；

　　　C——蓄电池的额定容量。

　　为了方便对不同容量的蓄电池进行比较，放电电流不用绝对值（安培）表示，而用额定容量 C 与放电制时间之比来表示，称作放电速率或放电倍率。20 h 制的放电速率就是 $C/20 = 0.05C$，单位为 A。因此，NP6-12 型蓄电池的容量指标 6 A·h 是在 20 h 制的放电速率，即在 $0.05C$ 放电速率下测定的。对于 NP6-12 型蓄电池，$0.05C$ 等于 0.3 A 的电流。

　　（8）能量和比能量。

　　能量：电池的能量是指在一定放电制下所能给出的电能，通常用 W 表示，其单位为瓦时。蓄电池的能量分为理论能量和实际能量，理论能量可用理论容量和电动势的乘积表示，而蓄电池的实际能量为一定放电条件下的实际容量与平均工作电压的乘积。

　　比能量：蓄电池的比能量是单位体积或单位质量的蓄电池所给出的能量，分别称为体积比能量和质量比能量，单位为 W·h/L 和 W·h/kg。

　　（9）功率和比功率。

　　功率：蓄电池的功率是指蓄电池在一定的放电制下，单位时间内所给出能量的大小，常用 P 表示，单位为瓦（W）。蓄电池的功率分为理论功率和实际功率，理论功率为一定放电条件下的放电电流和电动势的乘积，而蓄电池的实际功率为一定放电条件下的放电电流和平均工作电压的乘积。

　　比功率：蓄电池的比功率是指单位体积或单位质量的蓄电池输出的功率，分别称为体积比功率（W/L）或质量比功率（W/kg）。比功率是蓄电池的重要性能技术指标，蓄电池的比功率大，表示它承受大电流放电的能力强。

　　（10）循环寿命。

　　循环寿命又称为使用周期，是指蓄电池在一定的放电条件下，蓄电池容量降到某一规定值前所经历的充放电次数。

　　（11）自放电。

　　蓄电池的自放电是指蓄电池在开路搁置时的自动放电现象。蓄电池发生自放电将直接减少蓄电池可输出的电量，使蓄电池容量降低。自放电产生的原因主要是电极在电解液中处于热力学的不稳定状态，蓄电池的两个电极各自发生氧化还原反应的结果。在两个电极中，负极的自放电是主要的，自放电的发生使活性物质被消耗，转变成不能利用的热能。自放电的大小可以用自放电率来表示，即用规定时间内蓄电池容量降低的百分数来表示，则有

$$Y\% = [(C_1 - C_2)/(C_1 \cdot T)] \times 100\% \tag{7}$$

式中　$Y\%$——自放电率；

　　　C_1——蓄电池搁置前的容量；

　　　C_2——蓄电池搁置后的容量；

　　　T——蓄电池的搁置时间，一般用天、周、月或年来表示。

　　蓄电池自放电速率的大小是由动力学因素决定的，主要取决于电极材料的性质、表面状态及电解液的组成、浓度、杂质含量等，也取决于搁置的环境条件，如温度和湿度等因素。

2. 蓄电池的性能指标

　　蓄电池的主要性能指标包括额定容量、额定电压、充放电速率、阻抗、寿命和自放电率。

　　额定容量：在设计规定的条件（如温度、放电率、终止电压等）下，电池应能放出的最

低容量，单位为安时，以符号 C 表示。容量受放电率的影响较大，所以常在字母 C 的右下角以阿拉伯数字标明放电率，如 $C_{20} = 50\ A \cdot h$，表明在 20 小时率下的容量为 $50\ A \cdot h$。电池的理论容量可根据电池反应式中电极活性物质的用量和按法拉第定律计算的活性物质的电化学当量精确求出。由于电池中可能发生的副反应以及设计时的特殊需要，电池的实际容量往往低于理论容量。

额定电压：电池在常温下的典型工作电压，又称为标称电压。它是选用不同种类电池时的参考。电池的实际工作电压随使用条件的不同而异。电池的开路电压等于正、负电极的平衡电极电势之差。它只与电极活性物质的种类有关，而与活性物质的数量无关。电池电压本质上是直流电压，但在某些特殊条件下，电极反应所引起的金属晶体或某些成相膜的相变会造成电压的微小波动，这种现象称为噪声。波动的幅度很小但频率范围很宽，故可与电路中自激噪声相区别。

充放电速率：有时率和倍率两种表示法。时率是以充放电时间表示的充放电速率，数值上等于电池的额定容量（安时）除以规定的充放电电流（安）所得的小时数。倍率是充放电速率的另一种表示法，其数值为时率的倒数。原电池的放电速率是以经某一固定电阻放电到终止电压的时间来表示。放电速率对电池性能的影响较大。

阻抗：电池内具有很大的电极-电解质界面面积，故可将电池等效为一大电容与小电阻、电感的串联回路；但实际情况复杂得多，尤其是电池的阻抗随时间和直流电平而变化，所测得的阻抗只对具体的测量状态有效。

寿命：储存寿命是指从电池制成到开始使用之间允许存放的最长时间，以年为单位。包括储存期和使用期在内的总期限称为电池的有效期。储存电池的寿命有干储存寿命和湿储存寿命之分。循环寿命是指蓄电池在满足规定条件下所能达到的最大充放电循环次数。在规定循环寿命时必须同时规定充放电循环试验的制度，包括充放电速率、放电深度和环境温度范围等。

自放电率：电池在存放过程中电容量自行损失的速率，用单位储存时间内自放电损失的容量占储存前容量的百分数来表示。

3. 电池的种类

原电池：经一次放电（连续或间歇）到电池容量耗尽后，不能再有效地用充电方法使其恢复到放电前状态的电池。其特点是携带方便、不需维护、可长期（几个月甚至几年）储存或使用。原电池主要有锌锰电池、锌汞电池、锌空气电池、固体电解质电池和锂电池等。锌锰电池又分为干电池和碱性电池两种。

锌锰电池：制造最早而至今仍大量生产的原电池，有圆柱型和叠层型两种结构。其特点是使用方便、价格低廉、原材料来源丰富，适合大量自动化生产，但放电电压不够平稳，容量受放电率影响较大，适用于中小放电率和间歇放电。新型锌锰电池采用高浓度氯化锌电解液、优良的二氧化锰粉和纸板浆层结构，使容量和寿命均提高一倍，并改善了密封性能。

碱性锌锰电池：以碱性电解质代替中性电解质的锌锰电池，有圆柱型和纽扣型两种。这种电池的优点是容量大，电压平稳，能大电流连续放电，可在低温（ − 40 ℃）条件下工作。这种电池可在规定条件下充放电数十次。

锌汞电池：由美国人 S. 罗宾发明，故又名罗宾电池，是最早发明的小型电池，有纽扣型和圆柱型两种。锌汞电池放电电压平稳，可用于要求不太严格的电压标准；缺点是低温性能差（只能在 0 ℃以上使用），并且汞有毒。锌汞电池已逐渐被其他系列的电池代替。

锌空气电池：以空气中的氧为正极活性物质，因此比容量大，有碱性和中性两种系列，结构上又有湿式和干式两种。湿式电池只有碱性一种，以 NaOH 溶液为电解液，价格低廉，多制成大容量（100 A·h 以上）固定型电池，供铁路信号使用。干式电池则有碱性和中性两种。中性空气干电池原料丰富、价格低廉，但只能在小电流下工作；碱性空气干电池可大电流放电，比能量大，连续放电比间歇放电性能好。所有的空气干电池都受环境湿度影响，使用期短，可靠性差，不能在密封状态下使用。

固体电解质电池：以固体离子导体为电解质，分高温、常温两类。高温的有钠硫电池，可大电流工作。常温的有银碘电池，电压为 0.6 V，价格昂贵，尚未获得应用。已使用的是锂碘电池，电压为 2.7 V。这种电池可靠性很高，可用于心脏起搏器；但这种电池放电电流只能达到微安级。

锂电池：以锂为负极的电池。它是 20 世纪 60 年代以后发展起来的新型高能量电池。按所用电解质不同可分为：① 高温熔融盐锂电池；② 有机电解质锂电池；③ 无机非水电解质锂电池；④ 固体电解质锂电池；⑤ 锂水电池。锂电池的优点是单体电池电压高，比能量大，储存寿命长（可达 10 年），高低温性能好，可在 - 40 ~ 150 ℃使用；缺点是价格昂贵，另外，电压滞后和安全问题尚待改善。

蓄电池：在部分或全部放电后能有效地用充电方法使其恢复到放电前状态的电池。蓄电池的特点是可以重复利用，并能输出较大电能。蓄电池的主要用途是可作为汽车或飞机的启动电源，潜艇、煤矿车、工业叉车等的动力电源，电话交换机、照明、电力系统的应急电源以及使用期较长的能源系统（如人造卫星、太阳能、风能等）的储能电源。

铅酸蓄电池：最早发明而至今仍大量生产和应用的蓄电池。铅酸蓄电池采用酸性电解质，原材料丰富，价格低，适用性好，但比能量低；采用低锑合金或铅钙合金板栅和优良的添加剂，并改进电池设计，已制成免维护铅酸蓄电池和密封型铅酸蓄电池。

镉镍蓄电池：采用碱性电解质，有开口式、密封式和全密封式 3 种结构，按电极工艺分类有压成式、极板盒式、烧结式等。其中，以烧结式性能最好，能高倍率放电且循环寿命最长。全密封电池可供卫星使用。若以活性铁电极代替海绵镉电极即构成铁镍蓄电池。铁镍蓄电池价格较低，但充电效率低而且自放电率大，采用新型烧结式铁电极后，其性能已有所提高。

锌银蓄电池是蓄电池中比能量最高的一种，也可做成原电池和储备电池。这种蓄电池分为高倍率（7 倍率以上）、中倍率（3.5 ~ 7 倍率）、低倍率（3.5 倍率以下）3 种。锌银蓄电池性能良好但寿命较短，而且价格昂贵，只能用于特殊场合。为满足微电子器件的需要，已研制出一种纽扣式结构电池，可供电子手表、袖珍计算器和其他微电子器件使用。

储备电池有两种激活方式，一种是将电解液和电极分开存放，使用前将电解液注入电池组而激活，如镁海水电池、储备式铬酸电池和锌银电池等；另一种是以熔融盐为电解质，常温时电解质不导电，使用前点燃加热剂，将电解质迅速熔化而激活，称为热电池。

标准电池：最著名的是惠斯顿标准电池，分饱和型和非饱和型两种。其标准电动势为 1.018 64 V（20 ℃）。非饱和型的电压温度系数约为饱和型的 1/4。

燃料电池：研究燃料电池的最初目的是使天然燃料经电化学氧化而发电，以提高能量转换效率，这个目的至今虽未获成功，却研制出可直接从特定燃料得到直流电的燃料电池，如氢氧燃料电池，已用在航天器上。燃料电池按电解质不同可分为：① 离子交换膜电池；② 石棉膜电池；③ 培根型电池（以浓 KOH 溶液为电解质）。人们正在研究地面应用的燃料电池，以磷酸为电解质，空气为氧化剂，燃料由天然碳氢化合物经重整和裂解后使用。此外，还有肼燃料电池、甲醇燃料电池和高温燃料电池，这些电池均处于实验室研究阶段。

（三）蓄电池维护

1．定期放电

如果电池长期处在浮充电状态，电池的内阻会上升，容量却会下降，故要定期人为地进行充放电。激活电池的充放电特性，会延长电池的使用寿命。一般要求：UPS 使用 1~2 年内电池需 3 个月进行一次充放电；3~4 年内电池需 2 个月进行一次充放电；而使用期在 5 年以上，每月需充放电一次，每次电池放电时，要定时测量电池组的电压及放电电流，并做好记录，每隔 5 min 测量一次电压及电流，一般不要做深度放电。

2．定期检查

检查电池组中各单元电池的端电压和内阻，一般一年检查一次。

3．防止储存老化

对于长期闲置不用的 UPS 电源（停机 10 天以上），在重新开机时，要先对电池进行充电 10~20 h 以上，才能带负载工作。

4．保持室内温度

由于电池对温度十分敏感，当工作环境温度超过 25 ℃ 时，温度每增加 10 ℃，电池的寿命将会缩短一半左右，故在地铁各站通信机械室内都安装有空调机进行恒温控制，保证蓄电池的工作环境温度在 15~28 ℃。

5．注意事项

（1）检查电池外壳是否变形，特别要注意检查密封电池是否有膨胀鼓起现象或部分损坏。

（2）如果电池壳体破损，则存在酸液对皮肤和眼睛腐蚀的危险。如酸液溅进眼睛里，应立即用大量的清水冲洗并去医院治疗。

（3）检查蓄电池的通气孔的密封圈是否处于完整无损状态。

（4）清洗电池外壳表面时可用肥皂水，不能用有机溶剂。

（5）检查各单元电池的连接螺丝是否松动，并防止短路。

（6）不能用二氧化碳灭火器灭电池火灾，可用四氯化碳之类的灭火器。

六、空气开关、断路器基础知识

（一）空气开关

空气开关如图 LA1-10 所示。空气开关（Air Switch）又名空气断路器，是断路器的一种，是一种只要电路中电流超过额定电流就会自动断开的开关。空气开关是低压配电网络和电力拖动系统中非常重要的一种电器，它集控制和多种保护功能于一身，除能完成接触和分断电路外，还能对电路或电气设备发生的短路、严重过载及欠电压等进行保护，同时也可以用于不频繁地启动电动机。

图 LA1-10　空气开关

1. 工作原理

脱扣方式有热动、电磁和复式脱扣 3 种。

当线路发生一般性过载时，过载电流虽不能使电磁脱扣器动作，但能使热元件产生一定热量，促使双金属片受热向上弯曲，推动杠杆，使搭钩与锁扣脱开，将主触头分断，切断电源。当线路发生短路或严重过载电流时，短路电流超过瞬时脱扣整定电流值，电磁脱扣器产生足够大的吸力，将衔铁吸合并撞击杠杆，使搭钩绕转轴座向上转动，与锁扣脱开，锁扣在反力弹簧的作用下将三副主触头分断，切断电源。

空气开关的脱扣机构是一套连杆装置。当主触点通过操作机构闭合后，就被锁钩锁在合闸的位置。如果电路发生故障，则有关的脱扣器将产生作用，使脱扣机构中的锁钩脱开，于是主触点在释放弹簧的作用下迅速分断。按照保护作用的不同，脱扣器可以分为过电流脱扣器和失压脱扣器等类型。

2. 主要作用

在正常情况下，过电流脱扣器的衔铁是释放着的；当发生严重过载或短路故障时，与主电路串联的线圈就将产生较强的电磁吸力，将衔铁往下吸引而顶开锁钩，使主触点断开。欠压脱扣器的工作恰恰相反，在电压正常时，电磁吸力吸住衔铁，主触点才得以闭合；当电压严重下降或断电时，衔铁就被释放而使主触点断开。当电源电压恢复正常时，重新合闸后才能工作，实现了失压保护。

3. 工作条件

（1）周围空气温度：周围空气温度上限为 + 40 ℃；周围空气温度下限为 – 5 ℃；周围空气温度 24 h 的平均值不超过 + 35 ℃。

（2）海拔：安装地点的海拔不超过 2 000 m。

（3）大气条件：大气相对湿度在周围空气温度为 + 40 ℃ 时不超过 50%；在较低温度下可以有较高的相对湿度；最湿月的月平均最大相对湿度为 90%，同时，该月的月平均最低温度为 + 25 ℃，并考虑因温度变化发生在产品表面上的凝露。

（4）污秽等级：污秽污染等级为 3 级。

4. 常见故障——跳闸

首先判断跳闸的空气开关是配电箱内的总开关还是分路出线开关。

如总开关未跳闸，只是分路开关跳闸，则说明大功率电器供电线路接线有问题，即多件大功率电器接在同一分路开关上，此类情况，将大功率电器线路调整至负荷轻的分路开关即可（建议大功率电器使用单独的分路开关）；如分路开关未跳闸，总开关跳闸，则计算家用电器功率之和是否超出供电认可容量，并检查总开关容量是否与供电认可容量匹配。如家用电器功率之和超出供电认可容量，则减少同时使用的家用电器数量（特别是大功率家用电器），并向供电公司申请用电增容；如家用电器功率之和未超出供电认可容量，但总开关容量小于供电认可容量，则需更换与供电认可容量匹配的总开关。同时需要提醒的是，部分大功率电器启动电流较大，计算功率时应考虑启动电流造成的影响。

（二）断路器

断路器（Circuit-breaker）是指能够关合、承载和开断正常回路条件下的电流的开关装置，如图 LA1-11、LA1-12 所示。断路器是一种基本的低压电器，具有过载、短路和欠电压保护功能，有保护线路和电源的能力。

图 LA1-11　断路器

图 LA1-12　KBCPS（SKBO）控制保护断路器

断路器的主要技术指标是额定电压、额定电流。断路器根据应用的不同具有不同的功能，其品种、规格很多，具体的技术指标也很多。

断路器自由脱扣：断路器在合闸过程中的任何时刻，若保护动作接通跳闸回路，则断路器完全能可靠地断开，这就叫自由脱扣。带有自由脱扣的断路器，可以保证断路器在合闸短路故障时能迅速断开，避免扩大事故的范围。

1. 主要分类

（1）按操作方式可分为：电动操作、储能操作和手动操作；

（2）按结构可分为：万能式和塑壳式；

（3）按使用类别可分为：选择型和非选择型；

（4）按灭弧介质可分为：油浸式、六氟化硫式、真空式和空气式；

（5）按动作速度可分为：快速型和普通型；

（6）按极数可分为：单极、二极、三极和四极等；

（7）按安装方式可分为：插入式、固定式和抽屉式等。

2. 工作原理

断路器一般由触头系统、灭弧系统、操作机构、脱扣器、外壳等构成。

当短路时，大电流（一般 10～12 倍）产生的磁场克服反力弹簧，脱扣器拉动操作机构动作，开关瞬时跳闸。当过载时，电流变大，发热量加剧，双金属片变形到一定程度后推动机构动作（电流越大，动作时间越短）。

断路器的作用是切断和接通负荷电路以及切断故障电路，防止事故扩大，保证安全运行。而高压断路器要开断电压为 1 500 V、电流为 1 500～2 000 A 的电弧，这些电弧可拉长至 2 m 仍然继续燃烧不熄灭，故灭弧是高压断路器必须解决的问题。

吹弧熄弧的原理主要是：冷却电弧，减弱热游离，另一方面是通过吹弧拉长电弧，加强带电粒子的复合和扩散，同时把弧隙中的带电粒子吹散，迅速恢复介质的绝缘强度。

低压断路器也称为自动空气开关，可用来接通和分断负载电路，也可用来控制不频繁启动的电动机。它的功能相当于闸刀开关、过电流继电器、失压继电器、热继电器及漏电保护器等电器部分或全部的功能总和，是低压配电网中一种重要的保护电器。

低压断路器由操作机构、触点、保护装置（各种脱扣器）、灭弧系统等组成，具有多种保护功能（过载、短路、欠电压保护等）、动作值可调、分断能力高、操作方便、安全等优点，所以被广泛应用。

低压断路器的主触点是靠手动操作或电动合闸的。主触点闭合后，自由脱扣机构将主触点锁在合闸位置上。过电流脱扣器的线圈和热脱扣器的热元件与主电路串联，欠电压脱扣器的线圈和电源并联。当电路发生短路或严重过载时，过电流脱扣器的衔铁吸合，使自由脱扣机构动作，主触点断开主电路。当电路过载时，热脱扣器的热元件发热使双金属片向上弯曲，推动自由脱扣机构动作。当电路欠电压时，欠电压脱扣器的衔铁释放，也使自由脱扣机构动作。分励脱扣器则作为远距离控制用，在正常工作时，其线圈是断电的，在需要远距离控制时，按下启动按钮，使线圈通电，衔铁带动自由脱扣机构动作，使主触点断开。

3. 基本特性

断路器的参数主要有：额定电压 U_e；额定电流 I_n；过载保护（I_r 或 I_{rth}）和短路保护（I_m）的脱扣电流整定范围；额定短路分断电流（工业用断路器 I_{cu}，家用断路器 I_{cn}）等。

（1）额定工作电压（U_e）：这是断路器在正常（不间断）情况下的工作电压。

（2）额定电流（I_n）：这是配有专门的过电流脱扣继电器的断路器在制造厂家规定的环境温度下所能无限承受的最大电流值，不会超过电流承受部件规定的温度限值。

（3）短路继电器脱扣电流整定值（I_m）：短路脱扣继电器（瞬时或短延时）用于高故障电流值出现时，使断路器快速跳闸，其跳闸极限为 I_m。

（4）额定短路分断能力（I_{cu} 或 I_{cn}）：断路器的额定短路分断电流是断路器能够分断而不被损害的最高（预期的）电流值。标准中提供的电流值为故障电流交流分量的均方根值，计算标准值时，直流暂态分量（总在最坏的情况短路下出现）假定为零。工业用断路器额定值（I_{cu}）和家用断路器额定值（I_{cn}）通常以均方根值的形式给出。

（5）短路分断能力（I_{cs}）：断路器的额定分断能力分为额定极限短路分断能力和额定运行短路分断能力两种。

国标《低压开关设备和控制设备低压断路器》（GB 14048.2—2008）对断路器额定极限短路分断能力和额定运行短路分断能力做了如下解释：

（1）断路器的额定极限短路分断能力：按规定的实验程序所规定的条件，不包括断路器继续承载其额定电流能力的分断能力。

（2）断路器的额定运行短路分断能力：按规定的实验程序所规定的条件，包括断路器继续承载其额定电流能力的分断能力。

（3）额定极限短路分断能力的试验程序为：O—t—CO。

其具体试验是：把线路的电流调整到预期的短路电流值（如 380 V，50 kA），而试验按钮未合，被试断路器处于合闸位置，按下试验按钮，断路器通过 50 kA 短路电流，断路器立即开断（Open，简称 O），断路器应完好，且能再合闸。t 为间歇时间，一般为 3 min，此时线路仍处于热备状态，断路器再进行一次接通（Close，简称 C）和紧接着的开断（O）（接通试验是考核断路器在峰值电流下的电动和热稳定性），此程序即为 CO。断路器若能完全分断，则其极限短路分断能力合格。

（4）断路器的额定运行短路分断能力（I_{cn}）的试验程序为：O—t—CO—t—CO。它比 I_{cn} 的试验程序多了一次 CO，经过试验，若断路器能完全分断、熄灭电弧，则认定它的额定运行短路分断能力合格。

因此，可以看出，额定极限短路分断能力 I_{cn} 指的是低压断路器在分断了断路器出线端最大三相短路电流后还可再正常运行并再分断这一短路电流一次，至于以后是否能正常接通及分断，断路器不予保证；而额定运行短路分断能力 I_{cs} 指的是断路器在其出线端最大三相短路电流发生时可多次正常分断。

IEC 947-2《低压开关设备和控制设备低压断路器》标准规定：A 类断路器（指仅有过载长延时、短路瞬动的断路器）的 I_{cs} 可以是 I_{cu} 的 25%、50%、75% 和 100%。B 类断路器（有过载长延时、短路短延时、短路瞬动的三段保护的断路器）的 I_{cs} 可以是 I_{cu} 的 50%、75% 和 100%。因此可以看出，额定运行短路分断能力是一种比额定极限短路分断电流小的分断电流值，I_{cs} 是 I_{cu} 的一个百分数。

一般来说，具有过载长延时、短路短延时和短路瞬动三段保护功能的断路器，能实现选择性保护，大多数主干线（包括变压器的出线端）都采用它作为主保护开关。不具备短路短延时功能的断路器（仅有过载长延时和短路瞬动二段保护），不能作为选择性保护，它们只能使用于支路。IEC 92《船舶电气》指出：具有三段保护的断路器，偏重于它的运行短路分断能力值，而使用于分支线的断路器，应确保它有足够的极限短路分断能力值。

无论是哪种断路器，虽然都具备 I_{cu} 和 I_{cs} 这两个重要的技术指标。但是，作为支线上使用的断路器，可以仅满足额定极限短路分断能力即可。较普遍的误区是宁取大，不取正合适，认为取大保险。但取得过大，会造成不必要的浪费，同类型断路器，其 H 型（高分断型），比 S 型（普通型）的价格要贵 1.3 ~ 1.8 倍。因此，支线上的断路器没有必要一味追求它的运行短路分断能力指标。而对于干线上使用的断路器，不仅要满足额定极限短路分断能力的要求，同时也应该满足额定运行短路分断能力的要求，如果仅以额定极限短路分断能力 I_{cu} 来衡量其分断能力合格与否，将会给用户带来不安全的隐患。

4. 接线方式

断路器的接线方式有板前、板后、插入式、抽屉式，用户如无特殊要求，均按板前供货，板前接线是常见的接线方式。

（1）板后接线方式：板后接线的最大特点是可以更换或维修断路器，不必重新接线，只需将前级电源断开。由于该结构特殊，产品出厂时已按设计要求配置了专用安装板、安装螺钉及接线螺钉。需要特别注意的是，由于大容量断路器接触的可靠性将直接影响断路器的正常使用，因此安装时必须引起重视，严格按制造厂要求进行安装。

（2）插入式接线：在成套装置的安装板上，先安装一个断路器的安装座，安装座上有 6 个插头，断路器的连接板上有 6 个插座。安装座的面上有连接板或安装座后有螺栓，安装座预先接上电源线和负载线。使用时，将断路器直接插进安装座。如果断路器坏了，只要拔出坏的，换上一个好的即可。它的更换时间比板前、板后接线短，且方便，从而节省了维修和更换时间。由于插、拔需要一定的人力，因此我国的插入式产品，其壳架电流最大限制在 400 A。插入式断路器在安装时应检查断路器的插头是否压紧，并应将断路器安全紧固，以减少接触电阻，提高可靠性。

（3）抽屉式接线：断路器的进出抽屉是由摇杆顺时针或逆时针转动的，在主回路和二次回路中均采用了插入式结构，省略了固定式所必需的隔离器，做到一机二用，提高了使用的经济性，同时给操作与维护带来了很大的方便，增加了安全性、可靠性。

5. 工作条件

（1）周围空气温度：周围空气温度上限为 + 40 ℃，周围空气温度下限为 – 5 ℃；周围空气温度 24 h 的平均值不超过 + 35 ℃。

（2）海拔：安装地点的海拔不超过 2 000 m。

（3）大气条件：大气相对湿度在周围空气温度为 + 40 ℃ 时不超过 50%；在较低温度下可以有较高的相对湿度；最湿月的月平均最大相对湿度为 90%，同时，该月的月平均最低温度为 + 25 ℃，并考虑因温度变化发生在产品表面上的凝露。

（4）污染等级：污染等级为 3 级。

6. 故障处理

（1）"拒合"故障的判断和处理。

"拒合"情况基本发生在合闸操作和重合闸过程中。此种故障危害性较大。例如，在事故情况下要求紧急投入备用电源时，如果备用电源断路器拒绝合闸，则会扩大事故。判断断路器"拒合"的原因及处理方法一般可以分为 3 步：

① 检查前一次拒绝合闸是否因操作不当引起（如控制开关放手太快等），用控制开关再重新合一次。

② 若合闸仍不成功，则检查电气回路各部位情况，以确定电气回路是否有故障。检查项目是：合闸控制电源是否正常；合闸控制回路熔断器和合闸回路熔断器是否良好；合闸接触器的触点是否正常；将控制开关扳至"合闸时"位置，查看合闸铁心动作是否正常。

③ 如果电气回路正常，断路器仍不能合闸，则说明为机械故障，应停用断路器，报告调度安排检修处理。

经过以上初步检查，可判定是电气方面故障还是机械方面的故障。常见的电气回路故障如下：

（2）电气方面常见的故障。

若合闸操作前红、绿灯均不亮，说明无控制电源或控制回路有断线现象，可检查控制电源和整个控制回路上的元件是否正常，如操作电压是否正常、熔断器是否熔断、防跳继电器是否正常、断路器辅助接点接触是否良好等。

若操作合闸后绿灯闪光，而红灯不亮，仪表无指示，喇叭响，断路器机械分、合闸位置指示器仍在分闸位置，则说明操作手柄位置和断路器的位置不对应，断路器未合上。其常见的原因有：合闸回路熔断器熔断或接触不良，合闸接触器未动作，合闸线圈发生故障。

当操作断路器合闸后，绿灯熄灭，红灯瞬时明亮后又熄灭，绿灯又闪光且有喇叭响，说明断路器合上后又自动跳闸。其原因可能是断路器合在故障线路上而造成保护动作跳闸或断路器机械故障而不能使断路器保持在合闸状态。

若操作合闸后绿灯闪光或熄灭，红灯不亮，但表计有指示，机械分、合闸位置指示器在合闸位置，说明断路器已经合上。可能的原因是断路器辅助接点接触不良，例如，常闭接点未断开，常开接点未合上，致使绿灯闪光和红灯不亮；还可能是合闸回路断线或合闸红灯烧坏。

（三）空气开关和断路器的区别

GB 14048.2（强制标准）中定义：

（1）断路器：能接通、承载和分断正常电路条件下的电流，也能在规定的非正常电路（如短路）下接通、承载一定时间和分断电流的一种机械开关电器。

（2）塑壳式断路器：具有一个用模压绝缘材料制成的外壳作为断路器整体部件的断路器。

（3）空气断路器：触头在大气压力的空气中断开和闭合的断路器。

（4）真空断路器：触头在高真空管中断开和闭合的断路器。

因塑壳式断路器一般使用空气作为灭弧介质，因此有空气开关的俗称，但空气开关的说法其实并不严谨，因空气开关与断路器是不同的两个概念：

（1）从作用看：

① 空气开关一般在小电流电路中起"隔离"和"保护装置"的作用，也叫自动开关、空气断路器。

② 断路器有很好的灭弧能力，在电路短路大电流情况下，自动跳闸；在高电压、大电流电路中，常用作停电、送电，接通、断开负荷的操作电器。

（2）电压等级的区别：一般空气开关适用的电压等级为 500 V 以下，而断路器通常可以适用于 220 V 以上的各电压等级。

（3）断开电流的能力不同：一般情况下断路器能承受的负荷及短路电流更大些。

（4）灭弧介质和方式的区别：根据灭弧介质和方式的不同，断路器不但有空气断路器，还有真空断路器、多油断路器、少油断路器、六氟化硫（SF_6）断路器等。

（5）配套设备的区别：一般相对于空气开关来讲断路器的丈量、逻辑及执行部门的机构所配套的设备更复杂一些。

断路器有真空断路器和 SF$_6$ 断路器等多种型号，它的开断电流要比普通的空气开关大，开断容量也更大，真空断路器一般用于 6 kV 的系统；SF$_6$ 断路器用于 500 kV 变电站，两者都用直流 110 V 作为控制电源，由控制信号触发才会动作，一般的空气开关用在 380 V/220 V 系统中，相当于刀闸。

七、通信线缆基础知识

轨道交通通信是构成轨道交通各部门之间有机联系、实现运输集中统一指挥、行车调度自动化、列车运行自动化、提高运输效率的必备工具与手段。

通信系统的组成为：传输、交换、无线、电视、电源、广播、光电缆等。通过电缆、光缆、漏泄电缆等传输媒介将上述各子系统以适当的方式（"光＋电"保护）连成一个整体，构成一个完整的通信系统，为城市轨道交通系统提供综合通信的能力。

（一）电缆概述

1. 通信电缆发展简介

19 世纪 50 年代开始出现海底电缆，用以传送电报。1876 年发明电话。随着市内电话用户的日益增多，出现了可以容纳许多对导线的对称电话电缆。1899 年，美国人 M.I.普平发明了电缆加感线圈，在对称电缆的芯线上每隔一定距离接入加感线圈，通话距离可增加 3 ~ 4 倍。1941 年，美国建成第一条 480 路同轴电缆线路，此后，容量更大的同轴电缆载波电话系统得到迅速发展。

中国最早的通信电缆线路是沿海的海底电缆和大城市的市内电话电缆。20 世纪 30 年代，在中国东北地区敷设了可以开通低频载波电话的长途对称电缆。1962 年，中国设计制造的 60 路载波长途对称电缆在北京和石家庄间投入使用。1976 年，中国设计制造的 1 800 路 4 管中同轴电缆在北京、上海、杭州间敷设成功并投入使用。

2. 电缆结构

电缆的结构图和实物图如图 LA1-13、图 LA1-14 所示。

"电缆"指的是经工厂生产拧成束的特殊导线，它由多股彼此绝缘的导线按照一定结构方式组成，横断面自里往外由金属或非金属等多种材料包裹，构成特定的防护层；电缆除了要保证其结构和导电特性不变外，还要具备一定的机械强度、密闭性、可弯曲、卷绕等特性，以满足制造和敷设实际的需要。电缆主要用于强电和弱电两大设备上，用于弱电设备传输通信信号的电缆称为通信电缆，用于强电设备传输电力电能的电缆称为电力电缆。

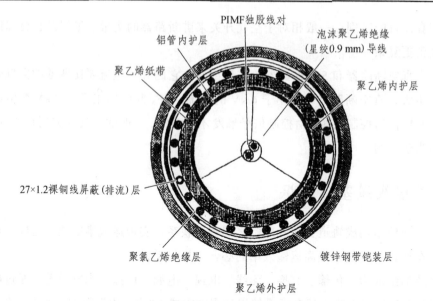

图 LA1-13　电缆结构

图 LA1-14　电缆实物

3. 电缆分类

（1）按电缆的建筑、敷设方式来分。

① 架空电缆；

② 地下（直埋、管道）电缆；

③ 水底电缆。

（2）按电缆的用途来分。

① 长途电缆；

② 地区（市话）电缆；

③ 配线电缆。

（3）按电缆的结构来分。

① 对绞电缆；

② 对称（星绞）电缆；

③ 同轴电缆。

（4）按电缆的绝缘介质和外护层包裹材料来分。

① 纸绝缘电缆；

② 塑料（聚氯乙烯、聚乙烯）电缆；

③ 铅包电缆、铝包电缆、钢带铠装电缆、裸包电缆。

（5）按电缆的维护方式来分。

① 充气电缆；

② 油浸电缆等。

一般情况下，按电缆的用途、性质、最外层包裹材料及芯线结构分类居多。

（二）色　谱

电缆的缆芯色谱可分为普通色谱和全色谱两大类。

1. 普通色谱

普通色谱对绞同心式缆芯线对的颜色有蓝/白对、红/白对（分子为 a 线色谱，分母为 b 线色谱）两种，每层中有一对特殊颜色的芯线，作为该层计算线号的起始标记，这一对线称为标记（或标志）线对，作为本层最小线号，其他线对称为普通线对。如普通线对为红/白对，则标记线对为蓝/白对；反之如普通线对为蓝/白对，则标记线对为红/白对。100 对及以上的市内通信电缆设置备用线对，备用线对数为电缆对数的 1%，色谱与普通线对相同。普通色谱对绞同心式通信电缆已经很少采用。

2. 全色谱

全色谱的含义是指电缆中的任何一对芯线，都可以通过各级单位的扎带颜色以及线对的颜色来识别，换句话说，给出线号就可以找出线对，拿出线对就可以说出线号。

（1）全色谱对绞同心式缆芯。

全色谱对绞同心式缆芯是由若干个规定色谱的线对按同心方式分层绞合而成的。

全色谱对绞同心式缆芯每层的第一对线为桔（黄）白，最后一对线为绿/黑，其余偶数线对为红/灰，奇数线对为蓝/棕重复循环排列构成。

全色谱对绞同心式缆芯每层均疏扎特定的扎带，扎带的色谱见表 LA1-2。

表 LA1-2　扎带的色谱

层的位置	中心及偶数层	奇数层
扎带颜色	蓝	桔

（2）全色谱对绞单位式缆芯。

全色谱对绞单位式缆芯色谱在全塑市话电缆中使用最多。它是由白（W）、红（R）、黑（B）、黄（Y）、紫（V）作为领示色（代表 a 线），蓝（Bl）、桔（O）、绿（G）、棕（Br）、灰（S）作为循环色（代表 b 线）10 种颜色组成 25 对全色谱线对，见表 LA1-3。

表 LA1-3　全色谱对绞单位式缆芯色谱表

线对编号	1	2	3	4	5	6	7	8	9	10	11	12	13
a 线 b 线	白 蓝	白 桔	白 绿	白 棕	白 灰	红 蓝	红 桔	红 绿	红 棕	红 灰	黑 蓝	黑 桔	黑 绿
线对编号	14	15	16	17	18	19	20	21	22	23	24	25	
a 线 b 线	黑 棕	黑 灰	黄 蓝	黄 桔	黄 绿	黄 棕	黄 灰	紫 蓝	紫 桔	紫 绿	紫 棕	紫 灰	

（3）基本单位（25 对和 10 对）。

全色谱单位式缆芯的基本单位有 25 对和 10 对两种，如图 LA1-15、图 LA1-16 所示。

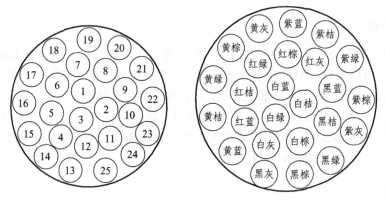

图 LA1-15　全色谱单位式缆芯（25 对）

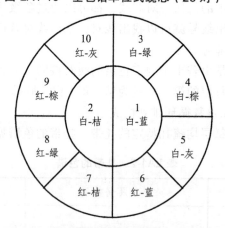

图 LA1-16　全色谱单位式缆芯（10 对）

50 对的单位称为超单位，它是由 2 个 25 对基本单位（代号：S）[或含有两个 12 对和 2 个 13 对的子单位组成，即 2×（12＋13）对]或 5 个 10 对基本单位[（代号：SI），扎带为 W、R、B、Y、V；（代号：SJ），扎带为 Bl、O、G、Br、S]组成的。每个基本单位的线对色谱如前所述，超单位内各基本单位的序号和扎带色谱见表 LA1-2 和表 LA1-3。

100 对超单位（代号：SD）是由 4 个 25 对的基本单位[（4×25）对]或 10 个 10 对的基本单位[（10×10）对]组成的。

（4）备用线对的线序及色谱。

超单位的序号是从中心层顺次向外层排列的，扎带色谱顺序为白、红、黑、黄、紫，但要在同色扎带的超单位中识别出先后顺序则要根据基本单位的扎带色谱来判断。

（5）全色谱星绞同心式或单位式缆芯。

星绞四线组线组号和色谱排列见表 LA1-4。

表 LA1-4　星绞四线组线组号和色谱排列

星绞四线组组 号	星绞四线组色谱			
	a 组	b 线	c 线	d 线
1	白	蓝	天蓝	紫
2	白	桔	天蓝	紫
3	白	绿	天蓝	紫
4	白	棕	天蓝	紫
5	白	灰	天蓝	紫
6	红	蓝	天蓝	紫
7	红	桔	天蓝	紫
8	红	绿	天蓝	紫
9	红	棕	天蓝	紫
10	红	灰	天蓝	紫
11	黑	蓝	天蓝	紫
12	黑	桔	天蓝	紫
13	黑	绿	天蓝	紫
14	黑	棕	天蓝	紫
15	黑	灰	天蓝	紫
16	黄	蓝	天蓝	紫
17	黄	桔	天蓝	紫
18	黄	绿	天蓝	紫
19	黄	棕	天蓝	紫
20	黄	灰	天蓝	紫
21	紫	蓝	天蓝	紫
22	紫	桔	天蓝	紫
23	紫	绿	天蓝	紫
24	紫	棕	天蓝	紫
25	紫	灰	天蓝	紫

（三）模块式接线子及接线工具

模块式接线子又称为卡接板或卡接模块，是大对数电缆芯线接续使用最多的接线子，有标准型和超小型两类，每类又分为一字形、Y 字形、T 字形 3 种，分别用于直接接续、分支接续和搭接接续（桥接）。

模块由 U 形卡接片、切线刀片、线槽和试验孔等部件组成，每次可以卡接一个基本单位（10 对或 25 对），完成一字形、Y 字形和 T 字形连接。图 LA1-17、LA1-18 为模块式接线子的实物。

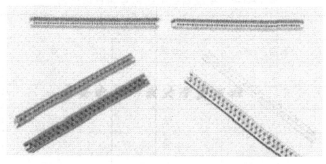

图 LA1-17　模块式接线子专用压接工具实物 1

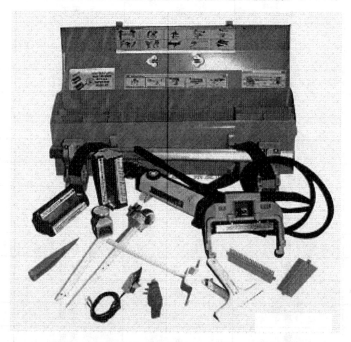

图 LA1-18　模块式接线子专用压接工具实物 2

（四）漏泄电缆

1. 漏泄电缆的结构

基站与移动站之间的通信通常是依靠无线电传送的。目前，通信业的不断发展越来越要求基站与移动站之间随时随地能接通，甚至要求在隧道（地铁）中也是如此。然而在隧道（地铁）中，移动通信用的电磁波传播效果不佳。隧道中利用天线传输通常也很困难，所以关于漏泄电缆的研究应运而生。

同轴管由一个金属圆管（称为外导体）和一根与之共有同一中心轴线的导线（称为内导体）所构成。同轴管内导体是一根半硬铜线，外导体用软铜带或铝带纵包而成。内外导体之间用聚乙烯垫片或用鱼泡状、竹节状、绳管状等塑料支持物隔开，使两导体相互绝缘。同轴管外表面绕包镀锡钢带，以提高同轴管的电磁屏蔽作用。

同轴管在低频段工作时，串音和外界电磁干扰都较对称电缆严重。但在传输频率升高时，外导体的屏蔽作用加强，抗外界干扰特性随之增强，同轴管之间的串音也随之减小，因而同轴管适用于高频率和宽频带传输。

2. 漏泄电缆的工作原理

横向电磁波通过同轴电缆从发射端传至电缆的另一端。当电缆外导体完全封闭时，电缆传输的信号与外界是完全屏蔽的，电缆外没有电磁场，或者说测量不到电磁辐射。同样的，外界的电磁场也不会对电缆内的信号造成影响。

然而，通过同轴电缆外导体上所开的槽孔，电缆内传输的一部分电磁能量能发送至外界环境。同样，外界能量也能传入电缆内部。外导体上的槽孔使电缆内部电磁场和外界电波之间产生耦合。具体的耦合机制取决于槽孔的排列形式。

漏泄电缆的一个典型例子是编织外导体同轴电缆。绝大部分能量以内部波的形式在电缆中传输，但在外导体覆盖不好的位置点上，就会产生表面波，沿着电缆正向或逆向向外传播，且相互影响。

无线电通信信号的质量通常因为电缆外界电波电平波动情况的不同而相差很大。电缆敷设方式和敷设环境对电缆辐射效果也有影响。大部分隧道内还有各种各样的金属导体，如沿两侧墙面安装的电力电缆、铁轨、水管等，这些导体将彻底改变电磁场的特性。

3. 漏泄电缆的种类

漏泄电缆主要分为以下 3 种：

（1）辐射型（RMC）。

辐射型电缆的电磁场由电缆外导体上周期性排列的槽孔产生。槽孔间距（d）与工作波长（λ）相当，所有槽孔都符合相位迭加原理。只有当槽孔排列恰当及在特定的辐射频率段，才会出现此模式；也只有在很窄的频段下，才有低的耦合损耗。高于或低于此频率，都将因干扰因素导致耦合损耗增加。

（2）耦合型（CMC）。

耦合型电缆则有许多不同的结构形式，例如，在外导体上开一长条形槽，或开一组间距远远小于工作波长的小孔，还有就是两侧开缝。电磁场通过小孔衍射激发电缆外导体外部电磁场。电流沿外导体外部传输，电缆像一个可移动的长天线向外辐射电磁波。因此，耦合型电缆也等同于一根长的电子天线。

（3）泄漏型（LSC）。

这种模式可理解为在一根非漏泄电缆中，插入一段漏泄电缆。这一段漏泄电缆等同于一个通过功率分配器与同轴电缆相连的定位天线。其中，电缆内部只有一小部分的能量转变为辐射能。选择相邻漏泄段之间的合适间距，可以为不同频段提供满意的效果。事实表明，10~50 m 的间距可满足 1 000 MHz 内的所有形式的通信。

这样设计的漏泄型电缆，在同样的条件下又可作为连续的补偿馈线，且具有更好的衰减常数和耦合损耗特性。漏泄部分相当于有效的模式转换器，可以控制电缆附近的电磁场强度大小。

使用漏泄型电缆系统的一个特点是漏泄部分长度不于电缆总长度的 2%~3%，这样便减少了由于辐射引起的附加损耗。这些模式转换器有很低的插入损耗，通常只有 0.3 dB 或 0.2 dB，因此使用这些模式转换器引起的同轴电缆纵向衰减增加很小。

4. 漏泄电缆的接续

漏泄同轴电缆的通信质量与连接器的安装有直接关系，所以在施工中，接续时应注意以下事项：

（1）由于连接器多而复杂，型号不同，又不能互相替换，故应熟悉所安装连接器的作用及安装顺序；

（2）严格按规程操作；

（3）注意内、外导体的牢固性和密封性；

（4）注意安装过程的清洁。

接续步骤如下：

（1）对安装连接器的电缆部位用酒精进行清洗，去掉承力索约 300 mm，剥去漏泄同轴电缆的外护套、外导体、绝缘套管和绝缘螺旋体，露出内导体铜管 17 mm。在此应注意：电缆切口必须是没有槽口的位置，以保证无线信号传输的质量。

（2）卸开连接器插座，按照尾螺母、垫圈、密封圈、垫圈、密封圈、垫圈、扁螺母和压环的顺序套在电线上。在此应注意零件的顺序及扁螺母与压环的方向。

（3）采用滚压法安装内导体芯子。注意在液压进刀过程中，多滚压，少进刀。

（4）安装外导体接触套。在剥开电缆护套及外导体时，应注意保护好外导体，不可弄断或损伤。

（5）装上带孔绝缘子，应注意清洁。

（6）旋进带插孔的内导体，安装压环和尾螺母。注意务必旋紧。

（7）安装好外壳组件。注意：螺旋器件必须旋紧，整个结构必须密封。

（8）在连接器上缠绕粘胶带，外层加缠电工胶带。注意均匀与美观。

（9）承力索的成端。注意成端后的长度。

在漏泄同轴电缆通信系统中，连接器件都是靠触接构成通路的。若连接器上的螺纹丝口深度不够，抗拒不了收拉电缆的紧拉力，则很容易把连接器拉脱，使电缆线路开路。

八、光纤通信概述

（一）光纤通信系统

光纤通信系统是以光波作为载体，以光缆作为传输线路的通信系统。它由常规的电端机、光端机、光中继器及光缆传输线路所组成，如图 LA1-19 所示。该系统可分为三大部分：光发送、光传输和光接收。光发送部分完成电光转换任务，光传输部分的作用是把光信号从发送端传到接收端，光接收部分完成光电转换任务。为了延长传输距离，必要时需在光缆线路中安置光中继器。

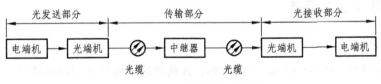

图 LA1-19　光纤通信示意图

（二）光纤通信系统历史

（1）光纤的发明，引起了通信技术的一场革命。1966 年，英籍华人高琨发表论文《光频介质纤维表面波导》，指出了用光纤进行信息传输的可能性和技术途径。

（2）第一阶段（1966—1976 年），从基础研究到商业应用的开发时期，美国贝尔实验室在亚特兰大到华盛顿间建立了世界上第一条实用化的光纤通信线路，实现了短波长（0.85 μm）、低速率（34 Mb/s 或 45 Mb/s）、多模光纤通信系统，无中继距离约为 10 km。

（3）第二阶段（1976—1986 年），大发展时期，光纤从多模发展到单模，工作波长从短波长发展到长波长（1.31 μm 和 1.55 μm），实现了波长 1.31 μm、传输速率 140～565 Mb/s 的单模光纤传输系统（PDH），其无中继距离为 50～100 km。

（4）第三阶段（1986 年—现在），全面深入开展新技术研究，实现了 1.55 μm 单模光纤通信系统（SDH），速率达 2.5～10 Gb/s，无中继距离为 100～150 km；1996 年，贝尔实验室发展了 WDM 技术，使 WDM 技术取得突破，美国 MCI 公司在 1997 年开通了商用的 WDM 线路。光纤通信系统的速率从单波长的 2.5 Gb/s 和 10 Gb/s 迅速性地发展到多波长的 Tb/s（1 Tb/s = 1 000 Gb/s）传输。

（三）光纤通信的优点

（1）传输频带宽。20 世纪 90 年代初，光纤通信的实用水平的信息率为 2.488 Gb/s，即一对单模光纤可同时开通 35 000 路电话。当今实验室光系统速率已达 10 Tb/s，几乎是用之不尽的，所以它的前景辉煌。

（2）传输损耗低，中继距离长。

（3）线径细，质量轻。光纤的线径细，芯径为 3～100 μm，与人的头发丝粗细相当。

（4）抗电磁干扰性强，抗辐射性强。

（5）不怕潮湿，耐高压，抗腐蚀（光纤是玻璃制成的，不怕潮湿，不会锈蚀）。

（四）光纤通信的缺点

（1）强度不如金属线。

（2）连接比较困难。

（3）分路耦合不方便。

（4）弯曲半径不宜太小。

光纤通信的这些缺点，从技术上说都是可以克服的，不影响光纤通信的使用。

（五）光纤（缆）概述

1. 光纤结构

光纤是光导纤维（Optical Fiber）的简称，其典型的结构是多层同轴圆柱体，自内向外为纤芯、包层及涂覆层等。通信光纤的纤芯通常是折射率为 n_1 的高纯 SiO_2，并有少量的掺杂剂，以提高折射率，光能量主要在纤芯内传输。包层的折射率为 n_2（$n_2 < n_1$），其通常也由高纯 SiO_2 制成，并掺杂一些其他杂质以降低折射率，为光的传输提供反射面和光隔离，并起一定的机械保护作用。纤芯和包层合起来构成裸光纤，光纤的光学及传输特性主要由它决定。在包层外面是 $5 \sim 40~\mu m$ 的涂覆层，材料是环氧树脂或硅橡胶，其作用是增强光纤的机械强度。在外面还常有缓冲层及套塑层（保护层）。此外，纤芯及包层材料也可由玻璃或塑料制造，它们的损耗比石英光纤大，但在短距离的光纤传输系统中仍有一定应用。

2. 光纤的导光原理

光纤的导光原理如图 LA1-20 所示，当进入光纤的光线射入纤芯和包层界面的入射角为 θ 时，则在入射点的光线可能分为两束，一束为折射光，另一束为反射光，它们应服从光线的折射和反射定律，即 $\angle\theta = \angle\theta_2$，$n_1 \sin\theta = n_2 \sin\theta_1$。

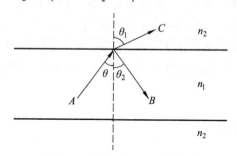

图 LA1-20 光纤的导光原理

折射光在靠近纤芯 - 包层界面的包层中传播，反射光将回到纤芯中，又射到纤芯的另一边的纤芯 - 包层界面，然后重复入射点的情况，使光向前传播。因为包层的损耗比纤芯大，进入包层的光将很快衰减掉。在这种情况下，光纤中传播的光波也就会很快地衰减而不能远距离传输。

为了使光能在光纤中远距离传输，一定要形成光在光纤中反复发生全反射的条件。根据全反射原理，存在一个临界角 θ_c（如果逐渐增大光线对纤芯 - 包层界面的入射角，当 θ 达到某一定大小时，折射角为 90°，折射光线不再进入包层，而是沿纤芯 - 包层界面向前传播，我们把这种情况下的入射角称为全反射临界角）。如果继续增大光线的入射角，光全部反射回纤芯中。根据反射定律，反射回纤芯中的光线，向另一侧纤芯-包层界面射入时，入射角保持不变，也就是说，这种光线可以在纤芯中不断发生反射而不产生折射，我们称之为"全反射"。

实现全反射的条件如下：

（1）光纤纤芯的折射率 n_1 一定要大于光纤包层的折射率 n_2；

（2）进入光纤的光线向纤芯-包层界面射入时，入射角应大于临界角 θ。

3. 光纤分类

（1）按材料分类：

① 石英系光纤；

② 石英芯、塑料包层光纤；

③ 多成分玻璃纤维；

④ 塑料光纤。

（2）按波长分类：

① 短波长光纤通信系统，工作波长为 0.8～0.9 μm，典型值为 0.85 μm。这种系统的传输距离较短，目前较少使用。

② 长波长光纤通信系统，工作波长为 1.0～1.6 μm，通常采用 1.31 μm 和 1.55 μm 两种波长。这类系统传输距离较长，中继距离可达 100 km。

③ 超长波长光纤通信系统，采用非石英系光纤。它可实现 1 000 km 无中继传输。

（3）按模式分类：

光波在光纤中以什么模式传播，与芯线和包层的相对折射率、芯线的直径及工作波长有关。

① 多模光纤。

光波在光纤中以多种模式传播，不同的传播模式有不同的电磁场分布和不同的传播路径，这种光纤叫多模光纤。多模光纤的纤芯直径大多为 50 μm 或 62.5 μm。

多模光纤可分为突变型光纤和渐变型光纤。

a. 突变型光纤（SIF）：纤芯直径为 50～60 μm，光线以折射形状沿纤芯轴线方向传播，存在多条路径，并有较大的时延差，因而信号畸变大，只能用于小容量短距离系统。

b. 渐变型光纤（GIF）：纤芯直径为 50 μm，光线以曲线形状沿纤芯轴线方向传播，各条路径时延差较小，因而信号畸变较小，适用于中等容量、中等距离系统。

② 单模光纤（SMF）。

芯线的直径小到光波波长大小时，光纤就成为波导，光在其中无反射地沿直线传播，这种光纤叫单模光纤。

单模光纤的纤芯直径大多为 4～10 μm，用于大容量长距离系统。单模光纤具有传输衰减低、带宽大、易升级扩容的优点。目前，光通信敷设的光缆大部分都是 G.652 常规单模光纤的光缆。它有两个工作窗口：1 310 nm 窗口和 1 550 nm 窗口（1 310 nm 窗口色散最小，全面支持高容量、低成本的传输光器件；1 550 nm 窗口衰减最低，能有效支持 TDM 和 WDM 系统）。

三种基本类型的光纤如图 LA1-21 所示。

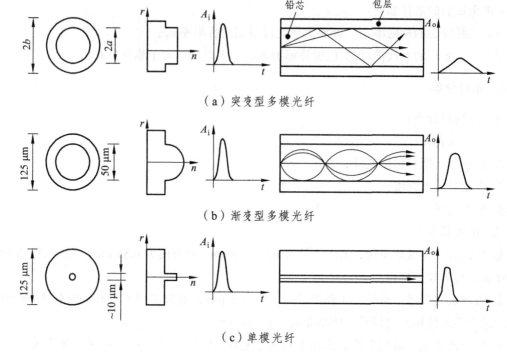

（a）突变型多模光纤

（b）渐变型多模光纤

（c）单模光纤

图 LA1-21　三种基本类型的光纤

（六）光纤的性能特征

　　前面讨论了光在光纤中的传播条件，现在，要讨论从光源输出的光通过光纤端面送入光纤的条件。这是光纤通信和电通信的一个重要差别。对于电信号来说，只要把放大器的输出端与输入端连接起来，电信号就被送入线路；而对于光通信来说，情况就比较复杂了，入射在光纤端面上的光，其中一部分是不能进入光纤的，而能进入光纤端面的光也不一定都能在光纤中传播，只有符合某一特定条件的光才能在光纤中发生全反射而传播到远方。

　　光纤的数值孔径表示光纤接收入射光的能力，数值孔径（NA）越大，即 $\sin\theta_{max}$ 越大，光纤接收光的能力越强。从立体的观点来看，$2\sin\theta_{max}$ 是一个圆锥体，只有入射在该圆锥体的光才能在光纤中形成全反射向前传播。因此，从增加进入光纤的光功率的观点来看，NA越大越好，纤芯对光能量的束缚越强，光纤抗弯曲性能越好；但 NA 越大，经光纤传输后产生的信号畸变越大，因而限制了信息传输容量。所以要根据实际使用场合，选择适当的 NA。

（七）光纤的传输特征

1. 损耗特性

　　光波在光纤中传输，随着距离的增加，光功率逐渐下降，这就是光纤的传输损耗，用衰减系数（即每公里光纤的损耗 dB 数）来表示，单位为 dB/km。损耗特性的存在使信号幅度减小，从而限制系统的传输距离。

　　光纤的损耗特性如图 LA1-22 所示，图中显示了光纤通信系统的 3 个低损耗窗口。

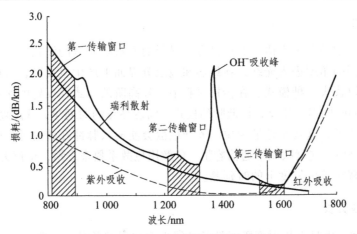

图 LA1-22　光纤的损耗特性

第一低损耗窗口短波长在 0.85 μm 附近；

第二低损耗窗口短波长在 1.31 μm 附近；

第三低损耗窗口短波长在 1.55 μm 附近。

实验中曲线的损耗值为：对于单模光纤，在波长为 0.85 μm 时约为 2.5 dB/km；在波长为 1.31 μm 时约为 0.4 dB/km；在波长为 1.55 μm 时仅为 0.2 dB/km，已接近理论值（理论极限为 0.15 dB/km）。

2. 光纤损耗分类

引起光纤损耗的原因很多，主要有以下两种：

第一种因素与光纤材料有关：

（1）吸收损耗是由 SiO_2 材料引起的固有吸收（包括紫外吸收、红外吸收）和由杂质引起的吸收产生的。

（2）散射损耗主要由材料微观密度不均匀引起的瑞利（Rayleigh）散射和由光纤结构缺陷（如气泡）引起的散射产生的。瑞利散射损耗是光纤的固有损耗，它决定着光纤损耗的最低理论极限。

第二种因素与光纤的几何形状有关：

在光纤的使用过程中，弯曲不可避免，在弯曲到一定的曲率半径时，就会产生辐射损耗。光纤的弯曲有随机微弯和外力弯曲。一般情况下，弯曲半径较小时，辐射损耗也不大。

光纤本身的损耗包括由光纤的材质所决定的吸收和散射损耗，以及制造过程中由杂质吸收和波导结构不完整引起的损耗。前者是材质所固有的，是不可避免的，后者是光纤制造过程中产生的，随着光纤制造技术的提高，由此引起的损耗已降低到可以忽略的程度。实际光纤的损耗曲线已接近于理论计算值。

理论上普通单护套光缆的动态（安装敷设时）弯曲半径为 10 倍光缆外径，静态（敷设后）弯曲半径为 20 倍光缆外径。普通双护套光缆的动态（安装敷设时）弯曲半径为 12.5 倍光缆外径，静态（敷设后）弯曲半径为 25 倍光缆外径。

3. 色散特性

色散是来自光学的一个术语，意思是介质材料的参数随光波的波长（频率）而变化的现象。入射光以不同的角度进入光纤，在纤芯和包层分界面上产生全反射，形成不同的反射方向，一个方向可以代表一种模式。在传播过程中，较高阶的模式，反射的次数多，传播的距离长，到达终点的时间迟。相反，较低阶的模式，到达终点的时间早，这样就产生了时延差，出射光脉冲就展宽了，这就是色散现象。光纤色散会使输入脉冲在传输过程中展宽，产生码间干扰，增加误码率，这就限制了通信容量。色散用色散系数来表示，单位为 PS/(km·nm)，即光源的单位谱宽在单位长度上的时延差。

4. 光纤色散分类

（1）材料色散：由材料折射率随光波长非线性变化引起的色散。理论上 SiO_2 光纤在第二损耗窗口的材料色散较小。在波长为 1.27 μm 时，时延差最小，这个波长称为材料的零色散波长，其与光波长成反比。

（2）波导色散：由于光纤的几何形状、纤芯尺寸、相对折射串差等结构的原因，使一部分光在纤芯中传播，另一部分在包层中传播，由于在纤芯和包层中的传播速度不同而造成光脉冲的展宽，又称结构色散。对于多模光纤，波导色散比材料色散小得多，常可忽略不计；但对于单模光纤，波导的作用则不能忽略，其与光波长成正比。

（3）模式色散：由光纤不同模式、群速不同而引起的色散；可以用光纤中传输的最高模式与最低模式之间的时延差来表示。

（八）光纤的温度特性

通常情况下，光纤的特性受温度影响不大，但是在温度很低时，损耗随温度降低而增加，尤其是在温度非常低时，损耗急剧增加，所以高寒地区工作的光缆应注意到这个特性。产生这种现象的原因是光纤的热胀冷缩。

构成光纤的 SiO_2 的热膨胀系数很小，在温度降低时几乎不收缩。而光纤在成缆过程中必须涂覆和加上一些其他构件，涂覆材料及其他构件的膨胀系数较大，当温度降低时，收缩比较严重，所以当温度变化时，材料的膨胀系数不同，将使光纤产生微弯，尤其表现在低温区。

光纤的附加损耗与温度之间的变化曲线如图 LA1-23 所示。从图中看出，随着温度的降低，光纤的附加损耗逐渐增加，当温度降至 - 55 ℃ 左右时，附加损耗急剧增加。因此，在设计光纤通信系统时，必须考虑光缆的高、低温循环试验，以检验光纤的损耗是否符合指标要求。

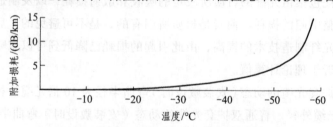

图 LA1-23　光纤附加损耗与温度之间的变化曲线

（九）光纤的机械特性

目前，构成光纤的材料是 SiO_2，要被拉成直径为 125 μm 的细丝。在拉丝过程中，光纤的抗拉强度为 0.1 ~ 0.2 GPa，如拉丝后立即在光纤表面进行涂覆，抗拉强度可达 400 GPa。

这里所说的光纤的强度是指抗张强度，当光纤受到的张力超过它的承受能力时，光纤就会断裂。

光纤抗断强度与涂覆层的厚度有关，当涂覆厚度为 5 ~ 10 μm 时，抗断强度为 3.3 GPa；当涂覆厚度为 100 μm 时，抗断强度可达到 5.3 GPa。

造成光纤断裂的原因：光纤在生产过程中预制棒本身的表面有缺陷，在受到张力时，由于应力集中在伤痕处，当张力超过一定范围时，就会造成光纤的断裂。

为了保证光纤能具有 20 年以上的使用寿命，光纤应进行强度筛选试验，只有强度符合要求的光纤才能用来成缆。

通常国外对光纤强度的要求如表 LA1-5 所示。

表 LA1-5　通常国外对光纤强度的要求

用　　途	拉伸应变/%	张力/N
陆地防潮光缆	0.5	4.3
水深在 1.5 km 以内的光缆	> 1.0	8.6
水深在 1.5 km 以上的海缆	> 2.2	19

光纤容许应变包括：

（1）成缆时光纤的应变。

（2）敷设光缆时，由于某些因素的影响而使光纤发生的应变。

（3）工作环境温度的变化而引起光纤的应变。

国外相关资料显示，当光纤的拉伸应变为 0.5% 时，其寿命可达 20 ~ 40 年。

（十）光缆的结构和种类

由光纤的温度特性和机械特性可知，光纤必须制作成光缆才能使用。光缆线路在长期使用中，必须经受敷设安装和长期维护运用的考验。因此，对光缆有如下基本要求：

（1）不能因成缆而使光纤的传输特性恶化；

（2）在成缆过程中，光纤不断裂；

（3）缆径细、质量轻；

（4）便于施工和维护。

光缆的每个熔接头都会引入 0.1 dB 的衰减，每个连接器衰减值为 0.5 dB。

1. 光缆的基本结构

根据不同用途和不同的使用环境，使用的光缆也不同，但不论光缆的具体结构如何，都是由缆芯、加强元件和护层所组成。

（1）缆芯。

缆芯由光纤芯线组成，它可分为单芯和多芯两种，如图 LA1-24 所示。单芯型是由单根经二次涂覆处理后的光纤组成；多芯型是由多根经二次涂覆处理后的光纤组成，它又可分为带状结构和单位式结构。

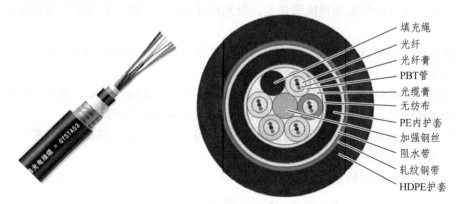

填充绳
光纤
光纤膏
PBT管
光缆膏
无纺布
PE内护套
加强钢丝
阻水带
轧纹钢带
HDPE护套

图 LA1-24　光缆结构图 1

目前，国内外对二次涂覆主要采用下列两种保护结构：

① 紧套结构。

如图 LA1-25（a）所示，在光纤与套管之间有一个缓冲层，其目的是减小外力对光纤的作用，缓冲层一般采用硅树脂，二次涂覆用尼龙材料，这种光纤的优点是结构简单、使用方便。

② 松套结构。

如图 LA1-25（b）所示，将一次涂覆后的光纤放在一根管子中，管中填充油膏，形成松套结构，这种光纤的优点是机械性能好、防水性好、便于成缆。

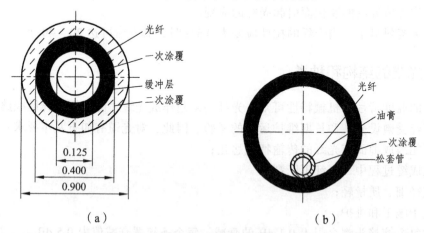

光纤
一次涂覆
缓冲层
二次涂覆

0.125
0.400
0.900

（a）

光纤
油膏
一次涂覆
松套管

（b）

图 LA1-25　光缆结构图 2

（2）加强元件。

由于光纤材料比较脆，易断裂，为使光缆便于承受敷设安装时所加的外力等，因此在光缆中要加一根或多根加强元件，位于中心或分散在四周。加强元件的材料可用钢丝或非金属纤维——增强塑料（FRP）等。

（3）护层。

光缆的护层主要是对已经成缆的光纤芯线起保护作用，避免由于外部机械力和环境影响造成对光纤的损坏。因此，要求护层具有耐压力、防潮、温度特性好、质量轻、耐化学侵蚀、阻燃等特点。

光缆的护层可分为内护层和外护层。内护层一般采用聚乙烯或聚氯乙烯等；外护层可根据敷设条件而定，可采用由铝带和聚乙烯组成的双面涂塑铝带黏接层（LAP）外护套加钢线铠装等。

2. 光缆的种类

在公用通信网中用的光缆结构见表 LA1-6。

表 LA1-6　光缆结构

种　类	结　构	光纤芯线数	必要条件
长途光缆	层绞式 单位式 骨架式	< 10 10～200 < 10	低损耗、宽频带和可用单盘盘长的光缆来敷设 骨架式有利于防护侧压力
海底光缆	层绞式 单位式	4～100	低损耗、耐水压、耐张力
用户光缆	单位式 带状式	< 200 > 200	高密度、多芯及低、中损耗
局内光缆	软线式 带状式 单位式	2～20	质量轻、线径细、可绕性好

下面介绍几种具有代表性的光缆结构形式：

（1）层绞式光缆。

它是将若干根光纤芯线以强度元件为中心绞合在一起的一种结构，如图 LA1-26（a）所示。这种光缆的制造方法和电缆较相似，所以可采用电缆的成缆设备，因此成本较低。光纤芯线数一般不超过 10 根。

（2）单位式光缆。

它将几根甚至十几根光纤芯线集合成一个单位，再由数个单位以强度元件为中心绞合成缆，如图 LA1-26（b）所示。这种光缆的芯线数一般只有几十芯。

（3）骨架式光缆。

这种结构是将单根或多根光纤放入骨架的螺旋槽内，骨架的中心是强度元件，骨架的沟槽可以是 V 形、U 形或凹形，如图 LA1-26（c）所示。

由于光纤在骨架沟槽内具有较大空间，因此当光纤受到张力时，可在槽内进行一定的位移，减少了光纤芯线的应力应变和微变。这种光缆具有耐侧压、抗弯曲、抗拉的特点。

（4）带状式光缆。

它是将 4～12 根光纤芯线排列成行，构成带状光纤单元，再将这个带状单元按一定方式排列成缆，如图 LA1-26（d）所示。这种光缆的结构紧凑，采用此种结构可做成上千芯的高密度用户光缆。

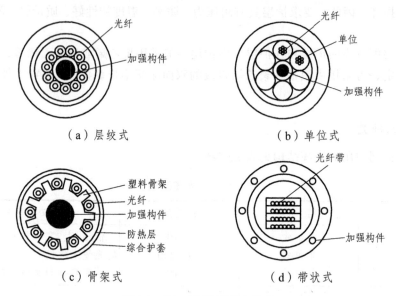

（a）层绞式   （b）单位式

（c）骨架式   （d）带状式

图 LA1-26　光缆的基本结构

九、配线架基础知识

目前，轨道交通行业内常见的配线架类型有：光纤配线架（ODF）、总配线架（MDF）、网络配线架（EDF）、数字配线架（DDF）。

（一）光纤配线架（ODF）

1. 用　途

光纤配线架（Optical Distribution Frame，ODF）用于光纤通信系统中局端主干光缆的成端和分配，可方便地实现光纤线路的连接、分配和调度，其实物如图 LA1-27 所示。

图 LA1-27　光纤配线架实物

2. ODF 的主要特点

（1）全模块化设计，全正面化操作；

（2）集熔接与配线于一体，最大限度地高密度化；

（3）可安装于 19 寸标准机架上；

（4）适用于带状和非带状光缆；

（5）可卡接式安装 FC、SC、ST 和 LC 等多种适配器；

（6）适配器与设备在 30° 卡接式安装，既保证了跳线的弯曲曲率半径，又可避免激光灼伤人眼，操作方便，保护完善；

（7）光缆和尾纤均具有 2 m 以上的盘储空间。

（二）总配线架（MDF）

1. 简　介

总配线架为一侧连接交换机外线、另一侧连接交换机入口和出口的内部电缆布线的配线架，其实物如图 LA1-28 所示。配线架通常安装在机柜或墙上。通过安装附件，配线架可以全线满足 UTP、STP、同轴电缆、光纤、音视频的需要。在网络工程中常用的配线架有双绞线配线架和光纤配线架。总配线架适用于与大容量电话交换设备配套使用，用以接续内、外线路；一般还具有配线、测试和保护局内设备及人身安全的作用。双面机架采用特殊铝型材作材料，安装方便，有机架式和机柜式两种结构，便于扩容。单面机架具有双面机架的优点，节约机房空间，全部操作均在正面进行，避免长跳线过多、混乱不堪的情况，使维护更简单。全模块结构，配置安装灵活方便。总配线架由机架、保安接线排、测试接线排、保安单元及其他附件组成，具有良好的保护功能，防止因雷电或其他原因产生的过电流、过电压对通信设备和机房的人员造成危害。所有塑料均采用阻燃工程塑料。接触表面采用镀金、银、镍工艺和防腐处理。四级告警包括：单元、排、列告警和总告警（声、光）。机架具有可靠的接地系统。

图 LA1-28　总配线架实物

2. MDF 工作原理

所有外线均接至总配线架，再由总配线架接到相关的机械设备上。外线电缆是不能直接与交换机相连的，其间必须经过一种交接设备，这就是总配线架。

总配线架的基本功能如下：

（1）具有配线功能，通过跳线可将任一内线连接到任一外线上。

（2）具有防护装置，它和外线上及交换机内的防护设施一起构成一个防护系统，防止由外线进入的过电压、过电流对局内的设备和操作人员造成损坏和伤害。

（3）具有对内外线进行测试的位置。

3. 保安单元

保安单元是插在保安接线排上的防止人身和设备遭受过电压、过电流伤害的一种防护装置，是总配线架上的重要部件。根据国际标准"CCIqTK.20 建议"和我国线路环境实际情况，安装在总配线架上的保安单元必须具有 3 项功能，即防雷击、防强电感应和防交流市电功能。特别对于过电压、过电流二次防护能力较差的程控交换机，保安单元的一级防护功能显得更为重要。

（1）雷电冲击：雷电冲击所产生的浪涌电压有瞬间发生及瞬间完成的特点，有的电压高达几千伏、几万伏不等。

（2）强电感应：当电缆经过某些特殊的地方（如电气化铁路、变电站或发电厂等）时，有时会因为电磁场的原因而产生感应电流。根据感应电流的距离不同有长线感应、短线感应之分，一般可概括为：长线感应有"电压大、电流相应较小"的特点；短线感应有"电压大、电流也大"的特点。

（3）电力线碰触：在电缆架设方面，我国的实际情况是电话电缆与市电电缆或电车电缆在空中并行或纵横交错架设，由于风吹雨打日晒及雷击、动物损伤、电缆年久老化等问题，所以电力线搭碰还是较常发生的。

以上 3 种情况，严重的会引起明火燃烧、烧坏配线架模块或交换机的用户电路板。MDF 保安单元可以将外电入侵保护接地，从而能够起到一定的保护作用，并具有一定的报警功能。

① 短路保护方式。

MDF 设计的基本思想是将侵入的过电压、过电流短路接地。

② MDF 总配线架的各级接地。

保安单元插在保安接线排上，当通信线路受强电侵袭，出现高电压、潜电流、大电流等情况时，能起到保护作用。保安接线排未插入保安单元时，内外线处于断开状态；插上保安单元后，内外线路接通。当保安单元插入保安接线排后，保安单元的接地插脚穿过保安接线排的接地孔与接地条相连接，每个保安接线排的接地条与接地的架体连接在一起，组成了整个配线架的接地系统。

（三）数字配线架（DDF）

数字配线架又称为高频配线架，以系统为单位，有 8 系统、10 系统、16 系统、20 系统等几种，在数字通信中越来越有优越性，它能使数字通信设备的数字码流的连接成为一个整体，速率从 2 ~ 155 Mb/s 信号的输入、输出都可终接在 DDF 架上，这为配线、调线、转接、扩容都带来很大的灵活性和方便性，如图 LA1-29 所示。

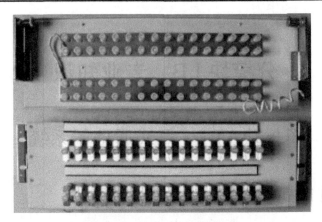

图 LA1-29 数字配线架实物

数字配线架的功能及特点为：数字配线架用于通信设备间的信号配线和转接，包括至少一个配线子架模块以及一个交叉连接单元，位于该配线子架模块上，该交叉连接单元至少包括一组多个多选一继电器，该多个多选一继电器至少有一个接入端口并接在一起，并与一单片机连接，可通过该单片机选择可导通的继电器，选择该配线子架模块上的输出端子与输入端子之间的导通；并接的接入端口与该配线子架模块上的一侧端子电连接；多选一继电器的单一端与配线子架模块上的另一侧对应端子电连接。本实用新型产品可以通过单片机对该 DDF 架中的交叉连接单元进行交叉和环回控制操作，简单易行、操作简单、失误率低。

（四）网络配线架（EDF）

网络配线架主要是用以在局端对前端信息点进行管理的模块化设备，如图 LA1-30 所示。前端的信息点线缆（超 5 类或者 6 类线）进入设备间后首先进入配线架，将线接在配线架的模块上，然后用跳线（RJ45 接口）连接配线架与交换机。

图 LA1-30 网络配线架实物

分模块 LB 专业知识

子模块 LB1 无线通信子系统

一、移动通信基础理论

（一）移动通信的发展历史

1. 第一代模拟移动通信系统

第一阶段：20世纪20年代—40年代（移动通信的开始）。

特点：专用网，车载电话调度系统。

第二阶段：20世纪40年代—60年代。

特点：公用网，大区制，人工交换与公众电话网的接续。

第三阶段：20世纪60年代—70年代中期。

特点：自动交换，频率合成器出现，信道间隔缩小，信道数目增加，系统容量增大。

第四阶段：20世纪70年代中期—90年代初期。

特点：主要是解决在用户增加而频道有限的情况下，如何提高频谱利用率的问题，贝尔实验室提出了蜂窝系统概念，采用了很多先进技术，进而发展了小区制大容量系统。

第一代模拟移动通信系统的典型代表有：

（1）美国的 AMPS；

（2）英国的 TACS；

（3）北欧的 NMT-450/900；

（4）德国的 C-450/900；

（5）日本的 NAMTS。

第一代移动通信系统存在的主要问题是：

（1）各系统间没有公共接口；

（2）频谱利用率低；

（3）无法与固定网向数字化推进相适应。

2. 第二代数字移动通信系统

第五阶段：20世纪90年代初至今，数字移动通信系统。

典型代表：GSM 和 CDMA。

特点：大容量，标准很完善，采用了很多新技术。GSM 已发展到 GPRS 和 EDGE，并向3G 过渡；IS-95（CDMA）已从 IS-95A 发展到 IS-95B 和 CDMA1X，但在向 3G 过渡时存在一些问题。

（1）没有统一的国际标准；

（2）频谱利用率较低；

（3）不能满足移动通信容量的巨大要求；

（4）不能提供高速数据业务；

（5）不能有效地支持 Internet 业务。

3．第三代移动通信系统

IMT-2000 是第三代移动通信系统（3G）的统称。

第三代移动通信系统最早由国际电信联盟（ITU）于 1985 年提出，当时由于考虑到该系统将于 2000 年左右进入商用市场，工作的频段为 2 000 MHz，且最高业务速率为 2 000 kb/s，故于 1996 年正式更名为 IMT-2000（International Mobile Telecommunication-2000）。

第三代移动通信系统是一种能提供多种类型、高质量多媒体业务，能实现全球无缝覆盖，具有全球漫游能力，与固定网络相兼容，并以小型便携式终端在任何时候、任何地点进行任何种类通信的通信系统（5W）。

（二）移动通信

1．移动通信概念

通信双方或至少有一方在运行中进行的信息交换称为移动通信。例如，移动体与固定点之间或各移动体之间的通信。

2．移动通信的通信方式

移动通信的通信方式可分为单向通信方式和双向通信方式两类，而后者又可分为单工通信、双工通信和半双工通信 3 种。

单工通信是指通信双方只能交替地进行收信和发信，不能同时进行。单工通信分为同频单工和异频单工。

双工通信是指通信双方可以同时进行收信和发信。通信双方的设备一般通过双工器完成这种功能，这时收信和发信采用不同的频率。

半双工是指通信的双方有一方使用双工方式，而另一方使用异频单工方式，收发信机采用"按-讲"的方式交替工作。

3．数字移动通信模型

数字移动通信系统模型如图 LB1-1 所示。

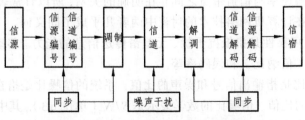

图 LB1-1　数字移动通信系统模型

4. 移动通信的信道

信道（Information Channels）是信息传输的媒质或通道，可分为有线信道和无线信道两类。有线信道指各种具有信号传输能力的导引体，如电缆、光缆等。无线信道是指在自由空间传播信号的载波，如各种特定频率的电磁波等。

信道的作用是把携有信息的信号（电的或光的）从它的输入端传递到输出端，因此，它还可以包括有关的变换装置，如收发设备、调制解调器、天馈线缆等，通常称这种扩大的信道为广义信道，而称前面所述的信道为狭义信道。

移动通信系统使用的是无线信道。相对于参量恒定可控的有线信道，移动通信信道是开放式的变参量信道，存在很大的客观随机性，只能在充分分析它的特性的基础上去适应它，才能达到良好的通信质量。移动通信所面临的无线信道问题有多径、衰落、干扰、频率资源有限等方面，信道技术是移动通信的关键技术，移动通信技术人员应该重点学习掌握。

5. 移动通信重要性能指标及度量单位

（1）移动通信重要性能指标。

与所有其他通信系统一样，移动通信系统着重解决的问题是信息传输的数量和质量，具体表现为系统的有效性、可靠性和安全性 3 种类型的性能指标。

① 有效性指标。有效性是指占用尽可能少的资源传送尽可能多的信息，移动通信系统重要的有效性指标包括传输速率、信道容量和带宽等。

传输速率是指无线信道单位时间内所传输的信息量，单位为 b/s，而信道最大信息传输速率定义为信道容量。

带宽是指信号或信道所占用的频带宽度，单位为 Hz。

在有限带宽、无随机热噪声的连续信道上传输信号时，数据的最大传输速率 R_{max} 与通信信道带宽 B（$B = f$，单位 Hz）的关系可以用奈奎斯特定理第一准则定义，即

$$R_{max} = 2f$$

在有限带宽、有随机热噪声的连续信道上传输信号时，数据的最大传输速率（信道容量 C）与信道带宽 B、信噪比 S/N 之间的关系可以用著名的香农定理定义，即

$$C = B\log_2(1 + S/N)$$

香农公式表明，信道最大传输速率（即信道容量 C）、信道带宽 B 和信噪比 S/N 三项参数在一定条件下可以互相转换。因此在实际工程应用中，可以通过调节系统参数，适应不同的需求。

由于信道最大传输速率与信道带宽之间存在明确的关系，所以日常表述中"带宽"和"速率"常常互为替代，在计算机网络技术的讨论中两者几乎成了同义词。

② 可靠性指标。可靠性是指抵抗干扰、无差错传送信息的能力。移动通信系统重要的可靠性指标包括信噪比（信纳比）和误码率等。

a. 信噪比。信噪比是指输出信号和噪声的比值，系统的信噪比是指在系统最大不失真传输功率下信号与噪声的比值。信噪比的数学表示是 S/N（单位 dB），其中，S 表示信号功率，N 表示噪声功率。信纳比是在系统容许失真范围内，信号对噪声加失真的比率，也称为信噪

失真比，数学表示是 $S/(N+D)$（单位 dB），其中，S 是信号功率，N 是噪声功率，D 是失真功率。信噪比是衡量模拟系统传输质量的一个重要指标。

b. 误码率。误码率是指数字系统中，系统传错码元的数目与所传的总码元数目之比（统计平均值），即系统传错码元的概率。误码率是衡量数字系统传输质量的一个重要指标。

③ 安全性指标。安全性是指信息传输的安全保密性能，主要是加密技术在通信技术中的应用，如抗干扰、防窃听等。

（2）移动通信的度量单位。

移动通信系统主要的度量单位包括功率和电平等。

功率在此指的是电功率，表示电流在单位时间内做的功，用符号 P 表示，单位是瓦（W）。

电平是指电路中两点或几点在相同阻抗下电参量的相对比值。电路中某一点的电平是指该点的电参量对某一基准电参量的相对比值。这里的电参数量包括电功率、电压和电流，单位是分贝（dB）。

若以 1 W 为基准功率，则功率为 P 时，对应的电平为 10lg（$P/1$ W），单位记为 dBW。

若以 1 mW 为基准功率时，则功率为 P 时，对应的电平为 10lg（$P/1$ mW），单位记为 dBmW。

若以 1 mV 为基准电压，则电压为 U 时，对应的电平为 20 lg（$U/1$ mV），单位记为 dBmV。

若以 1 μV 为基准电压，则电压为 U 时，对应的电平为 20lg（$U/1$ μV），单位记为 dBμV。

使用单位 dB 较使用单位 W 便于运算，如乘、除运算取对数后就转化为加减运算，电功率增加一倍，电平增加 3dB。

6. 移动通信系统的信号场强

场强的全称是电磁场场强，移动通信系统的无线信号电磁场强度表示的是在无线信号传播的自由空间中某点（或某处）信号的功率/电平大小。在工程应用中，通过场强仪或无线综合测试仪来测试移动通信系统的场强。

7. 移动通信的工作方式

移动通信的工作方式分为：单向通信和双向通信方式。

双向通信方式分为：单工通信方式、双工通信方式和半双工通信方式。

公用移动电话网都采用双工制，专用移动电话网则采用单工制、半双工制或双工制。

（1）单工制。

所谓单工通信，是指通信双方电台交替地进行收信和发信。

（2）双工制。

所谓双工通信，是指通信双方可同时进行传输消息的工作方式，有时也称全双工通信。

移动通信的双工通信可以有两种实现方式：频分双工（FDD）、时分双工（TDD）。

频分双式：收发信用不同的频段，但时间上连续收发。

时分双工：收发信用同一频段，但通过不同时间段进行收发。

时分双工的优势如下：

频率资源：无需成对的有双工间隙的频段，可用于不成对的零碎频段。

频谱效率：可变切换点技术提供业务和无线资源的最佳适配，频谱效率得到了提高。

智能天线：上下行使用相同的载频，无线传播是对称的，最适应于智能天线技术的实现。

半双工通信与双工通信相似，一方采用单工的"按-讲"方式，即按下"按-讲"开关，发射机才工作，而接收机总是工作的。另一方工作情况与双工方式完全相同。

8. 移动通信系统的分类

（1）按活动范围分：

① 陆地移动通信系统（公用陆地移动通信网 PLMN：Public Local Mobile Network）：与 PSTN 并驾齐驱；

② 海上移动通信系统：海上船只、岛屿之间；

③ 航空移动通信系统：卫星、飞机之间。

（2）按无线设备工作方式分：

① 单工方式；

② 双工方式；

③ 半双工方式（准双工方式）。

（3）按通信体制分：

① 频分多址（FDMA）；

② 时分多址（TDMA）；

③ 码分多址（CDMA）。

（4）按通信频段分：

① 150 MHz 频段；

② 450 MHz 频段；

③ 800 MHz 频段；

④ 900 MHz 频段；

⑤ 1 800 MHz 频段；

⑥ 2 000 MHz 频段。

专用无线调度系统采用的是数字集群，其工作频率为 806～866 MHz，其中，上行频率为 806～821 MHz，下行频率为 851～866 MHz，上下行频差为 45 MHz，信道间频率间隔为 25 kHz。

（5）按服务的对象分：

① 公用网：PLMN，是由国家规定的；

② 专用网：只适合于专门的部分网络（如校园电话网）。

专用网一定可以接入公用网，公用网却不一定能接入专用网。

（6）以提供的服务类型分：

① 移动电话系统；

② 无线寻呼系统；

③ 集群调度系统；

④ 无绳电话系统；

⑤ 卫星移动通信系统。

（三）移动通信关键技术

1. 多址技术

蜂窝移动通信是以不同的通信资源（频率、时间、空间和编码方式等）来区分通信对象的。一个信道只容纳一个通信对象进行通话，许多同时通话的对象，互相以信道来区分，这就是多址的概念。

多址技术在发送端采用多个信号复合，经过无线信道传输后，在接收端进行信号的分离。信号分离的关键是接收端能从混合信号中将需要的信号提取出来，实现信号的有效分割。通常采用的信号分割方式就是多址技术，有 4 种：

（1）频分多址 FDMA（以传输信号载波频率的不同划分来建立多址接入）。

（2）时分多址 TDMA（以传输信号存在时间的不同划分来建立多址接入）。

（3）码分多址 CDMA（以传输信号码型的不同划分来建立多址接入）。

（4）空分多址 SDMA（以传输信号空间特征的不同划分来建立多址接入）。

2. 编码技术

移动通信中的编码技术包括信道编码和信源编码两大部分。

（1）信源编码的目的是保证信息传输的有效性。

信源编码的目的是将信号转为适合在信道中传输的形式，并提高信息传输的有效性，即在保证不失真或允许一定失真的条件下用尽可能少的符号来传送信息，以提高信息的传输率。模拟信源编码主要指语音编码。

（2）信道编码的目的是保证信息传输的可靠性。

信道编码的目的是以加入多余的码元为代价，换取信息码元在传输中可靠性的提高。信道编码的主要作用是差错控制。

3. 话音编码技术

（1）话音编码分为两大类：波形编码和参数编码。

（2）常见的波形编码：PCM、DM 和 ADPCM。

波形编码：抽样、量化、编码。

参数编码：线性预测编码及其改进型（规则脉冲激励长期预测编码 RPE-LTP、矢量和激励线性预测编码 VSELP）。

4. GSM 话音编码技术

GSM 系统采用的是规则脉冲激励长期预测编码（RPE-LTP）的混合编码方式。

首先语音通过模/数转换，即抽样（8 kHz 的抽样频率）、量化。每 20 ms 为一段，经编码后编成 260 bit。纯编码速率为 13 kb/s。

在 GSM 声码器中使用两种功能：话音激活检测 VAD 和不连续发送 DTX。

5. 信道编码技术

（1）信道编码的基本类型如下：

① 按照监督位完成功能的不同，信道编码可分为检错码和纠错码两种类型。

② 按照信息码元和监督码元之间的检验规律，信道编码可分为线性码和非线性码。

③ 按照信息码元和监督码元之间的约束关系，信道编码分为分组码和卷积码。在移动通信中，信道编码常用分组码和卷积码。

6. GSM 信道编码技术

为了检测和纠正传输期间引入的误码，在数据流中引入冗余比特，用于纠错。

信道编码器把话音 260 bit 分成很重要（50 bit）、较重要（132 bit）和不重要（78 bit）3 部分，对前两部分分别加入 3、4 位奇偶校正码、尾比特$[(50 + 3) + (132 + 4) = 189\ bit]$，然后做 1 : 2 的卷积（189 bit × 2 = 378 bit），再加上不重要的 78 bit，形成了 456 bit/20 ms = 22.8 kb/s 的信道编解码组。结果使 20 ms 段 bit 数从 260 增加到 456，相应的话音速率从 13 kb/s 增加到 22.8 kb/s。

7. 交织技术

无线传输干扰和误码通常在某个较小时间段内发生，影响连续的几个突发脉冲。如果把话音帧内的比特顺序按一定的规则错开，使原来连续的比特分散到若干个突发脉冲中传输，则可分散误码，使连续的长误码变成若干分散的短误码，以便于纠错，提高话音质量。

交织处理的两个优点：可以减少干扰对某个语音块的集中影响；通过信道解码，可以实现部分误码的纠正。

交织处理的两个缺点：话音处理加长了时延，增加了信号处理的复杂度。

8. 调制技术

调制是使信息载体的某些特性随信息变化的过程，并能使要传送的信息适合于信道的特性，达到最有效和最可靠的传输。

常见的基本调制方式有：FSK、PSK 和 ASK。在 FSK 的基础上改进的调制方式有：MSK 和 GMSK。

在实际应用中，有两类用得最多的数字调制方式：

（1）线性调制技术，主要包括 BPSK、QPSK、16QAM 等。

（2）恒定包络（连续相位）调制技术，主要包括 MSK、GMSK 等。

数字调制技术还包括振幅和相位联合调制（QAM）技术。另外，还有 π/4QPSK、GMSK 等。GSM 采用 GMSK 调制，IS-54/136 和 JDC 采用 π/4QPSK 调制，IS-95 采用 QPSK 调制。

第三代移动通信系统除 TD-SCDMA 在提供 2 Mb/s 业务时用 8PSK 外，均采用 QPSK 调制。

目前，在 3GPP2 的高速数据业务（HDR）中采用 16QAM、32QAM 或 64QAM 调制，这也反映了在半径较小的微小区、微微小区由于存在很强的直射波而采用频谱效率较高的高阶 QAM 调制的趋势，但是采用高阶调制也意味着需要更强的抗衰落与抗干扰信号处理技术。

目前，调制技术也在向多载波调制、可变速率调制的方向发展。

9. 天馈技术

（1）天线和馈线的概念。

天线用于将馈线传输的高频电流转变为空间电磁波或接收空间电磁波转变成馈线中的电流信号。麦克斯韦电磁场理论是天线技术的理论基础。

馈线是连接天线和发射机输出端（或接收机输入端）的电缆，也称为传输线。

（2）天线和馈线的分类。

天线有许多分类方法，常用的有两种。按方向性分类，可分为全向天线（如立杆天线、室内吸顶天线等）和定向天线（如八木天线）；按外形分类，可分为线状天线（鞭状天线）和面状天线（如板状天线、抛物面天线等）。

移动通信系统中常用的馈线有射频同轴电缆、波导管和微带线等。射频同轴电缆主要用于系统中各个设备之间的连接，如基站到功分器再到天线的连接。波导管主要用于设备内部元器件间的连接，如直放站内部元器件的连接。微带线主要用于元器件内部的信号传输，如功率分配器印制电路板上的信号线。

（3）对称振子。

对称振子是天线的基础。对称振子就是在中点断开并馈以高频电流的导线，馈电点两边导线的长度相等。这种对称振子可以作为独立的天线或成为复杂天线的组成单元，如多个对称振子组合起来就构成天线阵。按照对称振子排列的方法，天线阵可以分为直线阵、平面阵和立体阵。

（4）天线的主要性能指标。

① 天线阻抗匹配和驻波比（VSWR）。传输馈线的特性阻抗与馈线所接终端负载的阻抗相等，称为阻抗匹配。天线实际上是馈线的负载，只有当天线的输入阻抗与馈线阻抗匹配，天线才能将来自馈线的全部信号功率变换成电磁能发射出去，这时的传输效率最高。在移动通信中，常用天线的标准阻抗都是 50 Ω，故馈线也选用 50 Ω馈线。

当天线的输入阻抗与馈线阻抗不完全匹配时，天线不能吸收馈线传输信号的全部功率，未被吸收的那部分能量将反射回去形成反射波。馈线上同时存在入射波和反射波，这种合成波称为驻波。天线系统中的驻波特性用参数驻波比来表示，驻波比全称为电压驻波比，其计算公式为

$$VSWR = R/r = (1+K)/(1-K)$$

式中，R 和 r 分别是天线阻抗和馈线特性阻抗；反射系数 $K = (R-r)/(R+r)$。

天线阻抗 R 和特性阻抗 r 越接近，则反射系数 K 越小，VSWR 越接近 1，匹配也就越好。在移动通信系统中，VSWR 一般取值为 1.2 ~ 1.5。当 VSWR > 1.5 时，天线反射信号功率有可能烧毁发射设备末级功放。

② 天线带宽。带宽是指天线处于良好工作状态下的频率范围。超过这个范围，天线的各项性能将变差。各种类型的天线都适应于特定的带宽。

③ 天线功率。天线允许施加的最大功率为天线功率。

④ 天线方向性。天线在空间各个方向上发射或接收的能量不是平均的，可以用方向性系数 D 表示天线辐射电磁波能量的集中程度，用方向图来表示天线在垂直方向和水平方向的极坐标分布。

⑤ 天线波瓣。天线方向图通常都有两个或多个瓣，其中，辐射强度最大的瓣称为主瓣，其余的瓣称为副瓣或旁瓣。在主瓣最大辐射方向两侧，辐射强度降低 3 dB 的两点间的夹角定义为波瓣宽度。常用的还有 10 dB 波瓣宽度，是指方向图中辐射强度降低 10 dB 的两个点间的夹角。

波瓣宽度越窄，方向性越好，作用距离越远，抗干扰能力越强。

⑥ 天线增益。天线的增益 G 是表示天线在某一特定方向上能量被集中的能力。它是和基准天线相比的一个相对值，单位是 dB。

天线是无源装置，总的发射能量是固定的，要增加天线的增益只能在某一方面或平面上重新分配能量。增益的提高主要依靠减小垂直面向辐射的波瓣宽度，以提高水平面上的辐射性能。天线增益对移动通信系统的场强分布和通信质量极为重要。

⑦ 天线极化。天线的极化是指天线辐射时形成的电场强度方向，接收天线只有与发射天线极化取向相同时，才能感应最大的电压。

（5）天线的安装注意事项。

① 天线安装位置的选择。天线安装时，选址应该尽量空旷，避开高大物体的阻挡。天线位置不要靠近电气设备和金属物。

② 天线安装高度的选择。移动通信所使用频率的电磁波是以视距传输的空间波为主，其传输距离由发射/接收天线决定。当把地球看成是个半径 $R = 6\ 400$ km 的理想圆球体时，通信距离 d（km）和发射天线高度 H_t（m）以及接收天线高度 H_r（m）之间的关系表述为

$$d = 4.120(\sqrt{H_t} + \sqrt{H_r})$$

③ 天线的防雷。架设天线时，一定要采取相应的防雷措施。

10. 分集接收技术

（1）分集接收的目的和作用。

多路径传播的信号到达接收机输入端，产生幅度衰落、时延扩展及多普勒频谱扩展，将导致信号的高误码率，严重影响通话质量。为了提高系统的抗多径效应的性能，一个有效的方法是对多径传播的信号进行分集接收。

（2）分集接收的基本原理。

分集接收是将接到的多径信号分离成不相关的（独立的）多路信号，然后将这些多路分离信号按一定规则合并起来，使接收到的有用信号能量最大化，从而提高接收端的信噪功率比（对于数字信号而言，使误码率最小）。分集技术包括分离信号和合并信号两方面技术。

（3）分集技术的类型。

从信号传输方式的角度可以将分集技术分为显分集和隐分集。

① 显分集通过硬件技术实现信号分集，一般是利用多副天线接收信号，构成显而易见的分集信号传输方式，包括时间分集、空间分集、频率分集、极化分集、角度分集和能量分集等。

② 隐分集在传输信号中隐含了分集作用，接收端利用信号处理技术实现分集，常用的技术有交织编码技术、调频技术和直接序列扩频技术。

（4）信号合并技术。

合并技术是对显分集信号进行处理的方法。下面简要介绍合并技术的准则及方法。

① 信号合并准则。信号合并技术依据的原则有：最大信噪比准则、眼图最大张开度（码间干扰最小）准则和误码率最小准则。

② 信号合并方法。下面介绍最大信噪比准则下的信号合并方法。

a. 选择性合并：是指在多径接收信号中，选取信噪比最高的支路信号作为输出信号。

b. 切换合并：是将多径接收信号与一个预设的门限电平作比较，并不断切换比较，选取信噪比高于门限电平的支路信号作为输出信号。

c. 最大比合并：根据多径接收信号的信噪比大小计算权重，然后加权输出。其结果使输出具有平方率特性，也称平方率合并。

d. 等增益合并：当最大比合并法中的加权系数等于 1 时，就是等增益合并。其结果使输出具有线型关系，也称线性合并。

（四）移动通信网络基础

1. 移动通信网的体制

移动通信网络有两种体制：一种是小容量的大区制，另一种是大容量的小区制。

（1）大区制移动通信网。

大区制是指一个基站覆盖着整个通信服务区，也就是一个通信服务区（如一个城市）内只有一个基站负责移动通信的联络和控制。

（2）小区制移动通信网。

小区制称为"蜂窝式"，在空间上实现频率复用。

小区制是将整个服务区域划分为若干个半径为 1～10 km 的小区域，每个小区域中设置一个基站，负责本小区内所有移动用户的联络和控制（无线通信）。同时，设置一个移动交换中心（MSC）统一控制这些基站协调工作，实现小区之间移动用户通信的转接以及移动用户与市话用户的联系。

小区制的特点如下：

① 提高了频率利用率；

② 具有组网的灵活性；

③ 网路构成复杂。

小区制的服务区域可以划分为：带状服务区和面状服务区。

① 带状服务区。

相邻区域不能使用相同的频率，因此可采用二频组、三频组（四频组）甚至 n 频组的配置方式。

两个相邻区域的连接处有适当的重叠区，可保证在小区的边缘通话也不发生中断。但若重叠区过深，则存在产生同频干扰的危险。

同频干扰最严重的区域出现在小区的端点上，因为它距离产生同频干扰的基站最近。

② 面状服务区。

面状服务区小区形状采用正三角形、正方形、正六边形规则结构。

三种形状小区的比较：正六边形构成的面状服务区最好。

由于正六边形规则结构形状很像蜂窝，所以又称为"蜂窝式"网。

2. 激励方式

激励方式有中心激励和顶点激励两种。

中心激励方式是指基站位于小区的中心，由全方向天线形成 360° 圆形覆盖区。

顶点激励方式是指基站设置在每个正六边形的 3 个顶点上，并用 3 个互成 120° 的扇形张角覆盖的定向天线，同样也可覆盖整个小区。

蜂窝小区的激励方式有三叶草形激励方式和 120° 扇面顶点激励方式。

3. 信道的自动选择方式

空闲信道的选取方式有两类：一类是专用呼叫信道方式（共用信令信道方式），另一类是标明空闲信道方式。

标明空闲信道方式有：循环定位方式、循环不定位方式和循环分散定位方式。

专用呼叫信道方式是指在网中设置专门的呼叫信道，专门处理移动台的呼叫，移动台只要没有通话就停留在此信道上等候。

目前，移动通信公网中常用的空闲信道的选取方式为专用呼叫信道方式（如 800 MHz、900 MHz、1 800 MHz）。

（五）噪声和干扰

1. 噪　声

（1）内部噪声：系统设备本身产生的各种噪声。

（2）外部噪声：自然噪声、人为噪声。外部噪声又称为环境噪声。

① 自然噪声：大气、宇宙等产生的噪声。

② 人为噪声：工业设备等产生的噪声、汽车等产生的噪声（主要的）。

2. 干扰的类型

（1）同频干扰：与有用信号具有相同频率的无用信号或与有用信号具有不同频率，但频差不大，能进入同一接收机通带的无用信号产生的干扰。

（2）邻道干扰：相邻的或邻近频道的信号相互干扰。

（3）互调干扰：由非线性（器件）电路产生的干扰。指的是多部发射机的信号之间，一台发射机的信号耦合或影响到另一台发射机的非线性频段，从而产生新的频率分量。若某些新的频率分量与所需的有用信号频率相近，就会顺利地进入接收机通带内而形成干扰，称为互调干扰。

（4）近端远端比干扰（远近效应）。

3. 控制同频干扰的方法

当有两条或多条同频波道同时进行通信时，就有可能产生同波道干扰。

移动无线电通信设备能够在同一波道上承受干扰的程度与所采用的调制类型有关。

信号强度随着距基站的距离增大而减弱，但是这种减弱不是均匀的，还与地形和其他因素有关，这种减弱设备能够承受的同频干扰可以用载波功率与干扰功率的门限比值（C/I）

来表示，单位为分贝（dB）。

为了使系统能正常运行，必须使载波干扰比大于门限比值。

4. 控制邻道干扰的方法

（1）减小邻近波道干扰，需提高接收机的中频选择性以及优选接收机指标。

（2）限制发射信号带宽。

（3）尽量采用小功率输出，以缩小服务区。

（4）建立一种功率自动控制系统。

（5）使用天线定向波束指向不同的水平方向以及不同的仰角方向。

5. 减小互调干扰的方法

发射机的互调可以通过增大发射机之间的耦合损耗来减少。

最重要的步骤是把天线系统离得相当远，这个方法行之有效。一般用隔离器增加耦合损耗。隔离器一般包括一个跨接电阻，这个跨接电阻能够把向相反方向传播的能量消除。

互调分量还可以通过良好的调谐发射机和天线系统来减少，由于失谐和不良的连接，通常会产生高的驻波比值，因此良好的匹配和良好的调谐在传输线上保持一个低驻波比至关重要。

二、无线集群通信

（一）集群通信系统的概念

1. 什么是集群

集群通信系统（Trunking System）是一种高级专用移动调度系统，它是从早期的无线电调度系统发展起来的，代表着通信体制之一的专用移动通信网的发展方向。

集群通信系统所具有的可用信道可为系统的全体用户共用，具有自动选择信道功能，它是共享资源、分担费用、共用信道设备及服务的多用途、高效能的无线调度通信系统。

系统内任何用户想要和系统内另一用户通话，只要有空闲信道就可以在中心控制台的控制下，利用空闲信道进行通信。

若把若干调度系统集中在一起，多信道共用，原来的每个用户系统作为一个用户群，仍保持各自的主属关系，这样就构成了一个集群系统。

2. 集群系统的主要特点

（1）共用频率：将原来配给各部门专有的频率加以集中，供各家共用。

（2）共用设施：由于频率共用，就有可能将各家分建的控制中心和基站等设施集中合建。

（3）共享覆盖区：可将各家邻近覆盖区的网络互联起来，从而获得更大的覆盖区。

（4）共享通信业务：可利用网络有组织地发送各种专业信息为大家服务。

（5）分担费用：共同建网可以大大降低机房、电源等建网投资，减少运营人员，并可分摊费用。

（6）改善服务：由于多信道共用，可调剂余缺、集中建网，可加强管理、维修，因此提高了服务等级，增加了系统功能。

（7）具有调度指挥功能。

① 兼容有线通信。

② 智能化、计算机软件化，增加了系统功能。

③ 具有控制、交换、中继功能。

总之，集群通信系统是共享资源，分担费用，向用户提供优良服务的多用途、高效能而又廉价的先进无线调度通信系统。

3. 集群系统的信道分配

在多信道大区制移动电话系统中，当两用户间要完成一次通话时，按其需要分配给一对频率（信道），一直到他们通话完毕才把这一对频率释放给其他用户使用。但是实际上在这一次通话过程中，并非全部通话时间都占用这一对频率，而是有相当多的时间是处于"暂停（等待）"状态。总的来说，频率的利用率小于50%，资源利用率低。

集群通信系统可动态分配信道。所谓动态分配即在通话过程中，每按下一次按键讲话开关（PTT），就由基地台控制器指配一个频率（信道），松开PTT开关，就释放信道。因此，信道是在动态变化的。显然，频率的利用率得到了很大的提高。

按需分配：用户发起呼叫，系统按其需要分配一条信道，用户一直占用该信道，直到通话完毕（信道利用率小于50%）。

动态分配：在完成通话的过程中，每按下一次PPT开关，都会更换一下信道（即频率），信道利用率得到了提高。

动态分配与跳频的区别：信道动态分配是按一次PPT开关发送信息时用一个频率，下一次按PPT开关发送信息时用另一个频率，而在按一次PPT开关的发送过程中，频率是不变的，其目的是提高频带的利用率。跳频则是在一次通信过程中，频率可变化多次，变化的次数由跳频的速率来确定；其目的是为了躲避干扰，起抗干扰的作用。

4. 集群系统的集群方式

（1）消息集群（Message T.）：按需分配，脱网前保留6~10 s，利用率低。

（2）传输集群（Transmission T.）：信道动态分配，利用率高，但通话不连续。

（3）准传输集群（Quasi T. T.）：二者兼顾，信道利用率高且消息连续。

三种集群性能比较：消息集群的信道利用率最低，但它便于与有线电话网兼容，且消息集群的技术比较成熟，容易实现。传输集群主要用于专用调度系统，通话是以单工或半双工方式进行；由于通话过程中不断变换频率，所以起到了一定的保密作用；这种方式的信道利用率最高。准传输集群的特点介于两者之间。

（二）集群通信系统的控制方式

1. 集中式控制方式（专用信道控制方式）

采用一条专用信道作为控制信道（信令信道——专门用来传输信令信号），并由集群通信系统的中央控制器集中控制和管理系统内的所有信道。

由于专用信道控制方式无需信道扫描，可以采用快速信令（如目前有的系统信令速度为 3.6 kb/s，有的可达 9.6 kb/s），所以，建立呼叫速度快、入网接续时间短。也就是说，专用控制信道方式主要是接续快。除上述主要优点外，还具有下列功能：

（1）专用控制信道除具有一些专用功能外，还可以完成紧急呼叫、短数据传输、动态重组、防盗选择、无线电台禁用等。

（2）连续分配信息更新，提高了通信可靠性。

（3）能遇忙排队，自动回呼等。

用户所有的入网和接续都必须通过专用控制信道来完成，但它存在两个主要问题：一个是多用户对控制信道的争用问题，另一个是话务信道的比例问题。

解决"碰撞"（争用）问题的方法有两种：

一种是采用"定时询问"办法。即在此系统中，给每个移动台分配一个专用时隙，若移动台有信息发送，就在该相应时隙内发送信令，这种时隙可由同一起始定时信号导出，或由基地台轮流安排各个用户发送，这种方式的缺点是当用户多时，效率不高。所以，它适用于用户数较少的系统。

另一种是采用 ALOHA 方式或时隙 ALOHA 入网控制技术。在此系统中，每一消息中都会有若干检错位，使基地台可确定收到的消息是否同移动台同时发送引起碰撞而出错。若所收信令无差错，则发送应答信令；否则有关移动台将按随机选择时延重发消息，直到消息发送完为止。

2. 分散式控制方式（分布控制方式、随路信令方式）

不设专门的控制信道（信令信道），每个信道既可作为话务信道，又可作为信令信道。由于每个信道既要传输话音，又要传输信令，所以采用数字随路信令去调制低于话音频带 300 Hz 以下的亚音频（如 150 Hz），这样，就可与话音同时传输，不占用单独信道，也不会干扰话音信道的正常工作。

优点：由于移动台可预先获得可用信道而无需扫描，因而接入时间短。另外，由于每个信道独立完成信令交换，所以可在任何空闲信道上实现接入系统的操作，减少系统的交换负荷，提高可靠性。这种方式阻塞率低，等待时间短，可以发挥系统的最大效率。

两种控制方式各有其优缺点，也有其各自侧重使用的场合。一般来说，前者更适用于话务负荷较重的大容量集群系统，而后者则更适用于移动用户相对较少的集群系统。

（三）集群系统的分类与比较

（1）按通话占用信道的方式分：消息集群、传输集群和准传输集群。

（2）按控制方式分：集中式控制方式和分散式控制方式。

（3）按信令方式分：共路信令方式和随路信令方式。

（4）按呼叫方式分：损失制系统和等待制系统。

（5）按信令占用信道方式分：有固定式和搜寻式两种，也称为专用式和非专用式。在固定式中，起呼占用固定信道，搜寻式起呼占用随机信道，需不断搜索变化的信令信道，忙时信令信道可作话音信道，新空出的话音信道可接替控制信道。固定式实施简单，搜寻式实施复杂。

（四）集群通信系统的组成

1. 集群系统的基本组成

基站：主要由几个转发器和天馈系统组成。每个信道一个转发器，通常单基站集群通信系统有 5～20 个信道。每个信道的转发器是一部全双工的收发信机，而天馈系统则有发信机合路器、收信机分路器、馈线、发信天线和收信天线。

系统控制中心：主要由集群控制管理模块、转发器接口电路、电话互联器、交换单元及电源等组成。其功能主要是管理和控制整个系统的运行，包括选择和分配信道、监视话音信道状态、安排信令信道、监测系统运行和故障告警等。

系统管理终端：主要由一台计算机及系统管理软件组成，并与系统控制中心连接。值机员可通过此终端对系统进行管理控制。

调度台：调度台分为有线调度台和无线调度台。有线调度台可接到控制器上，也可与操作台相连。无线调度台则由收发信机、控制单元、天线、电源和操作台组成。通常一个群用户有一个调度台。

移动台：主要有车载台和手持机。手持机有单工和双工两种。移动台由收发信机、天线、电源（电池）和控制单元组成。

2. 集群系统的几种组网方式

（1）集中式控制方式的单区单基站系统。

这种系统结构只包含一个控制器和一个基站，如图 LB1-2 所示。

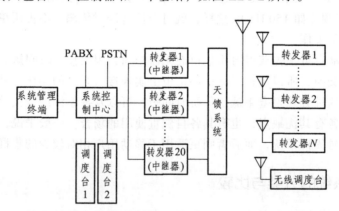

图 LB1-2　集中式控制方式的单区单基站系统图

（2）集中式控制方式的单区多基站系统。

这种系统结构与上一种结构基本相同，只是设有多个基站，多个基站均受同一个控制器控制管理。此时，系统管理终端和有线调度台仍可相同，只是各基站都有自己的调度台，如图 LB1-3 所示。

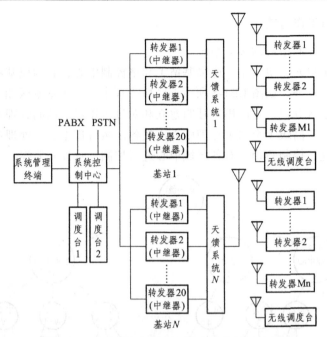

图 LB1-3　集中式控制方式的单区多基站系统图

（3）集中式控制方式的多控制中心多区系统。

该系统由多个单区通过一个称为区域控制器的连接而构成分级管理区域网，如图 LB1-4 所示。这样在一个地域中可以有多个不一定相邻接的区，各区设单区网。各单区网的控制中心通过无线或有线与区域控制中心相连并受其控制和管理。区域控制中心主要负责越区用户的身份登记、不同区间业务的管理、控制信道的分配和管理以及区间用户的漫游业务等。

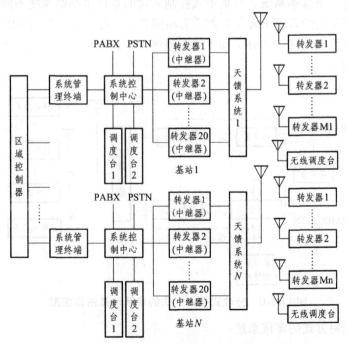

图 LB1-4　集中式控制方式的多控制中心多区系统图

3. 集群系统的工作方式

（1）多层次、多控制中心的多区系统。

这种网络的基本单元为单基站（或多基站）和单控制中心，它构成基本区，并直接管理控制处理区内的用户业务，如图 LB1-5 所示。区域管理中心与各基本区相连，负责基本区的用户业务，如用户过区登记、过区用户呼叫建立和对过区用户的控制管理及对各基本区中心站的管理和监控等。最高级（全国）管理中心连接各区域管理中心，处理各区域间的过区域用户登记、呼叫建立、控制管理，对各区域中心进行控制、管理和监控。

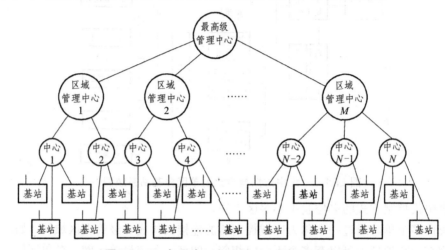

图 LB1-5　多层次、多控制中心的多区系统图

（2）分散式控制方式的单区单基站系统。

这种系统也是一个基本系统，与集中式控制方式的单区单基站系统不同之处是控制器和基站合在一起，而基站的若干个转发器都带有相同数量的控制器，如图 LB1-6 所示。每个信道也是一个转发器。其他几个部分（如系统管理终端、调度台及移动台）也与集中控制方式单区网的作用相同。

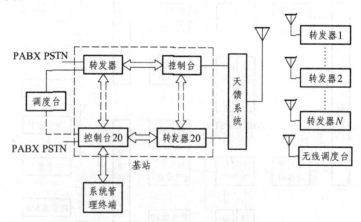

图 LB1-6　分散式控制方式的单区单基站系统图

（3）分散式控制方式的多区系统。

这种控制系统是由多个单区系统相连，并由网络交换中心控制构成的多区系统，如图

LB1-7 所示。系统中通常要以一个网络交换中心来进行各区网的连接和交换，以构成全区的连通及用户的漫游。网内所有各部分功能都与上述系统相同。

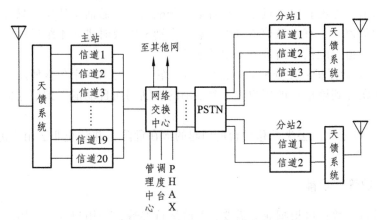

图 LB1-7　分散式控制方式的多区系统图

（五）集群通信系统的功能

1. 使用功能

（1）在信息传递方面：话音通信、数据信息传输和状态信息传输。

（2）在呼叫接续方面：调度台到移动台的接续、移动台到调度台的接续、移动台到移动台的接续、PABX 或 PSTN 的有线用户到移动台或相反的接续，实现有无线互联。

（3）在调度功能方面：个别呼叫（单呼）、组（群）呼、全呼（通播）和电话呼叫（有无线互联呼叫）。

除此之外，集群系统在处理呼叫时都具有优先功能，一般有新近用户优先、多优先等级和紧急呼叫等。紧急呼叫通常有最高优先级，它可以排在队首，或是强拆优先级最低的用户。

2. 系统入网功能

（1）用户快速入网：任一用户按下 PTT 开关 0.5 s 后，即可接入话音信道。

（2）呼叫自动重发：主呼移动台用户按下 PTT 开关发出呼叫，由于某种原因，未被系统控制器确认时，则当移动台释放 PTT 开关后，移动台继续发出数次信道请求。

（3）遇忙排队自动回叫：当所有话务信道都被占用时，请求入网的用户进入排队等待，当有空闲信道时，中央控制器将自动按先来先到的原则向排在队首的用户发出接通提示音，让他通话。

（4）紧急呼叫：遇有紧急情况，用户拨打紧急呼叫号码，系统将保证开放一条信道用于紧急呼叫。同时在监视终端显示紧急呼叫者的身份码，并发出声光提示（强拆式和队首式）。

（5）限时通话：为了保证信道的有效使用，缩短用户的等待时间，对用户的通话时间进行限制，限制时间由控制中心设定。

（6）新近用户优先：为了向刚刚脱离话音信道的用户提供信道，以便重返系统完成通话，保证话务量忙时的通话完整性，这些用户比其他相同等级而未入网的用户优先得到信道。

（7）动态重组：随时对用户进行动态的重新编组，可以把某些单个用户重新编成一个大组。

（8）位置登记及漫游：多区网或区域网联网工作时，用户可在大网内进行位置登记和漫游。

（9）连续信道指配更新：一旦一个话音信道分配给一个通话组使用，只要该组仍在使用该信道，则控制信道就一直发送信道分配信息。个别未能及时进入本组通话的用户可在控制信道收到连续的信道分配信令而进入本组的通信。

（10）误导移动台保护：在分配的话音信道上，转发器发出一串包含使用该信道的用户的识别码，被意外误导到该信道的用户收不到正确的识别码而自动退回到信令信道，保证通话的私密性。

（11）遥毙：可消除由丢失的移动台所引起的潜在危险，并防止非法用户进入系统工作。

（12）脱网工作。

3. 系统维护管理功能

（1）修改运行参数：可根据业务需要，修改运行参数，如用户分组、用户限时参数、优先级别和接续权限等。

（2）话务量统计：统计每一信道的话务量、每条中继线话务量、系统内不同组（群）用户的话务量等。

（3）信道状态监视：可通过操作显示终端显示出系统内各信道的忙闲。

（4）基站无人值守。

（5）系统自我诊断：周期性地检验控制器的运行情况、基站收发信机及接口的运行情况、供电状况等。若有故障，则在系统管理终端上有声、光告警信号，同时还可把故障显示打印记录下来。

系统可选功能包括：

（1）通话记录和计费；

（2）发射机故障关闭；

（3）接收机干扰关闭；

（4）多区联网。

（六）集群通信系统的信道控制方式

1. 集中控制专用信令信道方式

特点：一是集中控制，二是专用信令信道。

除能实现单呼、群呼、全呼和电话互联以外，还便于对系统的集中控制和统一管理。具体包括：

（1）系统有较强的指挥调度能力，如优先呼叫和动态指配信道；

（2）系统有较强的管理和控制能力，如通话限时、遥毙非法用户、系统话务统计等；

（3）系统自我管理能力强，可不断进行自检和诊断；

（4）组网能力强，便于联网；

（5）可更换信令信道、设置备份控制信道；

（6）还具有提高可靠性的其他功能，如发射机功率故障关闭、接收机遇扰关闭、故障弱化等。

专用：所谓专用，是相对非专用来说的。专用信道是指当系统中话务信道全部被占用时，这个控制信道仍作控制用；若话务信道全部被占用时，这个控制信道可以临时改为话音信道，用于通话，就叫非专用。因此，信道集中式控制方式又分为集中控制的专用信令信道方式和集中式控制的非专用信令信道方式。

集中式控制专用信令信道方式中的控制信道是专用的，但不是固定不变的，是根据系统中所有信道的实际质量来选定的。集中式控制非专用信令信道方式的控制信道，当系统其他所有信道被占用而改为话音信道后就不在执行处理呼叫请求，当有空闲信道时，自动改为控制信道。

2. 分布控制随路信令方式

分布控制随路信令方式的主要特点包括：

（1）系统中每个转发器都有一个智能化的逻辑部件，负责信道的控制和信号的转发，转发器之间的信息交换是通过一条高速数据总线进行的。

（2）移动台可在任何空闲信道上实现选呼操作，完成接续过程。它省去了独立的系统控制中心。

（3）由于转发器和移动台之间采用300 Hz亚音频调制的数字随路信令，可与话音同时传输，不占用专门信道，信道利用率高。

（4）系统扩充可通过简单地在数据总线上添加新转发器完成。

（5）移动台通过预先编程，被分别指定到不同的信道上守候。该信道为这些移动台的家信道（或守候信道）。

（6）功能相对较少，实现单呼较麻烦，没有排队功能。在没有空闲信道的情况下，不能呼叫。

（7）由于没有集中控制器，不能对所有移动台实施控制和指挥，没有紧急呼叫功能。

3. 两种控制方式的性能比较（见表 LB1-1）

表 LB1-1　两种控制方式的性能比较

项　目		集中控制	分布控制
信道利用率		需占用一条信道作专用信令信道，对信道较少的系统，信道利用率不高	采用亚音频随路数字信令，与话音使用同一个信道，全部信道可作通话用，信道利用率高
		可采用消息集群、传输集群和准传输集群之一	常采用传输集群，信道效率高
一般功能		可实现单呼、群呼和全呼	可实现单呼、群呼和全呼，但不是很方便
		电话互联	电话互联
		优先等级	无
		紧急呼叫	无
		遇忙排队/回叫	无

续表 LB1-1

项　目	集中控制	分布控制
一般功能	有通话时限	难实现
	可进行区域联网	实现区域联网需增加网络控制器
	动态重组	无
	数据传输	难以实现
特殊功能	具有较强的集中控制指挥能力	不能实现集中指挥
	系统有话务统计、记录和计费	增加系统管理设备可实现话务记录和计费
	系统自我诊断	无
	动态分配信道	无
	可更换信令信道	无
	对发射机故障关闭	无
	接收机受干扰关闭	无
	遥毙	无
	智能化、自动化管理程度较高	智能化、自动化管理水平较低
入网性能	无需扫描，接入时间短。有"争用"问题，系统接入时间视信令时间而定，一般为 250～500 ms	用户分散在各信道上，呼叫申请直接占用信道，"争用"概率小，阻塞率低，系统接入时间短，典型值小于 300 ms
	连接更新信道指派信息	连续更新信道指派信息
可靠性	系统控制器或控制信道出故障则失去集群功能，控制信道可轮流更换，保证系统可靠工作	任何一个信道转发器故障都不影响系统群功能，但影响一部分移动台工作
系统扩展	模块结构，易扩展	扩展容易，且不需做系统更改
开发难易程度	具有独立系统控制器，设备相对复杂，不易开发	不用独立的系统控制器，设备相对简单，容易开发
设备成本	对信道数少的系统来说，需要一个集中控制的系统控制器，成本高。对信道数多的系统来说，成本并不高	每个转发器都有控制逻辑部件，负责信道控制和信令交换，成本低；信道数多时，成本与集中控制相当

（七）集群通信的多址方式

集群通信的多址方式包括：

（1）频分多址；

（2）时分多址；

（3）码分多址；

（4）混合多址；

（5）空分多址；

（6）随机多址。

1. 频分多址（FDMA）

频分多址是以载波频率来划分信道的一种多址方式。

其优点如下：

（1）技术比较成熟。

（2）多径时延对它影响不大，移动台较简单。

其缺点如下：

（1）基地台复杂庞大，设备成本比较高。

（2）若基地台共用一根天线，则多个发信机要用发信天线共用器，加大了功率损耗。

（3）交调、三阶互调比较严重。

（4）越区切换较为复杂和困难。

2. 时分多址（TDMA）

时分多址系统可以采用频分双工（FDD）方式，也可以采用时分双工（TDD）方式。在频分双工方式中，上行链路和下行链路在不同的频率上发送；在时分双工方式中，上行和下行链路在同一频点上发送。

其优点如下：

（1）TDMA 的通信容量相比频分多址成倍地增加，有文献指出，时分多址容量为频分多址容量的 3～5 倍。

（2）使用频率少，可以解决基地台交调、互调的影响。

（3）收发可以处在不同的时隙，因此，可以不需要双工器。

（4）由于基地台不需要一个信道配置一部发信机，故可以减少共用器数量，使共用设备成本降低，功耗、体积和质量均可以减少。同时，基地台的复杂性也得到减小。

（5）过区切换较简单。

（6）无远近效应。

其缺点如下：

（1）在每一个载波上传输的总码元速率较大，如果达到 100 kb/s，则码间串扰将加大，必须使用自适应均衡器。

（2）时分多址在移动通信中的最大限制是采用时隙保护。

3. 码分多址（CDMA）

码分多址利用不同码型实现不同用户的信息传输。不同用户的信号/码元用互成正交的不同的码序列来填充，这样的信号可以在同一载波上发射。接收时，只要收端与发端采用相同的码序列进行相关接收，就可以恢复原信号。

其优点如下：

（1）比频分多址和时分多址有更大的容量，据计算，码分多址是频分多址的 20 倍、时分多址的 4 倍；但实际要少一些。

（2）码分多址具有软容量。

（3）基地台只收发一个频率，无需天线共用器。设备简单，成本低，费用少。

（4）采用扩频方式，具有抗干扰能力。

（5）码分多址的传输速率虽然增加了 n 倍，但它无需均衡器，因为它采用相关接收，可以消除多径效应引起的码间干扰。

（6）过区切换为改变扩频码的"软切换"，比频分多址简单（不同小区使用不同的扩频码）。

其缺点如下：

（1）有远近效应。

（2）增益受限。处理增益受限主要是受限于码片速率和信源比特率，即码片速率提高和信源比特率下降都存在困难，所以，处理增益受限即意味着抗干扰能力受限及多址能力受限。

4. 空分多址（SDMA）

空分多址（Space Division Multiple Access，SDMA），也称为多光束频率复用，通过标记不同方位相同频率的天线光束来进行频率的复用。

空分多址（SDMA）的基本概念：基于空间角度分隔信道，频率、时间、码字共享。

空分多址（SDMA）系统可使系统容量成倍增加，使得系统在有限的频谱内可以支持更多的用户，从而成倍地提高频谱使用效率。SDMA 在中国第三代通行系统 TD-SCDMA 中引入，是智能天线技术的集中体现。该方式是将空间进行划分，以取得更多的地址，在相同时间间隙，在相同频率段内，在相同地址码情况下，根据信号在空间内传播路径的不同来区分不同的用户，故在有限的频率资源范围内，可以更高效地传递信号，在相同的时间间隙内，可以多路传输信号，也可以达到更高效率的传输；当然，引用这种方式传递信号，在同一时刻，由于接收信号是从不同的路径来的，可以大大降低信号间的相互干扰，从而达到了信号的高质量。

空分多址（SDMA），不同空间路径的划分方法：该种多址方式以天线技术为基础，理想情况下要求天线给每个用户分配一个点波束；这样根据用户的空间位置就可以区分每个用户的无线信号，就完成了多址的划分。

5. 随机多址

（1）ALOHA 和 ALOHA 时隙。

ALOHA 协议是一种最简单的分组传输协议。当任一用户要发送分组数据时，可以立即接入信道发送，结束后则在相同的信道或另一单独设立的反馈信道上等待应答。若在规定的时间内未获应答，则需重发原分组数据。由于多个用户都在同一个信道上随机发送分组数据，就可能会出现"碰撞"的情况。碰撞了的分组数据经过随机时延后再重新传输。

为了改进 ALOHA 的性能，将时间轴分成时隙，时隙大小等于一个分组的长度。所有用户都同步在时隙开始时刻进行发送。该协议就称为时隙 ALOHA 协议。

（2）载波侦听多址（CSMA）。

CSMA 协议在每个接点发送前，首先侦听信道是否占用，若没有检测到载波，则空闲才发送；若忙，则按设定的准则推迟发送。

（3）预约随机多址。

预约随机多址通常基于时分复用，将时间轴分为重复的帧，每一帧分为若干时隙。当用户有分组需要发送时，可采用 ALOHA 的方式在空闲时隙上进行预约，如果预约成功，则它将无碰撞地占用每一帧所预约的时隙，直至所有分组传输完毕。用于预约的时隙可以是一帧中固定的，也可以是不固定的。

典型的预约随机多址协议称为分组预约多址（PRMA），它是对 TDMA 的改进。PRMA 在 TDMA 的帧结构基础上，为每一个话音突发在 TDMA 帧中预约一个时隙。预约的方式是当一个话音突发达到时，该接点在一帧中寻找空闲时隙，并在空闲时隙上发送一个分组，如果发送成功，则它就预约了后续帧中对应的时隙，直至该突发传输结束。

6. 混合多址

（1）FD/TDMA。

在图 LB1-8 中，每一方块代表一个用户地址。FD/TDMA 的频谱效率稍低于单纯的 FDMA，信道频率高于 FDMA。

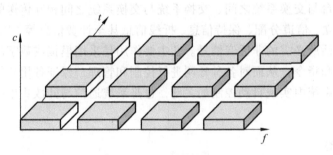

图 LB1-8　FD/TDMA 图

（2）FD/CDMA。

FD/CDMA 的频谱效率大于 FD/TDMA，是 IS-95 和宽带 CDMA 的基本模式，如图 LB1-9 所示。

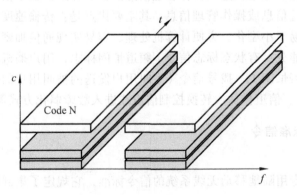

图 LB1-9　FD/CDMA 图

（3）FD/CDMA/CDMA。

FD/CDMA/CDMA 如图 LB1-10 所示。

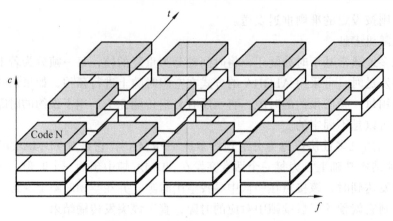

图 LB1-10　FD/CDMA/CDMA 图

（八）集群通信系统的信令技术与 MPT 1327

1. 信令的基本概念

信令就是移动台与交换系统之间、交换系统与交换系统之间相互传送的地址信息、管理信息（包括呼叫建立、信道分配、保持信息、拆线信息甚至计费信息等）以及其他交换信息。

信令是建立通话所必需的非话音信号。其主要作用是采用模拟或数字的方式来表示控制目标和状态的信号和指令，从而对各种呼叫进行控制和管理，保证各用户能够实现真正的接续。它是移动通信系统内实现自动控制的关键，也是系统通信与开放式单机或多机对讲通信的根本区别。

2. 信令的分类

（1）按信令的传输方式分：有共路信令和随路信令两种方式。

（2）按信令的信号形式分：有模拟信令和数字信令。

模拟信令是指采用不同频率的音频模拟信号（300～3 000 Hz 话带范围）或亚音频模拟信号来表示各种状态标志、地址信息或操作管理信息的信令方式。数字信令是用数字信号来表示各种状态标志、地址信息或操作管理信息。其主要优点是：传输速度快、编码数量大、电路易于集成化、设备易于小型化、方便计算机处理、容易实现通信加密、抗干扰能力强等。

（3）按信令的功能分：有状态标志信令［频道忙闲标志，用户摘机、挂机，用户的可用状态（是否开机、是否忙闲）］、拨号信令（主叫用户发送的被叫用户的地址码）和控制信令（进入或退出通话信道、信道排队、转换控制信道或进入故障弱化方式等）。

3. MPT 1327 标准信令

其主要特点如下：

（1）它是集群式专用陆地移动无线系统的信令标准，它规定了集群通信系统控制器与无线移动台之间的通信规程。

（2）它在用户台的控制和话音信道的动态分配上采用的是先进的集群控制技术，因此，频谱的利用率得到了很大的提高，大大提高了系统的用户容量。

（3）该标准的组网方式方便灵活，单从系统容量的角度来看，不仅适用于小至只有几个（甚至一个）信道的系统，也适用于大至由集群控制器互联组成的网络。

（4）从信令本身来看，MPT 1327 采用的是 1 200 b/s 的数字信令，因此，编码容量大、传输速率高、接续速度快、抗干扰能力强。其局限性为：它规定的通信方式主要为组群通信方式，网内的通信能力很强，但通往 PABX 或 PSTN 的有线通信能力比较弱，因此最适合于以调度方式工作的专用通信网，而不太适合以无线到有线的一对一私线电话业务为主的通信网。

4．MPT 1327 标准信令的系统功能

（1）系统容量：组网灵活，容量可大可小。

（2）系统控制功能：信令采用速率为 1 200 b/s 的快速频移键控（FFSK）数字调制信令和多种集群式信道控制技术（如传输集群、准传输集群和消息集群）来控制整个系统乃至整个网络的信道指配、信道回收和呼叫接续过程。

（3）接续控制功能：可避免两个或多个用户台同时发射时信令冲突，造成信令接收出错或丢失，影响系统控制器对信令的判别。

（4）排队功能：在系统信道全被占用、系统无法立即建立连通呼叫时，可采用排队方式。同级别用户台按先后次序排队等候接续，具有优先权的用户可以排到队列的前面。紧急呼叫具有最高的级别，甚至可以在信道全部占用时中断正在进行的通信，强行进入话音通道。

（5）故障弱化功能：当系统出现严重故障而无法以正常的集群方式工作时，可退回到常规通信方式。

5．MPT 1327 标准信令的用户功能

（1）话音呼叫。
（2）数据呼叫。
（3）紧急呼叫。
（4）加入呼叫。
（5）状态信息。
（6）简短数据。
（7）主叫号码显示。
（8）来话转移。

三、无线集群通信在昆明城市轨道交通中的应用

（一）引　言

随着经济的发展，轨道交通已成为现代化城市理想的交通工具。在我国的人口高密集及经济增长较快的几个大城市中，如北京、上海、广州、天津、南京等地的轨道交通发展很快，重庆、西安、沈阳等地也已建成或正在积极进行筹建。城市轨道交通是解决大城市交通拥挤的一种有效措施。目前，在我国已兴起了建设城市轨道交通的高潮。城市轨道交通的运营离不开大量信息的交互，专用的通信系统是必不可少的。其中，无线调度通信系统则是提高运

输效率、确保行车安全及应对突发事件的必要手段。城市轨道无线通信系统是一个专用性很强、可靠性要求高、接口复杂的多功能调度系统，一般包括正线无线列调、维修、公安、环境控制等系统以及车辆段无线系统。早期的城市轨道交通无线调度通信系统沿用大铁路的无线列车调度通信方式，采用专用信道来解决，如北京地铁一号线和环线以及上海地铁一、二号线等。后来，随着集群技术的出现，城市轨道交通无线系统采用集群调度通信系统，实现了列车运行调度和公安、维修、环境控制等调度共用一个无线移动通信系统。例如，上海明珠线轻轨和广州地铁一号线采用了 MPT 1327 模拟集群系统，广州地铁二号线、北京轻轨等采用了 TETRA 数字集群系统。TETRA 数字集群系统在城市轨道交通无线通信系统中的应用方兴未艾。本文就 TETRA 字集群系统在城市轨道交通通信系统中的应用加以论述。

（二）TETRA 技术

TETRA 是由 ETSI（欧洲电信标准协会）制定的，使用 TDMA 技术，调制方式为 $\pi/4$-DQPSK，调制速率为 36 kb/s；话音编码方式为 ACELP 编码，编码速率为 4.8 b/s；采用时隙 ALOHA 的接入协议。TETRA 主要有以下突出优势：开放标准满足了不同的需求；标准制定的严密性，得到强有力的支持。TETRA 目前得到了 20 多个国家、60 多个组织或机构的支持，众多公司参与开发生产，既保证了规模经济，又降低了风险，有广阔的市场前景；同时，标准还具有先进性。TETRA 目前已成为世界性的标准，并且也已成为国际电联认可的数字集群通信标准之一。

1. TETRA 技术的工作方式

TETRA 数字集群有 3 种工作方式：V + D（语音 + 数据）、PDO（分组数据优化）和 DMO（直通模式）。V + D 工作方式同时支持话音、数据和图像的通信，数据传输速率为 7.2、14.4、21.6、28.8 kb/s（一般电路模式数据传输），或 4.8、9.6、14.4、19.2 kb/s（保护型电路模式数据传输）。PDO 方式只支持分组数据通信，为优化数据传输方式，最大可传数据速率为 36.6 kb/s，净数据速率为 28.8 kb/s，主要应用在信息、电子信箱及快速管理的调度、媒介信息、远端数据基本接入、计算机文件传输、视频和多媒体等方面。DMO 就是指两个或多个移动台之间直接通信。在直通模式下，两个或多个移动台之间的通信不经过上层网络的转发。

2. 直通模式

直通模式是在 TETRA 网络的覆盖范围之内或者网络覆盖范围之外，移动用户进行的一种端到端的通信模式。在直通模式中，无线用户可以不经过网络基础设施，而使用不受基站和交换机控制的无线频率，直接用移动台进行相互间的通信。直通模式需要无线终端支持该功能，大多数公司开发的 TETRA 系统都已实现了直通模式。使用直通模式的优点：① 可以在没有 TETRA 网络覆盖或信号微弱的地方应用；② 当用 V + D 网络的负荷过重时，可以提高 TETRA 系统的容量。由于没有基站的参与，要求直通模式采用一种简单而稳健的通信标准，其通信使用的参数尽量和 V + D 系统接近。直通模式下有 3 种猝发结构，分别为直通模式线性化猝发、直通模式常规猝发和直通模式同步猝发。直通模式工作在同频单工方式下，有 4 种直通方式：基本操作、双监视操作、中继操作和网关操作。直通模式扩展了 TETRA

的应用范围，而且提高了 TETRA 系统的容量。直通模式使用户可以进行端对端的脱网通信，并且直通转发器和网关等设备又增大了直通模式的通信距离和应用范围。作为 V + D 模式的一种有效补充，直通模式的存在使 TETRA 优于其他数字集群。

3. TETRA 支持的业务

TETRA 数字集群系统支持的业务有：

（1）话音业务。TETRA 的话音业务包括单呼、组呼和固定电话呼叫。单呼可以在两个无线用户之间、两个调度台之间、调度台和无线用户之间、调度台和公网用户之间以及无线用户和公网用户之间进行呼叫。对于用户来说，TETRA 系统的组呼通信类似于传统的开放信道通信。用户可以通过网管或调度台将不同的用户建立成希望的组，组内用户可以建立以点对点的通信。用户在发出组呼时，组内成员无需应答而直接建立通话、组成员轮流按 PTT 键讲话。

（2）数据业务。数据业务分为短数据信息和状态指示信息。TETRA 的短数据业务可在无线终端间或无线终端与调度台间发送信息。无线终端可通过向系统发送状态指示信息，通知调度台所处的状态，将用户最新的状态指示信息和接收时间存储在 TETRA 系统的数据库中，并将其发送到相应的调度台。在调度台上可以查看到该用户的状态信息。

（3）补充业务。TETRA 数字集群系统除了提供上述话音和数据业务外，还提供下列补充业务：区域选择、优先呼叫、预占优先呼叫、紧急呼叫、滞后进入、动态重组、自动重发、限时通话、超出服务区指示、呼叫显示、主叫/被叫显示限制、呼叫提示、讲话方识别显示、无条件呼叫转移、遇忙呼叫转移、用户不可及时呼叫转移、无应答呼叫转移、缩位拨号、至忙用户的呼叫完成、至无应答用户的呼叫完成、呼叫限制、移动台遥毙/激活、调度台核查呼叫、监听、环境侦听、控制转移、计费通知、密钥遥毁、强制呼叫结束、开放信道呼叫等。

4. 虚拟专用网

TETRA 数字集群系统不仅具有普通调度功能，还具有虚拟专用网功能。系统为群体用户提供专用调度台，利用与其他群体共享的网络基础设施组成虚拟专用网，向用户提供一般专用网络所具有的功能。各虚拟专网之间在工作上相互独立，各虚拟专用网可单独调节运行参数，也可各自根据需要选择功能。TETRA 数字集群系统能为不同集体用户提供所需的各项优良服务，使公众网的公共性和专用网的独立性得到比较好的协调解决，使每个原拟单独建网的部门都从该集群系统的虚拟专用网中感到方便、安全可靠。

TETRA 数字集群系统利用虚拟专用网的概念，可以使一个物理网络为互不相关的多个组织机构服务。也就是说，功能要求和系统概念相距甚远的多个组织机构可以共用一个网络平台。各个组织机构无需自行购置基站、交换机和传输设备，只需配置相应调度台和移动台，即可建立自己的虚拟专用网，并在自己的虚拟专用网中独立工作，如同在传统的专业网中工作一样。

（三）轨道无线通信系统的功能

1. 城市轨道交通线路的特点

城市轨道交通线路所具有的特点：轨道交通目前每条线的规模为十几到几十公里，站点分布密集，每隔 1 ~ 2 km 设一个车站；轨道交通一般建在城市繁华区段。轻轨一般采用地面高架方式或地下隧道通过繁华区；而地铁则均为地下隧道。因此，解决弱场区的移动通信是城市轨道交通无线通信系统的关键之一。

2. 轨道交通无线通信系统功能

城市轨道交通无线通信系统的基本功能包括：建立调度台与列车司机之间的运行调度通信；建立沿线线路维修、公安、防灾、环境控制等工作人员的移动调度通信。根据城市轨道交通运输管理系统的不同，无线系统还具有特殊的功能：高速率的数据传输能力，用于传输各种数据、图像等；为列车信号提供无线传输通道。除此之外，无线通信系统还具有其他功能，如调度对司机的车次号呼叫、运行机车进入车辆段后通话组的变换、调度通过机车台对列车的广播等。

3. 轨道交通无线通信系统的组成

城市轨道无线通信系统是一个以信息网络为基础，集话音、数据和图像为一体的无线调度指挥系统。该系统由自动列车调度、行车调度系统、车场调度系统、公安调度系统、环控调度系统和维修调度系统等组成。

列车自动控制系统主要是指通过电路交换数据服务以无线方式控制管理整个列车的运行，其涉及的信息有列车实际运行速度、允许运行速度、列车长度、制动功率等。列车调度子系统供列车调度员、机车司机、车站值班员、停车场运转室值班员之间以及车站值班员与站台值班员之间通信联络，以满足列车运行需要。公安子系统提供公安调度员与车站公安值班员以及公安外勤人员之间的通信联络，以满足正常和非正常情况下维护车站秩序的需要。环控系统提供事故防灾调度员、车站防灾员、现场指挥人员之间的通信联络，以满足事故抢险及防灾救灾的需要。车场管理子系统提供停车场运转值班员、信号楼值班员、场内作业人员之间的通信联络，以满足列车调车及车辆维修的需要。维修子系统提供维修值班员与现场维修人员之间的通信联络，以满足线路、设备的日常维护及抢险的需要。

4. 工程应用

昆明地铁 6 号线一期工程专用通信无线通信系统采用摩托罗拉主设备系统和中国电子科技集团公司第五十四研究所二次开发的系统设备构建解决方案。对于昆明市轨道交通专用无线通信系统，选取摩托罗拉的最先进的 Dimetra IP 数字集群系统作为主系统设备的供应商，并与之联合进行二次开发，为昆明地铁提供最完善的解决方案。这种引进、合作二次开发的模式是同步国际先进水准、结合地铁用户实际需要、提高系统使用效能的最佳方式。TETRA 系统在先进性、可靠性、系统的升级扩容能力等方面有较强的优势，系统设计充分考虑了专用系统的可靠性，中心交换设备及基站等重要设备的主要模块均采用了冗余备份。系统具备很好的平滑扩容升级能力，能为用户的长远发展提供最好的服务。

摩托罗拉公司是目前 TETRA 市场全球领先的供应商，也是供货量最大的 TETRA 供货商，摩托罗拉 TETRA 系统在全球运输业享有绝对的领先地位，拥有长达四十年为全球运输机构服务的丰富经验。到目前为止，国内已有 70 多条地铁线路采用了 TETRA 通信系统，其中 50 余条线路采用摩托罗拉公司的 Dimetra IP 系统，市场份额接近 80%，目前设备运行良好，系统的性能和优点也深得用户好评。

　　摩托罗拉公司的 Dimetra IP 系统，采用了全 IP 的交换平台，硬件通用性好，可靠度高，可以方便地平滑升级和扩容。

　　目前，新一代的通信技术平台均采用 IP 技术作为核心网络技术（包括 3G 和 4G 无线通信技术、WiFi 无线局域网技术、宽带视频技术等），而一些延续使用的技术平台，如 2G（GSM/CDMA）无线通信网络和有线通信网络（PSTN/PABX）也正在积极进行技术升级换代，用 IP "软"交换技术替代陈旧的时域交换技术。

　　中国电子科技集团公司第五十四研究所（以下简称"五十四所"）是数字集群联合体的副理事单位、我国数字集群标准组成员单位、我国数字集群技术总体组成员单位，2000 年赴欧洲考察了摩托罗拉和 EADS 的数字集群设备。多年来，五十四所对数字集群行业的发展，以及各种集群设备的技术体制都有了比较深入的认识，可以向用户提供最新的业界动态，便于用户决策。除此之外，五十四所还有一支优秀的数字集群技术队伍。良好的业绩、丰富的工程经验和健全的质量保证体系是昆明地铁项目顺利实施的工程保障。

　　五十四所长期致力于为国际、国内外的地铁用户提供无线系统集成解决方案，具备一流的技术和服务团队，积累了丰富的经验，凭借长期为地铁服务的经验以及专业的设计和工程管理团队，完全可以为昆明地铁工程提供从前期的方案设计直至将来系统的安装实施、系统开通、网络优化等全方位的服务。

5. 结　论

　　数字集群系统是一种智能化的网络，具有高级而完整的系统控制中心，以对全网进行控制管理。取代了常规移动通信系统通过网络内调度员人工控制方式来完成指挥调度功能的模式。数字集群系统功能强大，应用灵活，满足轨道交通无线通信的需求，为轨道无线通信提供了较好的解决方案。而且，系统编组功能强，支持 4 000 个通话组，可以根据实际需要增减通话组；无论系统正常或故障状态时都可方便地实现调度和移动台用户、移动台用户之间的通话；满足了轨道内部线通信的需求，为轨道交通通信提供了有效的联系手段，是轨道无线通信系统发展的方向。

子模块 LB2　电话交换子系统

　　城市轨道交通电话交换网相当于企业的内部电话网，分为公务电话网和专用电话网，都是采用程控数字交换机组网，并通过中继线路接入当地市话网。一般情况下，交换机分别安装在控制中心和车辆段（临时控制中心），两台交换机之间利用局间中继线互联，而用户话机则分布在控制中心、车辆段（临时控制中心）和各站点。两台交换机可利用通信电缆直接连接其所在的用户话机。控制中心和车辆段（临时控制中心）的交换机为了将其用户话机延伸到各个车站，一般利用城市轨道交通专用传输网的部分带宽资源组成承载网络，连接远端的车站小交换机或远端模块。

　　在用户接入网方式中，各车站配置远端程控交换机用户接口架，并由该接口架的模拟用户以太网接口和数字用户接口，接续各车站的模拟用户话机和数字用户话机。

　　在中继组网方式中，控制中心交换机的信令接口通过城轨传输网的以太网传输通道和 2M

传输通道，以点对点方式连接各车站的车站小交换机（或控制中心交换机的远端模块），并由远端设备提供用户以太网接口和 2M 接口，以接续各车站的用户话机。

为减少城市轨道交通通信设备的类型，目前，不少新建城市轨道交通线路采用具有调度功能的交换机组成公务电话网，使公务电话网和专用调度网采用相同硬件的中心交换机。

公务电话系统主要为城市轨道交通的办公管理部门、运营部门、维修部门提供一种固定的通信服务，包括电话业务和部分非话业务（传真、电路数据等）。系统应具有交换、计费功能，具有识别非话业务、自我诊断、维护管理、新业务等功能。该系统除了能提供内部通话外，还应能与市内公众电话网互联，实现与本市用户（包括直拨火警 119、匪警 110、救护 120 等特殊用户）通话，还可以实现国内、国际长途通信。该系统还应与城市轨道交通的无线集群通信系统互联，用以实现城市轨道交通公务电话与无线调度电话的互联互通。

专用电话系统主要为列车运营、电力供应、防灾报警和日常维修提供指挥通信的手段，主要内容包括行车、供电、环控调度电话，站间行车电话，内部电话，轨旁电话等。

一、电话交换系统基础知识

（一）电话交换机的发展

1. 电话交换机的发展史

人类社会活动离不开信息交流，信息交流的基本任务是解决信息交流双方信息的传递与交换。随着科学技术的不断发展，信息传递和交换的手段及工具总是不断地发展，相继出现了电报、电话和无线电传输。

1873 年，电报被发明，它是以数字信号的形式传递信息。

1876 年，贝尔发明了电话。电话是把语音转化成模拟的电信号进行传输，从而实现了通信双方的对话。

1879 年，出现了磁石式人工电话交换机，其设备简单，制造容易，价格低；但人工接续速度慢，服务质量差。

1892 年 11 月，美国人史端乔创造的步进制自动电话交换机投入使用，实现了以自动交换代替人工交换过程，此种电话交换机经大量改进，成为后来步进交换机的基型。目前，这种交换机已趋于淘汰，但在我国部分地区仍有使用。

1919 年，纵横制交换机出现，它是由瑞典工程师比图兰德和帕尔黑格林设计的，此种交换机一改过去滑动摩擦方式，采用了压接触方式，减少了磨损，提高了寿命。另外，还采用了集中控制方式，即话路系统和控制系统是分开的，话路系统的交换网络采用多级纵横接线器，控制系统的控制由"记发器和标志器"构成。这样就提高了控制系统的效率，增加了中继系统的灵活性，从而使交换技术得到长足的发展。

随着电子技术的发展，尤其是半导体技术水平的迅速发展，人们在交换机内引入了电子技术，实现了以电子技术为控制手段的交换机，称作电子式交换机。由于当时电子器件开关特性远不如金属接点，故在话路部分仍采用机械接点，而仅在控制部分采用电子器件，实现了"半电子交换机"（或称"准电子交换机"）。

随着微电子技术和数字技术的进一步发展，才开始了全电子交换机的发展时期。

1946 年，第一台由存储程序控制的电子计算机诞生，对现代科学技术的发展起了划时代的作用。在交换技术中也首次引入"存储程序控制"这一新的概念。

1965 年，美国贝尔公司研制出第一台存储程序控制式的电子交换机，即"空间程控交换机"，开始了程控交换机应用的新阶段。这种程控交换机的特点是采用"软件控制"，即由存放在存储器的程序来控制交换网络的接续，从而使交换机的部分功能由程序软件来完成。

20 世纪 60 年代以后，脉冲编码调制（PCM）技术成功地应用在传输系统中。1970 年，法国首先在拉尼翁开通了第一台数字交换系统——E10，在交换技术中采用时分复用技术，开始了数字交换的新时期。

数字交换机的出现，不仅使电话交换上了一个新台阶，而且为今后实现综合业务数字网（ISDN）开通非电话业务，如用户电报、数据业务，提供了有利条件。

2. 我国电话交换机的发展史

我国于 1957 年开始有自制的步进制自动电话交换机。

1958 年，我国成功研制了纵横制交换机。

改革开放以后，原电子工业部将程控交换机列入重点引进和开发项目。1982 年，我国在福州引进日本富士通公司研制的 FETEX-150 型数字程控交换机，后又引进国际电报电话公司的 S-1240 型数字程控交换机，并自行研制和生产了 DS-2000 型电话交换机，DS-30 型、HJD-04 型等大容量的数字程控交换机。

现在各国都在研制大容量宽频带数字程控交换机，并着手开发下一代采用光交换技术的"光交换机"。而随着网络的发展，在电话交换概念中出现了"软交换"这项新概念。

（二）电话交换的概念

话音信息的交换仍然是当今社会信息交换的重要内容之一。实现话音信息交换的工具是电话，终端设备是电话终端（电话机）。

两部电话机之间有一对线连通才能通话。若有 N 部电话机，则需要 $N(N-1)/2$ 对连线，才能使 N 部话机间能任意成对通话。

1. 电话交换机

在用户分布的区域中心设置一个公用设备，每个用户都有一对线路与该设备相连，这种公共使用的设备就叫电话交换机。

2. 电话交换的基本任务

目前，程控交换机的主要任务有：

（1）通过模拟用户线接口（ALC）实现模拟电话用户（TEL）间的拨号接续与信息交换。

（2）通过数字用户线接口（DLC）实现数字话机（SET）或数据终端（DTE）间的拨号接续以及数字、数据信息的交换。

（3）经模拟用户线接口和 Modem 实现数据终端间的数据通信。

（4）经数字用户线接口、Modem 线路单元（MLU）、调制解调器组（Modem Pool）及模拟中继线接口（ATU）实现与接于上级局或另一交换机的数据终端间的数据通信。

（5）通过专用的接口，完成程控数字交换机与局域网（LAN）、分组数据网（PDN）、ISDN、接入网（AN）及无线移动通信网等的互联。

（6）经所配置的硬件和应用软件，提供诸多专门的应用功能。

其中，最基本的任务是：按主叫用户的要求，连通被叫用户进行通话，并在话终时及时拆断连接。也就是说，电话交换机都是以完成电话接续为根本目的的。

3. 电话交换机的基本功能

（1）及时发现用户的呼叫请求。

（2）记录被叫用户号码。

（3）判别被叫用户当前的忙闲状态。

（4）若被叫用户空闲，能选择一条空闲的链路临时将主叫、被叫用户话机连通，则使双方进入通话状态。

（5）通话结束时，交换机必须及时进行拆线释放处理。

（6）使任意两个交换机所带的用户自由通话。

（7）在同一时间内要允许若干对用户同时进行通话，且互不干扰。

4. 电话交换机的分类

（1）按照交换机的接线方式分类。

① 人工电话交换机。这类交换机由话务员的人工操作完成接续，包括两种类型：

a. 磁石式：用户话机的电源由用户自备。

b. 共电式：用户话机的电源由交换机供给，利用环流表示呼叫或拆线。

② 自动电话交换机。这类交换机包括两种类型：

a. 机电式：有步进制、机动制、全继电器和纵横制之分。

b. 电子式：有空分和时分、布控和程控之分。

（2）按使用范围分类。

① 局用交换机，包括市话交换机、汇接市话交换机、国内长话交换机、国际长话交换机和县内电话交换机。

② 用户小型交换机（PABX）

（3）按交换网络接续方式分类。

① 空分交换机。

② 时分交换机。

（4）按控制方式分类。

① 集中控制方式。

② 分级控制方式。

③ 全分散控制方式。

5. 程控交换机

（1）程控的概念。

程控：设计者预先把电话交换功能编制成相应的程序，存储在存储器中，当进行电话接续时，由程序的自动执行来控制交换机的操作，以完成电话接续任务。

（2）程控交换机的发展。

① 模拟交换机：它对模拟信号进行交换，包括机电式交换机、空分式电子交换机和脉幅调制（PAM）的时分式交换机。

② 数字交换机：它对数字信号进行交换。数字信号包括脉冲编码调制（PCM）信号和增量调制（AM）信号。

（三）程控交换机的基本组成

1. 程控交换机的基本硬件结构

电话网络中任意两点之间要想进行通信，需要在这两点之间建立传输通道，电话网络给电路提供交换方式，建立传输通道。因此，在电话交换中使用的是电路交换方式。

程控数字交换机实质上是通过计算机的"存储程序控制"来实现各种接口的电路接续、信息交换及其他的控制、维护和管理功能。虽然不同类型、不同用途的数字交换机的具体结构各不相同，但它的最基本的结构如图 LB2-1 所示。

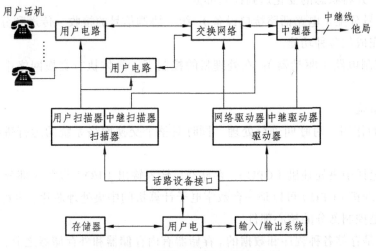

图 LB2-1　程控交换系统基本结构

整个交换机由两部分组成：话路系统和控制系统。

（1）话路系统。

把用户线连接到交换网络以沟通通话回路的系统叫作话路系统。话路系统可以分为用户级和选组级两部分，主要包括用户电路、用户集线器、中继器、数字交换网络（即选组级）、扫描电路、网络控制电路以及控制信号分配电路等部件。

① 用户电路包括模拟用户电路和数字用户电路两种类型，是每个用户话机独用的设备，只为一个用户服务。它包括用户状态的监视等与用户直接有关的功能。在电子交换机尤其是在数字交换机中，用户电路的功能越来越强大了。

模拟用户电路：若用户线连接的终端是模拟话机，则用户线称为模拟用户线，其用户电路称为模拟用户电路，应有模/数（A/D）转换和数/模（D/A）转换的功能。

数字用户电路（Digital Line Circuit，DLC）是数字用户终端设备与程控数字交换机之间的接口电路。根据接口的不同，可分为 S 接口数字用户电路和 U 接口数字用户电路。

② 出中继电路和入中继电路是同其他电话交换机的接口电路，其作用是传输交换机之间的各种通信信号，同时，监视局间通话话路的状态。出中继器和入中继器中某些继电器或触发器也是由 CPU 驱动，以完成电路状态转移。它同样分为模拟中继器和数字中继器两种类型。

模拟中继器：数字交换机与其他交换机之间采用模拟中继线相连接的接口电路，它是为数字交换机适应模拟环境而设置的。一般配备二/四线转换和编译码器。

数字中继器：连接数字局之间的数字中继线与数字交换网络的接口电路，它的输入端和输出端都是数字信号，因此，不需要进行模/数和数/模转换。

③ 交换网络（又称接续网络）是通话回路的接续部件，可以是各种接线器（如纵横接线器、编码接线器、笛簧接线器等），也可以是电子开关矩阵（电子接线器）。它可以是空分的，也可以是时分的。交换网络的接续动作受 CPU 控制命令的驱动。

④ 扫描电路（包括用户扫描电路、中继扫描电路）：用于收集用户线和中继线信息状态（如忙闲状态），并将状态的变化送到控制部分。

⑤ 控制信号分配（电路话路接口设备）：统一协调信号的接收、传送和分配，实现由处理机程序控制完成的各种功能。

⑥ 网络控制电路（驱动器）：在处理机的控制下，具体执行交换网络中通路的建立和释放。

（2）控制系统。

控制系统的作用：对呼叫进行处理，同时对整个交换网络系统的运行进行管理、监测和维护。

控制系统包括中央处理机（CPU）、存储器、输入输出（I/O）设备 3 部分。

① 中央处理机（CPU）可以是一台数字电子计算机的中央处理芯片，也可以是交换系统专用芯片，它是控制部分的核心部件。

② 存储器是存储各种程序和数据的。存储器有内存储器和外存储器之分，内存储器又分为只读存储器（ROM）和随机存储器（RAM）。RAM 用于存储一些交换中变化频繁的信息，如拨号脉冲、用户线、中继线的忙闲状态等。ROM 用于存储一些不变的信息，如呼叫处理程序等。外存储器存储维护程序、常用运行程序等。

③ 输入输出（I/O）设备包括键盘、打印机、磁盘、磁带等人机对话设备和外部存储设备。键盘输入运行维护、管理等各种指令，打印机可以根据指令或定时打印出系统数据。

所以，程控交换机的实质是数字电子计算机控制的交换机。

2. 程控交换机的基本软件结构

程控交换机的软件系统分为程序和数据两部分。

（1）程序部分。

程序部分包括运行程序和支援程序。

① 运行程序也可称为联机程序，分为以下 4 部分：

a. 执行管理程序（操作系统）：多任务、多处理机的高性能操作系统。

b. 呼叫处理程序：完成用户的各类呼叫接续。

c. 系统监视和故障处理程序及故障诊断程序：共同保证程控交换机不间断运行。

d. 维护和运行程序：提供人机界面完成程控交换机的运行控制和测试等。

② 支援程序也可称为脱机程序，其数量较大，分为以下 4 部分：

a. 软件开发支援系统：主要是指语言工具。

b. 应用工程支援系统：完成交换网规划及安装测试。

c. 软件加工支援系统：主要是指数据生成程序。

d. 交换局管理支援系统：完成交换机运行资料的收集。

（2）数据部分。

数据部分包括系统数据、局数据和用户数据。

① 系统数据：仅与交换机系统有关的数据。

② 局数据：与各局设备的具体情况有关的数据。

③ 用户数据：用户类别、用户设备号码等数据。

（四）电话的基本工作原理

呼叫处理过程：在开始时，用户处于空闲状态，交换机进行扫描，监视用户线状态。用户摘机（该用户称为主叫用户）后开始了处理机的呼叫处理。处理过程如下：

1. 主叫用户 A 摘机呼叫

第一步：交换机通过每隔几百毫秒一次的定期扫描，检测到用户 A 摘机。

第二步：交换机检测用户 A 的类别（同线电话、一般电话、投币电话、用户小交换机）。

第三步：判定电话机类别，是按键话机还是号盘话机，以便接上相应收号器。

2. 交换机向主叫用户送拨号音，同时准备收号

第一步：交换机寻找一个空闲收号器并连接它和主叫用户的空闲通路。

第二步：交换机寻找拨号音信号源并连接它与主叫用户间的空闲通路，占用后向主叫用户送拨号音。

第三步：监视收号器的输入信号，准备收号。

3. 主叫用户 A 拨号，交换机收号

第一步：由收号器接收主叫用户所拨号码。

第二步：收到第一位号后，停止送拨号音。

第三步：对收到的号码按位存储。

第四步：对"应收位""已收位"进行计数。

第五步：将号首送向分析程序进行分析（预译处理）。

4. 号码分析

第一步：在预译处理中分析所接收号码的第一位（号首），以决定呼叫类别（本局、出局、长途、特服等），并决定该收机位号。

第二步：检查这个呼叫是否允许接通（是否限制用户等）。

5. 接至被叫用户

测试并预占以下空闲通路：

第一步：向主叫用户送回铃音的通路。

第二步：向被叫用户送铃流的回路（也可能直接控制用户电路振铃，而不用另找通路）。

第三步：主、被叫用户通话通路。

6. 向被叫用户 B 振铃

第一步：向用户 B 振铃。

第二步：向用户 A 送回铃音。

第三步：监视主、被叫用户状态。

7. 被叫应答和通话

第一步：被叫摘机应答，交换机检测到以后，传送振铃音和回铃音。

第二步：建立 A、B 间通话路由，开始通话。

第三步：启动计费设备，开始计费。

第四步：监视主、被叫用户状态。

8. 话终，主叫先挂机

第一步：主叫先挂机，交换机检测到以后，通路复原。

第二步：停止计费。

第三步：向被叫用户送忙音。

9. 被叫先挂机

第一步：被叫挂机，交换机检测到后通路复原。

第二步：停止计费。

第三步：向主叫用户送忙音。

由此可见，交换的自动接续就是通过中央处理机根据话路系统内发生的事件做出相应的指令来完成的。

中央处理机的基本功能之一就是收集所发生的事件（输入），对收到的事件进行正确的逻辑处理（内部处理），最后向硬件或（与）软件发出要求采取动作的指令（输出）。

一次呼叫处理的流程如图 LB2-2 所示。

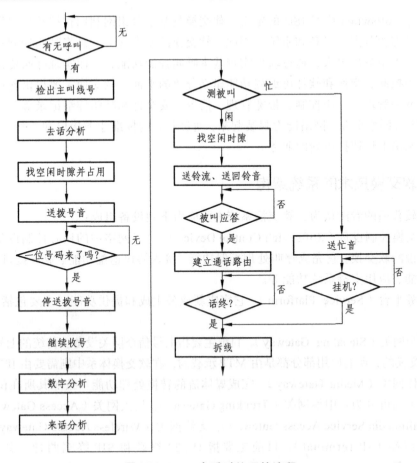

图 LB2-2　一次呼叫处理的流程

二、软交换技术

（一）软交换技术的产生

软交换的概念最早起源于美国。当时在企业网络环境下，用户采用基于以太网的电话，通过一套基于 PC 服务器的呼叫控制软件（Call Manager，Call Server），实现 PBX 功能（IP PBX）。对于这样一套设备，系统不需单独铺设网络，而只通过与局域网共享就可实现管理与维护的统一，综合成本远低于传统的 PBX。由于企业网环境对设备的可靠性、计费和管理要求不高，主要用于满足通信需求，设备门槛低，许多设备商都可提供此类解决方案，因此，IP PBX 应用获得了巨大成功。受到 IP PBX 成功的启发，为了提高网络综合运营效益，网络的发展更加趋于合理、开放，更好地服务于用户。业界提出了这样一种思想：将传统的交换设备部件化，分为呼叫控制与媒体处理，二者之间采用标准协议（MGCP、H248）且主要使用纯软件进行处理。于是，Softswitch（软交换）技术应运而生。

软交换概念一经提出，很快便得到了业界的广泛认同和重视，ISC（International Softswitch Consortium）的成立加快了软交换技术的发展步伐，软交换相关标准和协议得到了 IETF、ITU-T 等国际标准化组织的重视。

　　根据国际 Softswitch 论坛 ISC 的定义，软交换是基于分组网利用程控软件提供呼叫控制功能和媒体处理相分离的设备和系统。因此，软交换的基本含义就是将呼叫控制功能从媒体网关（传输层）中分离出来，通过软件实现基本呼叫控制功能，从而实现呼叫传输与呼叫控制的分离，为控制、交换和软件可编程功能建立分离的平面。软交换主要提供连接控制、翻译和选路、网关管理、呼叫控制、带宽管理、信令、安全性和呼叫详细记录等功能。与此同时，软交换还将网络资源、网络能力封装起来，通过开放的标准业务接口和业务应用层相连，可方便地在网络上快速提供新的业务。

（二）软交换技术的系统架构

　　目前比较普遍的看法认为，软交换系统主要应由下列设备组成：

　　（1）软交换控制设备（Softswitch Control Device）。这是网络中的核心控制设备，也就是我们通常所说的软交换。它完成呼叫处理控制功能、接入协议适配功能、业务接口提供功能、互联互通功能、应用支持系统功能等。

　　（2）业务平台（Service Platform）。它完成新业务生成和提供功能，主要包括 SCP 和应用服务器。

　　（3）信令网关（Signaling Gateway）。目前主要指七号信令网关设备。传统的七号信令系统是基于电路交换的，所有应用部分都是由 MTP 承载的，在软交换体系中则需要由 IP 来承载。

　　（4）媒体网关（Media Gateway）。完成媒体流的转换处理功能。按照其所在位置和所处理媒体流的不同可分为：中继网关（Trunking Gateway）、接入网关（Access Gateway）、多媒体网关（Multimedia Service Access Gateway）、无线网关（Wireless Access Gateway）等。

　　（5）IP 终端（IP Terminal）。目前主要指 H.323 终端和 SIP 终端两种，如 IP PBX、IP Phone、PC 等。

　　（6）其他支撑设备。如 AAA 服务器、大容量分布式数据库、策略服务器（Policy Server）等，它们为软交换系统的运行提供必要的支持。

（三）软交换技术的功能

　　软交换是多种逻辑功能实体的集合，它提供综合业务的呼叫控制、连接和部分业务功能，是下一代电信网语音/数据/视频业务呼叫、控制、业务提供的核心设备。其主要功能表现在以下几个方面：

　　（1）呼叫控制和处理。为基本呼叫的建立、维持和释放提供控制功能。

　　（2）协议功能。支持相应标准协议，包括 H.248、SCTP、H.323、SNMP、SIP 等。

　　（3）业务提供功能。可提供各种通用的或个性化的业务。

　　（4）业务交换功能。

　　（5）互通功能。可通过各种网关实现与响应设备的互通。

　　（6）资源管理功能。对系统中的各种资源进行集中管理，如资源的分配、释放和控制。

　　（7）计费功能。根据运营需求将话单传送至计费中心。

　　（8）认证/授权功能。可进行认证与授权，防止非法用户或设备接入。

　　（9）地址解析功能和语音处理功能。

三、在用系统介绍

（一）公务电话系统

公务电话系统是为地铁全线各车站、控制中心、车辆段、停车场各部门的工作人员提供日常公务电话联络及与市内用户联络的有线电话通信网络。昆明地铁 6 号线公务电话系统主要采用昆明塔迪兰公司 Coral 软交换设备构建。

1. 系统架构（见图 LB2-3）

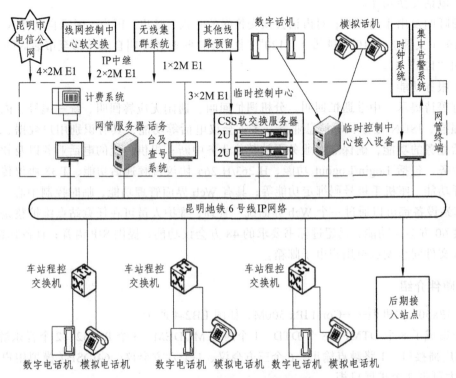

图 LB2-3 公务电话系统架构图

2. 系统功能

（1）软交换设备 IP 功能。

本系统采用 Coral 软交换设备，以 CSS 软交换平台为中心的统一通信系统，包括 Wave Gatway 交换机产品（作为中继网关、信令网关、用户接入网关）在内，所有的交换平台都具备 IP 网络功能，都能在 NGN 网络中担当接入网关的重任。

CSS 软交换平台支持语音、传真、视频、会议、数据等多种 IP 通信业务。其提供的架构和智能应用帮助用户把通信与策略以及实践更紧密地结合起来。

（2）系统配备功能。

CSS 软交换系统配备有一体化的语音邮箱系统（SeaMail）、统一消息系统、60 方语音电话会议系统、授权用户配置移动性（Mobility）功能，如 Call Back、Call Through、Flexicall 等功能。

（3）支持多种信令功能。

支持并提供各种标准信令［Q.sig、PRI(ETSI)、中国No.7、中国一号、二线环路、4W E&M 及 SIP、MGCP/H.248、H.323 等］接口，能通过数字中继、二线环路中继、4W E&M 中继及 SIP 中继等方式与各种形式的网络互联互通，能够实现各类中继转接功能。

（4）集中用户交换功能。

具有集中用户交换功能，可以把一个软交换系统用户分成若干个紧密用户组（CUG），不同的紧密用户组间相互独立，通过组间接入码控制访问权限，每一个紧密用户组都有自己的管理者，不同紧密用户组间共享软交换系统资源。

（5）电话交换功能。

内部呼叫及出入局呼叫；对市话公众交换网的呼入、呼出，国内、国际自动呼入、呼出；能将"119"（火警）、"110"（匪警）、"120"（救护）特殊业务呼叫自动转移至市话局的"119"、"110"和"120"上。

（6）服务功能。

具有等待提示、中继遇忙回叫、分机遇忙回叫、遇闲无应答回叫、统一编号、内部缩位编号、强插、ISDN 业务、短消息业务、多方会议电话等功能；具有识别用户数据、用户传真等非话业务的功能，确保非话业务不被其他业务中断；提供传统的电话业务以及软交换用户终端业务，包括 Login/Logout 功能、H.263/H.264 协议视频通话功能、T.38 协议传真、移动性回呼功能、座机手机号码绑定功能等；具有 Web 界面管理功能，临时控制中心、控制中心、各车站设备都可以通过一个 Web 界面统一管理；维护人员可在任意站点维护整条线路设备；提供 60 方会议功能，远超过标书要求的 48 方会议功能；提供 SIP 语音；具备邮箱业务，可将语音文件同步发送至用户电子邮箱。

3. 硬件介绍

（1）IPx500 主机柜——Coral IPx 500M，如图 LB2-4 所示。

背板集成了 8 个 DTMF、8 个 DTD、1 个内置 MODEM、3 个 RS232、2 个音乐源接口、1 个外部广播接口、1 路触点输出、6 个三方会议、1 个六方会议、64iDSP（模拟用户来电显示）。最大可带 2 个扩展机柜。

（2）IPx500 扩展机柜——Coral IPx 500X，如图 LB2-5 所示。

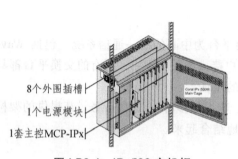

图 LB2-4　IPx500 主机柜

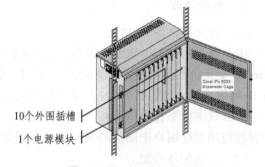

图 LB2-5　IPx500 扩展机柜

10 个外围插槽支持所有中继接口和用户接口；单机柜容量支持 160 端口。

供电方式如下：

（1）交流电源模块 PS500-AC（AC 220 V 输入；DC 48 V，铃流电源等输出），自带后备蓄电池。

（2）直流电源模块 PS500-DC（DC 48V 输入；DC 48V，铃流电源等输出）。

两种供电方式可任意选择。IPx500 带 2 个扩展机柜，通用槽位为 28，最大用户接口卡板 16 端口，系统容量 448 端口。

（二）专用电话系统

昆明地铁 6 号线调度网专用电话系统目前应用的是由塔迪兰电信设备公司提供的数字程控综合业务专用网交换机系统，由 Coral IPx 3000 型交换机、Coral 数字话机、配线架、端子排、Coral 程控交换机故障管理系统（CFM）等几部分组成。其交换机部分独立于公务交换系统，形成自身构成的调度网，并不接入当地市话网以保证调度网的正常、保密应用。

1. 系统架构

昆明地铁 6 号线一期专用电话系统网络结构示意图如图 LB2-6 所示。

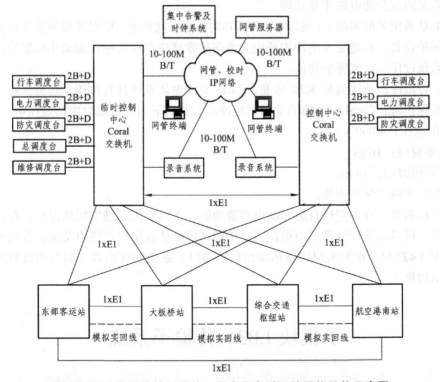

图 LB2-6　昆明地铁 6 号线一期专用电话系统网络结构示意图

临时控制中心专用电话主系统与控制中心专用电话主系统之间通过 1 个 2M 中继进行连接。临时控制中心专用电话主系统与各车站专用电话系统之间分别通过 1 个 2M 中继进行连接。控制中心专用电话主系统与各车站专用电话系统之间分别通过 1 个 2M 中继进行连接。相邻各车站分系统之间分别通过 1 个 2M 中继进行链状连接，并和主系统组成数字通道环，构成"双星型 + 环形"网络拓扑。

2. 系统功能

（1）系统主机热备功能。

系统主交换机具备保护能力，主控板、交换矩阵、数据存储器等均采用双重热备，主备切换无间隙，二次电源、铃流等公共部件采用负荷分担方式热备份，确保系统运行的可靠性。Coral IPX 系统的交换能力满足 4000 系统的最大支持容量。当系统设备故障时，可自动和手动实现切换，保证系统不间断工作。

（2）系统集中维护管理功能。

系统具有集中维护管理功能，本地维护管理通过 RS232 口，远程维护管理通过内置 MODEM 或 IP 网络实现远程维护管理。

（3）系统数字录音功能。

系统配置数字录音设备，在临时控制中心和控制中心分别配置双备份式（1＋1）数字录音设备。

（4）系统时间同步功能。

专用电话系统采用先进的数字锁相环及防时钟抖动技术，确保整个网络的同步性能。

（5）系统防雷及防电磁干扰功能。

专用电话系统采取多级（3 级以上）防雷和防强电干扰措施，以保证设备安全运用。Coral 交换机的保护设备，在遭受雷电冲击或电力线路故障感应电压的冲击而动作后能自动恢复。

（6）系统过压、过流保护功能。

过压、过流保护功能满足 K20 标准。Coral 专用电话系统具有过压、过流保护功能。具有机房一级保护时，Coral 设备能承受因雷电冲击引起的下列规定值以内的过压电：

① 峰值电压：4 000 V；

② 波前时间：10 μs；

③ 半峰值时间：10 μs。

（7）系统实回线保护功能。

专用电话系统具有数字环自愈和断电直通功能，支持模拟中继实回线保护。在传输系统整体瘫痪时，可自动迂回至模拟中继路由，实现站间电话备用保护路由功能，在每个车站配置模拟中继（4TEM）作为实回线备用路由保护端口。系统能在两者之间自由进行故障自动切换、手动切换。

子模块 LB3　传输子系统

一、传输系统基础知识

（一）传输系统的发展史（见图 LB3-1）

PDH：准同步数字传输系统；

SDH：同步数字传输系统；

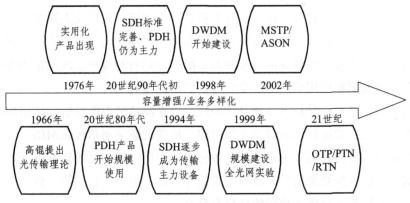

图 LB3-1　传输系统的发展史

MSTP：多业务传送平台；

DWDM：密集波分复用系统；

ASON：自动交换光网络（智能光网络）。

SDH 的主要优势：接口规范，同步复用，运行维护管理（OAM）功能强大，互联互通兼容性好。

DWDM 的主要优势：超大容量，对数据率"透明"，按光波长复用和解复用，平滑扩容，兼容光交换。

（二）传输系统概述

传输系统作为专用通信系统的基础网络，是通信系统的重要子系统，它将为其他通信子系统和信号系统、自动售检票 AFC、门禁 ACS 等专业提供可靠的、冗余的、灵活的通道，并将成为保证城市轨道交通运行所必须信息的传输媒介。传输子系统用于传递控制中心与各车站、车辆段间的各种信息。提供业务接口的类型主要有：10/100/1 000M 以太网、E1 接口等。

传输网的各节点可提供点对点直通式、一点对多点共用式及总线式等信道形式。

传输子系统与架设在线路两侧的光缆组成环路网络。环路中的传输设备发生故障或光缆断路时，传输环路能自动脱离故障设备或光缆，并组成新的环路继续工作，同时发出故障报警信息。

系统具有集中维护管理功能，采用简明、直观的维护管理界面和系统安全机制。传输子系统通过本地管理接口和控制中心维护管理终端可方便地对节点、传输通道进行配置和管理，监视每个传输节点主要模块和用户接口模块的工作状态，可提供声光报警功能和告警信号数据输出功能。系统具有扩展性，并能平滑升级。

传输系统可以分为 3 层：第一层，传输媒介，如光纤、电缆、微波等；第二层，传输系统，如光/电传输设备、传输复用设备等；第三层，传输网节点设备，如人工配线架、数字交叉连接设备等。

（三）传输系统中的一些基本概念

1. SDH 概念

同步数字体系（Synchronous Digital Hierarchy，SDH）是一种将复接、线路传输及交换功能融为一体，并由统一网管系统操作的综合信息传送网络，它可实现网络的有效管理、实时业务监控、动态网络维护、不同厂商设备间的互通等多项功能，能大大提高网络资源利用率、降低管理及维护费用、实现灵活可靠和高效的网络运行与维护，因此是当今世界信息领域在传输技术方面发展和应用的热点，受到人们的广泛重视。

数字通信系统伴随着科学技术日新月异的进步也在高速地向前发展。昆明地铁顺应时代的要求，也选用了先进的通信传输设备系统组建了地铁的数字通信传输网络。

传输网络系统需要为其他多个子系统（如公务和专用电话、无线集群电话、数字视频监控、车站广播、通信电源系统信号、轨道交通信号系统、电力监控系统、自动售票系统、环境监控以及防灾系统等）提供各种传输接口和带宽。

2. SDH 的特点

（1）SDH 采用世界标准，使 1.5 Mb/s 和 2 Mb/s 两大数字体系在 STM-1 上得到统一。

（2）高度灵活性：SDH 传输网具有信息透明性，可以传输各种净负荷及混合体。

（3）灵活的复用映射结构，使各种业务能灵活工作。

（4）SDH 设备使用指针调整技术，可以容忍各路信号频率和相位上的差异。

（5）SDH 设备能容纳各种新的业务信号，如宽带 ISDN、FDDI（光纤分布式数据接口）、ATM（异步转移模式）等。

（6）SDH 帧结构中安排了丰富的开销比特，因而使网络的操作维护管理功能大大加强，便于集中统一管理，大大节约了维护费用的开支。

（7）由于 SDH 网络大都采用自愈环的网络结构，因此可靠性高、业务恢复时间短、经济性好，十分适应现代传输网的发展趋势。

3. SDH 传输网络拓扑结构

传输网具体指实际设备组成的网络，顾名思义，SDH 传输网络就是指由 SDH 设备组成的网络；但在不会发生误解的情况下，传输网也可以泛指全部实体网（物理网）和逻辑网。

网络物理拓扑泛指网络的形状，即网络节点和传输线路的几何排列，它反映了物理上的连接性。

4. 网络物理拓扑类型

网络物理拓扑有线形、星形、树形、环形及网孔形等，部分拓扑类型如图 LB3-2、图 LB3-3、图 LB3-4 所示。

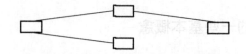

当涉及通信的所有点串联起来，并使首尾两个点开放时就形成了所谓的线形拓扑

图 LB3-2　线形拓扑图

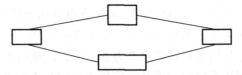

当涉及通信的所有点串联起来，并使首尾相连没有开放节点就形成了环形拓扑

图 LB3-3　环形拓扑图

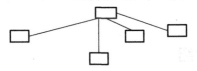

当涉及通信的所有点中有一个特殊的点与其余所有点直接相连，
其余点之间互相不能直接相连时，就形成了所谓的星形拓扑

图 LB3-4　星形拓扑图

5. SDH 帧结构

SDH 帧结构如图 LB3-5 所示，它由 9 行 × 270N 列字节组成，每字节 8 bit，一帧的周期为 125 μs，帧频为 8 kHz（8 000 帧/秒）。STM-1（$N = 1$）是 SDH 最基本的结构，每帧周期为 125 μs，传送 19 440 bit（9 × 270 × 8 bit），传输速率为 155 520 kb/s（19 440 × 8 000 b/s），STM-N 是由 N 个 STM-1 经字节间插同步复接而成的，故其速率为 STM-1 的 N 倍。

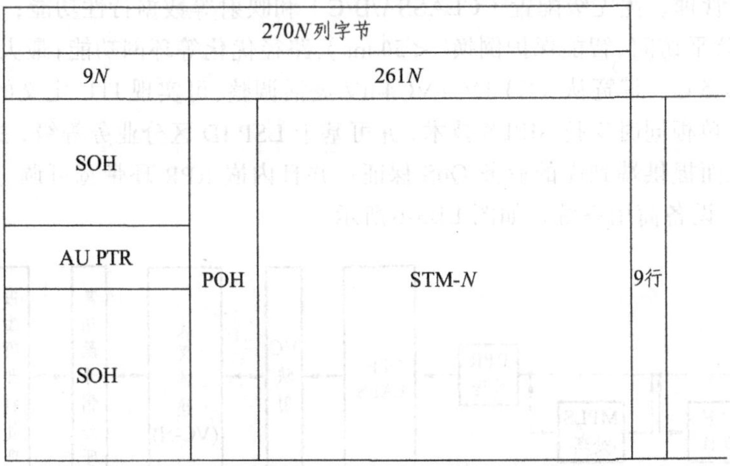

270N列字节		
9N	261N	
SOH		
AU PTR	POH	STM-N
SOH		

（表中右侧标注：9 行）

AU PTR：管理单元指针；SOH：段开销；POH：通道开销

图 LB3-5　SDH 帧结构

6. 自愈网

自愈网（Self-healing Network）就是无需人为干预，网络就能在极短的时间内从失效故障中自动恢复所携带的业务，使用户感觉不到已出现了故障。

将网络节点连成一个环形可以进一步改善网络生成性和成本。网络节点可以是交叉连接设备 DXC，也可以是分插复用器 ADM，但通常环形网节点用 ADM 构成。利用 ADM 的分插能力和智能构成的自愈环是 SDH 的特色之一。

地铁 SDH 传输网络一般采用环形自愈网，网节点由分插复用器 ADM 构成。

自愈环结构可划分为两大类：通道倒换环和复用段倒换环。

对于通道倒换环，业务量的保护是以通道为基础的，倒换与否按离开环的每一个通道信号质量的优劣而定，通常利用简单的通道 AIS 信号来决定是否应进行倒换。

对于复用段倒换环，业务量的保护是以复用段为基础的，倒换与否按每一对节点间的复用段信号质量的优劣而定。当复用段出现问题时，每个节点间的复用段业务信号都转向保护环。

（四）系统基本功能介绍

1. MSTP 多业务传送功能

（1）内嵌 RPR 功能。

华为 OSN 系列产品对内嵌 RPR 功能的支持符合 YD/T 1345—2005《基于 SDH 的多业务传送节点（MSTP）技术要求——内嵌弹性分组环（RPR）功能部分》的要求。另外，还具有 Wrapping + Steering RPR 双重保护专利技术，采取 Wrapping + Steering 两者结合的方式，先 Wrapping 后 Steering，结合两者的优点，达到最优的性能。

华为公司内嵌 RPR 单板是在 SDH 设备上提供的以太网环网处理的单板，可以实现多路快速以太网和千兆以太网的接入；支持以太网数据的二层交换、用户隔离、流分类、数据流量控制、VLAN 管理、优先级配置（CLASSA/B/C）和映射等数据特性功能；采用 RPR 技术实现空间重用、公平访问、智能保护倒换（< 50 ms）、路径优化等环网功能；最大可提供 1.25 G 环网带宽（双环 2.5 G），带宽从 VC3-1V ~ VC4-nV 灵活调整，可实现 ITU 定义的 EVPL/EVPLn 业务。华为 RPR 单板同时支持 MPLS 技术，并可基于 LSP ID 区分业务等级，提供基于 MPLS 的差分服务，从而提供端到端的业务 QoS 保证；并且内嵌 RPR 环带宽可调。华为已经在业界率先发布 RPR 设备商用系统，如图 LB3-6 所示。

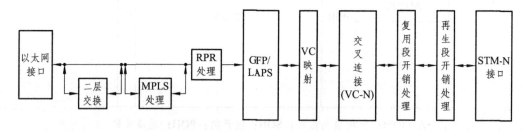

图 LB3-6　RPR 设备商用系统

（2）以太网透传功能。

OSN 系列 MSTP 产品支持以太网业务透传功能，即以太网接口的数据帧不经过二层交换，直接进行协议封装和速率适配后，映像到 SDH 的虚容器 VC 中，然后通过 SDH 节点进行传输，功能如图 LB3-7 所示。

OSN 系列 MSTP 设备以太网透传功能满足以下要求：

① 传输链路带宽可配置。

② 保证以太网业务的透明性，包括以太网 MAC 帧、VLAN 标记的透明传送。

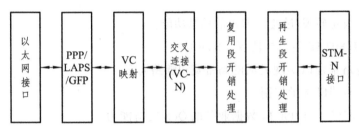

图 LB3-7 以太网透传功能

③ 以太网数据帧封装采用 LAPS、PPP 或 GFP 协议。MSTP 节点采用 PPP 协议封装，以太网 MAC 帧符合 IETF RFC1661、RFC1662、RFC2615 的要求；MSTP 节点采用 LAPS 协议封装，以太网 MAC 帧符合 ITU-T X.86 建议要求；MSTP 节点采用 GFP 协议封装，以太网 MAC 帧符合 ITU-T G.7041 建议要求。以太网单板提供 GFP/LAPS/PPP 3 种封装协议，通过网管进行设置就可选择所需要的封装协议。为了保证互联互通的顺利，原则上采用 GFP 协议封装以太网帧。

④ 数据帧采用 ML-PPP 封装或采用 VC 通道的连续级联、虚级联映射来保证数据帧在传输过程中的完整性。

（3）以太网二层交换功能。

华为 OSN 系列 MSTP 产品支持以太网二层交换功能，即在一个或多个用户侧以太网物理接口与一个或多个独立的系统侧的 VC 通道之间，实现基于以太网链路层的数据包交换，功能如图 LB3-8 所示。

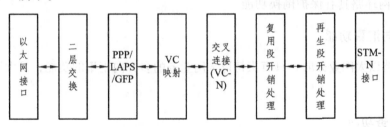

图 LB3-8 以太网二层交换功能

OSN 系列 MSTP 设备具备以下以太网二层交换功能：

① 传输链路带宽可配置。

② 保证以太网业务的透明性，包括以太网 MAC 帧、VLAN 标记的透明传送。

③ 以太网数据帧封装采用 LAPS 或 PPP 协议或 GFP 协议。MSTP 节点采用 PPP 协议封装，以太网 MAC 帧符合 IETF RFC1661、RFC1662、RFC2615 的要求；MSTP 节点采用 LAPS 协议封装，以太网 MAC 帧符合 ITU-T X.86 建议要求；MSTP 节点采用 GFP 协议封装，以太网 MAC 帧应符合 ITU-T G.7041 建议要求。以太网单板提供 GFP/LAPS/PPP 3 种封装协议，通过网管进行设置就可选择所需要的封装协议。为了保证互联互通的顺利，原则上采用 GFP 协议封装以太网帧。

④ 数据帧采用 ML-PPP 封装或采用 VC 通道的连续级联、虚级联映射来保证数据帧在传输过程中的完整性。

⑤ 实现转发/过滤以太网数据帧的功能，该功能符合 IEEE 802.1d 协议的规定。

⑥ 识别 IEEE 802.1q 规定的数据帧，并根据 VLAN 信息转发/过滤数据帧。

⑦ 提供自学习和静态配置两种可选方式维护 MAC 地址表。

⑧ 实现用于决定转发/过滤数据帧的信息功能。

⑨ 支持 IEEE 802.1d 生成树协议（STP）。

⑩ 支持多链路聚合以实现灵活的高带宽和链路冗余。

⑪ 支持以太网端口流量控制。

⑫ 具有对 10/100 M/1 000 M 数据业务的 QoS 支持能力。

⑬ 支持组播功能。

⑭ 支持基于用户的端口接入速率限制。对于超过接入速率限制的数据包，在交换拥塞时优先丢弃。

⑮ 支持业务分类，具体实现可基于端口、MAC 地址、数据帧类型、VLAN 标签等不同特征的流量分类。

2. 以太环网功能

MSTP 的以太环网功能是指在 SDH 环中分配指定的环路带宽来传送以太网业务，要求如下：

（1）以太网环路的传输链路带宽可配置。

（2）以太网环路带宽具有统计复用功能。

（3）以太网环路中各节点端口带宽可动态分配。

（4）以太网环路具有保护倒换功能。

3. 多方向汇聚功能

MSTP 支持以太网业务时，具有支持以太网业务的多方向汇聚的功能，最大可支持 1：48 的汇聚比。

4. E1 业务功能

（1）接口用途。

用于 PABX 局间中继、公务/专用电话数字中继及无线基站链路等。通道类别为点对点方式，接口类型为 G.703 75 Ω、120 Ω。

参数均符合 ITU-T 建议 G.703 的各项要求，接口阻抗 75 Ω，不平衡，帧结构应满足 ITU-T G.704 建议的要求。

（2）工作工程和实现方式。

各站点的光传输设备 OptiX OSN 3500 上配置有一定数量的符合 G.703 协议标准的 2.048 Mb/s 接口。2M 业务电信号在发端通过 2.048 Mb/s 接口接入 OSN 传输设备，经映射、复用、电光转换等进入 STM-16（2.5 Gb/s）群路光口，经传输系统连接到收端 OSN 光传输设备的 STM-16(2.5 Gb/s)群路光口，再经光电转换、解复用、解映射等进入相应的 2.048 Mb/s 接口，从而建立起了一个透明的传输通道。当传输信号经过多个 SDH 网元时，中间网元还需执行交叉连接以将输入的若干个 VC-4 连接到输出的若干个 VC-4。其映射和复用的工作过程如图 LB3-9 所示。

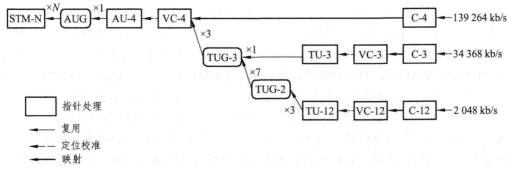

图 LB3-9　工作过程和实现示意图

接入各 2.048 Mb/s 端口的支路业务信号通过映射形成 VC-12 虚容器。映射是一种在 SDH 网络边界处使支路信号适配进虚容器的过程，如 2.048 Mb/s 的 G.703 信号先经过码速调整装入相应的标准容器（C-12），再加进低阶和高阶通道开销（POH）形成虚容器。VC-12 虚容器经支路单元（TU）提供低阶信道层和高阶信道层之间的适配，形成 TU-12，并将多个适配后的 TU-12 组合成支路单元组（TUG-2），该 TUG-2 在高阶 VC-4 净负荷中固定地占有规定位置。一个 TUG-2 由 3 个 TU-12 按字节交错间插方式复用而成。一个 VC-4 可容纳 21 个 TUG-2，即 63 个 TU-12。

多个高阶 VC-4（即 STM-1）再由管理单元（AU）以字节交错间插方式复用成 STM-16（2.5 Gb/s）群路光信号。

（五）组播业务功能

本工程所提供的 10 M/100 M 以太网接口支持组播功能，可实现信源管理、用户管理、组播安全控制、节约网络带宽等功能，在本工程中可用于地铁系统中的视频传输业务，还可用于将来的在线直播、实时视频会议等。

智能 MSTP 设备的以太网数据板卡支持组播功能，等以后上层管理网建成后，会要求提供组播业务，本方案不需要对硬件和软件做任何改动，就可以满足未来的组播业务需要，实现和上层管理网的无缝衔接。

传统的 IP 通信有两种方式：第一种是在一台源 IP 主机和一台目的 IP 主机之间进行，即单播（Unicast）；第二种是在一台源 IP 主机和网络中所有其他的 IP 主机之间进行，即广播（Broadcast）。如果要将信息发送给网络中的多个主机而非所有主机，则要么采用广播方式，要么由源主机分别向网络中的多台目标主机以单播方式发送 IP 包。采用广播方式实现时，不仅会将信息发送给不需要的主机而浪费带宽，也可能由于路由回环引起严重的广播风暴；采用单播方式实现时，由于 IP 包的重复发送会白白浪费掉大量带宽，也增加了服务器的负载。所以，传统的单播和广播通信方式都不能有效地解决单点发送多点接收的问题。

IP 组播是指在 IP 网络中将数据包以尽力传送（Best-effort）的形式发送到网络中的某个确定节点子集，这个子集称为组播组（Multicast Group）。IP 组播的基本思想是：源主机只发送一份数据，这份数据中的目的地址为组播组地址；组播组中的所有接收者都可接收到同样的数据拷贝，并且只有组播组内的主机（目标主机）可以接收该数据，网络中其他主机不能收到。组播组用 D 类 IP 地址（224.0.0.0 ~ 239.255.255.255）来标识。

根据协议的作用范围，组播协议分为主机-路由器之间的协议（组播成员管理协议）和路由器-路由器之间的协议（主要是各种路由协议）。组成员关系协议包括 IGMP（互联网组管理协议）；组播路由协议又分为域内组播路由协议及域间组播路由协议两类。域内组播路由协议包括 PIM-SM、PIM-DM、DVMRP 等协议，域间组播路由协议包括 MBGP、MSDP 等协议。同时，为了有效抑制组播数据在二层网络中的扩散，引入了 IGMP Snooping 等二层组播协议。

通过 IGMP 和二层组播协议，在路由器和交换机中建立起直联网段内的组成员关系信息，具体地说，就是哪个接口下有哪个组播组的成员。域内组播路由协议根据 IGMP 维护的这些组播组成员关系信息，运用一定的组播路由算法构造组播分发树，在路由器中建立组播路由状态，路由器根据这些状态进行组播数据包转发。域间组播路由协议根据网络中配置的域间组播路由策略，在各自治系统（Autonomous System，AS）间发布具有组播能力的路由信息以及组播源信息，使组播数据能在域间进行转发。

通过上述机制，在组播路由器里建立起一张表，其中记录了路由器的各个接口所对应的子网上都有哪些组的成员。当路由器接收到某个组 G 的数据报文后，只向那些有 G 的成员的接口上转发数据报文。

IGMP 组播成员管理机制是针对第三层设计的，在第三层中，路由器可以对组播报文的转发进行控制，只要进行适当的接口配置和对 TTL 值的检测就可以了。但是在很多情况下，组播报文要不可避免地经过一些二层交换设备，尤其是在局域网环境里。如果不对二层设备进行相应的配置，组播报文就会转发给二层交换设备的所有接口，这显然会浪费大量的系统资源。IGMP 监听（IGMP Snooping）可以解决这个问题。

IGMP 监听的工作原理如下：

主机发出 IGMP 成员报告消息，这个消息是给路由器的；在 IGMP 成员报告过交换机时，交换机对这个消息进行监听并记录下来，形成组成员和接口的对应关系。

交换机在收到组播数据报文时，根据组成员和接口的对应关系，仅向具有组成员的接口转发组播报文。

IGMP 监听可以解决二层环境中的组播报文泛滥问题，但首先要求交换机具有提取第三层信息的功能；其次，要求交换机对所有的组播报文进行监听和解读，这会产生很多的无效工作；此外，组播报文监听和解读工作也会占用大量的 CPU 处理时间。

具体用到地铁系统中时，如对于 CCTV 视频监控系统，使用支持 IGMP Snooping 的组播技术可实现如下功能：

（1）实现图像一次编码、多点调看的功能；

（2）有效利用信道资源，优化利用传输带宽；

（3）与传统视频传输方式相比，大大提高监控效率和管理水平，同时采用 IP 组播技术减少了组网设备数量，降低了项目成本。

（六）系统保护功能

为了保证建成后的轨道交通能安全、高效运营，就必须建立可靠的、易扩充的、独立的专用通信网，而传输网络是专用通信网中最重要的子系统，它将为其他通信子系统提供可靠的、冗余的、可重构的、灵活的信道，并将成为地铁运行所需信息的传输媒体。光传输系统作为通信网络的命脉，其安全可靠性关系到整个通信网络的正常运转和投资收益。本工程选用 OSN 智能 MSTP 产品，以最优性价比进行了最完备的网络安全保护。从设备级保护、网络级保护、业务级保护 3 个层面进行了全面的系统保护，从而确保了昆明轨道交通首期工程专用通信系统的安全。

1. 设备级保护

设备级保护层面，本工程各站点的光传输设备 OptiX OSN 3500 对重要板件（如主控板、交叉时钟板、电源板等）都进行了 1+1 热备份配置；从设备级的层面保证了系统的安全、稳定、可靠运行，临时控制中心和控制中心的 2M 业务端口按 1∶N 热备配置，先进的芯片技术保证了产品有较高的可靠度，OptiX OSN 3500 支持交叉和时钟合一板。

2. 网络级保护

网络级保护层面，本工程各站点的光传输设备 OptiX OSN 3500 支持二纤复用段保护的网络保护。

（1）网络自愈保护工作过程和抗单点失效保护措施之一——SDH 保护。

SDH 环网的复用段自愈保护图如图 LB3-10 所示。

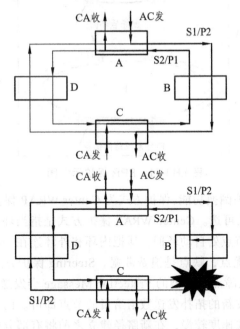

图 LB3-10　SDH 环网的复用段自愈保护图

SDH 环网的复用段自愈保护环工作过程如下：

两根光纤上业务流向相反，外环的前半个时隙 S1 是主用信道，后半个时隙 P2 是 S2（内环）的备用信道。

保护倒换发生时，主用信号在故障两端 ADM 节点处环回至另一个光路的备用信道上。

信号流说明：B、C 两处节点间发生线路阻断时，S1 信道在节点 B 倒换至内环 P1 信道，在节点 A、D 穿通，在节点 C 由 P1 信道倒换回 S1 信道。

备用信道上加载的额外业务在保护倒换发生时丢失。

OSN 3500 采用二纤复用段保护环的组网应用符合 ITU-T G.841 建议的要求，并且保护倒换时间小于 50 ms。

（2）网络自愈保护工作过程和抗单点失效保护措施之二——RPR 保护。

RPR 保护如图 LB3-11 所示。

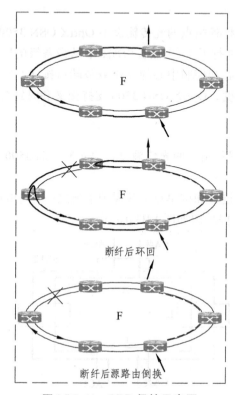

断纤后环回

断纤后源路由倒换

图 LB3-11　RPR 保护示意图

RPR 环网具有自动保护倒换功能，保护方式为 Center WRAP 保护方式（保护时间在 50 ms 以内）和 Steering 保护方式可选。Center WRAP 保护方式是指当环路上的某个地方发生故障时，则在发生故障附近的节点处自动环回，即把内环和外环连在一起，这种保护方式具有保护速度快、数据丢失少的优点，缺点是浪费带宽。Steering 保护方式是指数据流不需要从发生故障的地方倒换，指明故障点和类型的 Protection Message 会发送到每个节点，拓扑也相应更改，源节点只需要直接按新的拓扑发送数据给目的节点即可。已经发出的部分数据将在故障点被丢弃，这种保护方式速度较慢，在新路径建立之前将有部分数据被丢掉，其优点是不浪费带宽。RPR 自动保护倒换功能缺省时采取 Wrapping + Steering 两者结合的方式，先 Wrapping 后 Steering，结合两者的优点，达到最优的性能。在保护切换过程中，RPR 会按照业务流的不同服务等级决定倒换次序和带宽分配策略，实现了多等级可靠的 QoS 服务。

OptiX OSN 3500/7500 还可以支持二纤/四纤复用段环、线性复用段、DNI 等全面的网络保护方式。同时，OptiX OSN 3500/7500 还支持特有的"复用段共享光路保护"，即在一条光路上可以同时支持 2 个复用段保护组，使组网能力更加灵活，在多个逻辑环实现光纤共享的同时，可以获得复用段环的保护。OptiX OSN 3500/7500 还支持 MESH 保护、VP-Ring/VC-Ring 保护。

3. 业务级保护

在业务级保护层面，本工程可针对 2M、数据等不同业务进行不同的保护。

本工程对以太网数据等宽带业务进行了最完备的保护考虑和设计。

设备级保护：对系统设备关键单元冗余热备份的设备级保护。

网络级保护：采用了两种保护方式，一种是网络路径上的保护，采用备份路由的方式，对占传输网络带宽大的资源业务进行了 1 主 1 备双路由的配置，主备路径配置不同的插板；另外一种是传送通道上的保护，采用重要业务走单独虚容器，其他实时性要求较低的业务从共享信道传送的方式。

本工程对以太网数据业务在传送通道上的保护方式主要是利用 SDH 环网保护机制。

另外，OptiX OSN 3500 还可以支持支路板的 TPS 保护等，从业务级层面保证了地铁业务的安全、稳定、可靠运行。

4. 同步功能

SYNLOCK V3 产品系统逻辑结构如图 LB3-12 所示，由输入/监测模块、时钟模块、输出模块、维护和管理模块以及网管等逻辑部分组成，监控中心与维护和管理模块通信，系统内部各模块通过控制总线实现通信，通过时钟总线传递定时。

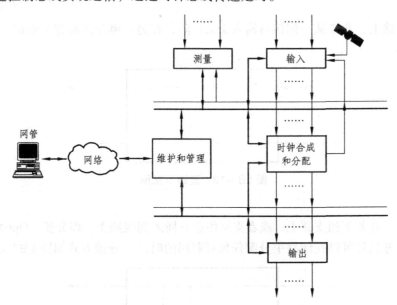

图 LB3-12　SYNLOCK V3 产品系统逻辑结构图

（1）输入/测试模块。

卫星定时信号从 SRCU 引入，线路时钟信号从 LCIM 引入，输入模块将其转换为统一的时钟信号送往时钟总线。输入模块同时还负责测量输入信号的质量，包括频率偏差、相位偏差、SSM 级别（Synchronization Status Marker，同步状态信息）、传输参数（AIS、LOS）等，并将测试结果通过控制总线送给时钟合成与分配模块及维护模块。

（2）时钟模块。

时钟模块包括时钟合成和分配模块，可根据输入模块的测量结果，进行多数表决，并判断时钟源质量，根据时钟源选择算法选择一路时钟源进行跟踪锁相，合成输出时钟信号并驱动输出时钟总线。时钟模块将本振自由振荡的时钟信号以及输出时钟信号送往输入模块和测量模块，提供参考时钟。

（3）输出模块。

将不同种类的时钟信号进行驱动再分配，匹配隔离后向外输出。输出的信号符合 G.703、G.704 建议，以供其他数字设备使用。输出信号种类有 E1（T1）、2 048 kHz、10 MHz、5 MHz、1 MHz 等信号。

（4）维护管理模块。

维护管理模块与所有单板通信，为各单板进行基础数据配置，实时收集各单板工作状态信息，记录存储系统事件和告警信息，用通用协议与维护终端进行通信。

5. 交叉功能

交叉功能是指对光线路板和电处理板进行 AU-4、TU-3、TU-12 或 TU-11 等级别的交叉连接。利用交叉矩阵实现保护倒换。

OSN 3500 设备通过交叉时钟板完成业务的直通、广播、分插和交叉连接功能。电接口和光接口都在交叉网络中，接口间的业务可进行任何形式的交叉连接。

（1）直通。

在主干线路上，业务从一侧接口输入交叉矩阵，在另一侧相同时隙上输出。直通方式如图 LB3-13 所示。

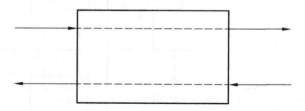

图 LB3-13　直通示意图

（2）分插。

当线路上的业务下到支路上，或者支路的业务插入到线路上，即分插。OptiX OSN 3500支路上下的业务信号可以在线路中分配任何可利用的时隙。分插方式如图 LB3-14 所示。

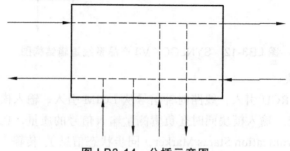

图 LB3-14　分插示意图

（3）广播。

OptiX OSN 3500 可以实现以下几种广播功能：

① 完成线路与线路之间的广播,如图 LB3-15 所示。

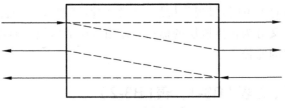

图 LB3-15 广播示意图 1

② 完成线路内部时隙在线路内的广播,如图 LB3-16 所示。

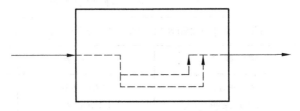

图 LB3-16 广播示意图 2

③ 将线路上的同一业务信号同时下到 2 个以上的支路,或者将支路业务信号插入到 2 个以上的线路,如图 LB3-17 所示。

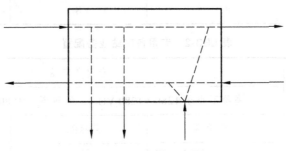

图 LB3-17 广播示意图 3

④ 将同一支路时隙分配到 2 个以上的支路,如图 LB3-18 所示。

这几种广播方式可同时进行。

(4)交叉。

交叉网络能更好地利用网络频带,提高网络生存能力,支路上下业务灵活,满足各支路之间的业务互通,能有效地利用主干网络上的时隙资源,如图 LB3-19 所示。

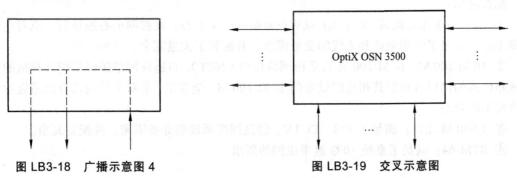

图 LB3-18 广播示意图 4   **图 LB3-19 交叉示意图**

6. 开销处理功能

开销的功能是完成对 SDH 信号提供层层细化的监控管理功能，监控可分为段层监控、通道层监控。段层的监控又分为再生段层的监控和复用段层的监控，通道层监控分为高阶通道层的监控和低阶通道层的监控。

（七）业务配置（见表 LB3-1、表 LB3-2）

表 LB3-1　专用临时控制中心业务配置

名　称	专用临时控制中心		
容　量	高阶不小于 1 280×1 280 VC-4，低阶不小于 8 064×8 064 VC-12		
接　口	实际需要	实际配置	剩余接口
E1	330 + 63 1：n 保护	378 + 63 1：n 保护	48
10 M/100 M	24	24	0
1 000 M 光口	4	6	2
STM-64	8	8	0

表 LB3-2　专用各车站业务配置

名　称	专用各车站		
容　量	高阶不小于 1280×1280 VC-4，低阶不小于 8064×8064 VC-12		
接　口	实际需要	实际配置	剩余接口
E1	10	32	22
10 M/100 M	24	24	0
1 000 M 光口	4	6	2
STM-64	2	2	0

配置说明：

① E1：每个车站配置 10 个 E1 点对点到临时控制中心，在控制中心搬迁后，点对点到控制中心，满足了专用电话和无线的业务需求，并配置了大量冗余。

② 10 M/100 M：10 M/100 M 自适应网络接口（NET）。自适应网络接口是指计算机的网卡或路由器的网口可根据其相连的设备的 10 M/100 M、全双工、半双工的模式自动适应达到一致的工作状态。

③ 1 000 M 光口：满足了 PIS、CCTV、信息网络系统的业务需求，并配备冗余。

④ STM-64：满足了系统 10 G 速率组网的要求。

二、传输系统的组成和工作原理

1. 系统设备组成

首期专用 MSTP 系统组网结构图如图 LB3-20 所示。

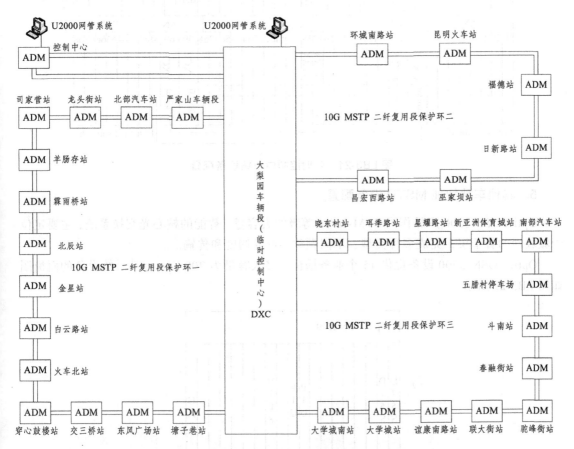

图 LB3-20 临时控制中心 MSTP 设备说明

2. 临时控制中心站设备配置

在临时控制中心和控制中心南站配置 OptiX OSN 3500 型智能 MSTP 设备、iManager U2000 光传输网管系统以及嵌入式电源设备，如图 LB3-21 所示。

3. 临时控制中心站板卡说明

OptiX OSN 3500 系统以交叉矩阵单元为核心，由 SDH 业务处理单元、PDH 业务处理单元、数据业务（以太网/ATM/SAN/Video）处理单元、SDH 交叉矩阵单元、同步定时单元、系统控制与通信单元、开销处理单元、电源接入单元和辅助接口单元组成。

4. 其他车站主要设备配置

其他车站配置 OptiX OSN 3500 型智能 MSTP 设备以及嵌入式电源设备。

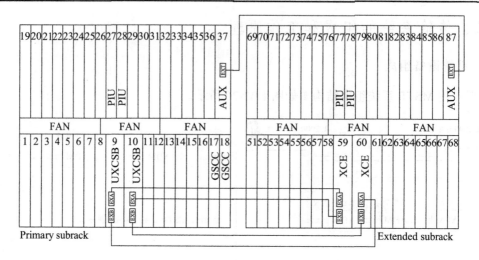

图 LB3-21　临时控制中心站设备配置

5. 其他车站智能 MSTP 设备配置

OptiX OSN 3500 产品作为 STM-16/64 等级的大容量、智能的核心光交换系统，主要定位于城域网的骨干层，完成多种类型、不同颗粒的业务调度和传输。

OptiX OSN 3500 设备提供 15 个业务槽位，接入容量为 200 Gb/s。其系统设备的面板图如图 LB3-22 所示。

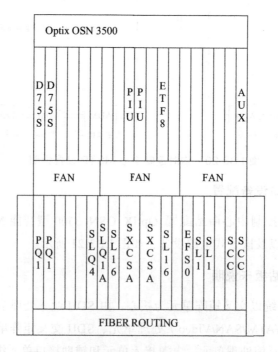

图 LB3-22　OptiX OSN 3500 系统设备图

6. 其他车站设备板卡说明

各个单元所包括的单板及功能同临时控制中心站。

7. OptiX OSN 3500 MSTP 光传输设备

（1）设备简介。

OptiX OSN 3500 是新一代核心智能 MSTP 光传输设备，在全面支持 MSTP 所有特性的基础上新增了智能特性，面向 NGN（下一代网）的发展；能提供直接分下插入 STM-1、STM-4 和 STM-16 信号内任何支路信号的能力；具有 1 280×1 280 VC-4 交叉，8 064×8 064 VC12 交叉（可根据需要配置不同档次交叉能力的板）或等效的 VC3 交叉能力。交叉连接方向：群路到支路、支路到群路、群路到群路和支路到支路。该设备提供配置 ADM、TM、REG 等设备的能力。该设备支持 E1、T1、E3、DS3、E4、STM-1（电/光）、STM-4、STM-16、AU3 透传、10/100/1 000 M 以太网等多种类型的接口；具有较高的总包度，支持主控、交叉、时钟、线路板合一的功能；支持内嵌式 RPR 和 LCAS，可以充分提高传输带宽效率；可针对业务重要性的不同提供 SLA 差异化分级业务保护，可以进行自动端到端业务快速配置（SPC/SC）实现带宽的动态申请和释放，具有静态网络向动态网络的在线转换的能力，可避免网络升级或业务升级带来的网络动荡等。

OSN 3500 设备继承了 MSTP 技术的全部特点，与传统的 SDH、MSTP 网络保持兼容，融 SDH、PDH、Ethernet、WDM、ATM、ESCON、FC/FICON、DVB-ASI（Digital Video Broadcast-Asynchronous Serial Interface）、RPR 等技术为一体。同时，为了适应今后网络以数据业务为主的趋势，实现多种业务尤其是以太网业务的优化传送，并在运营商激烈竞争环境中有效降低设备的 CAPEX 和 OPEX，OSN 3500 融合了光网络领域的主流、先进技术，加强了业务适配处理能力，增加 ASON 控制平面，增强可管理性、可靠性和可维护性。OSN 3500 主要应用在城域网络中的骨干与汇聚层，为现有 SDH 设备向智能光网络设备过渡提供了完善的解决方案。OptiX OSN 3500 融 SDH（Synchronous Digital Hierarchy）、WDM（Wavelength Division Multiplexing）、Ethernet、ATM（Asynchronous Transfer Mode）、PDH（Plesiochronous Digital Hierarchy）、SAN（Storage Area Network）和 DVB（Digital Video Broadcasting）等技术为一体，实现了在同一个平台上高效地传送语音、数据、图像、视频和存储网业务的功能。

（2）系统技术先进性。

本工程优选了 OSN 3500 智能 MSTP 传输设备。各类设备在严格确保传输系统的电信级高可靠性的基础上采用业界先进的技术，可将可靠性、成熟性和先进性完美地结合。下面将各设备所采用的先进技术进行逐一详细说明。

OSN 3500 智能 MSTP 传输设备采用的先进技术如下：

OSN 3500 智能 MSTP 传输设备采用了面向 NGN 下一代网络的 ASON 智能光网络先进技术，在继了传统的第一代和第二代 MSTP 技术的所有特性的基础上增加了控制层面，融 SDH、WDM、Ethernet、ATM、PDH、SAN 和 DVB 等现代先进技术为一体，可在同一个平台上高效地传送语音、数据、图像、视频和存储网业务。

① 路由和信令技术。

OSN 3500 传输设备在域内采用的路由协议是 OSPF-TE，域间的路由协议是 DDRP，在专网与外网之间采用的是 BGP；而信令协议采用的是 RSVP-TE。

② Mesh 组网技术。

Mesh 组网是 OptiX OSN 智能光交换系统的主要组网方式之一，这种组网方式具有灵活、易扩展的特点；和传统 MSTP 组网方式相比，Mesh 组网不需要预留 50% 的带宽，在带宽需求日益增长的情况下，节约了宝贵的带宽资源；而且在这种组网方式下，一般保护路径≥2，提高了网络节点的安全性，最大限度地利用了整个网络资源。

③ 端到端的业务配置技术。

在智能光网络中，真正实现了端到端的配置，配置过程的步骤如图 LB3-23 所示。

a. 在网管选择源节点和目的节点 R2 和 R4；

b. 在网管确定业务的带宽和业务级别；

c. 在节点 A 生成路由和相邻，并且建立业务连接。

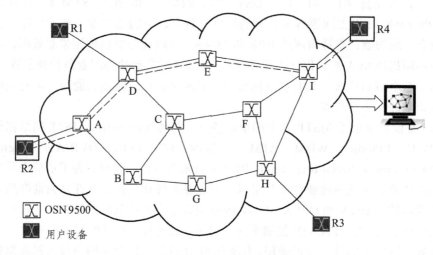

图 LB3-23　端到端的业务配置

和传统 EMS 端到端配置相比，这是分布式的配置方式，网管下发命令到入口网元，然后入口网元实现路由的计算和连接的建立等，提高了配置的安全性和可靠性。该方式充分利用了各个网元的路由和信令功能，减少了客户的运营和维护成本。

④ SLA 业务等级协定技术。

光网络的发展从以前的仅提供传输通道的配套网逐渐向业务运营网演变。实施了智能特性的光网络能为用户提供多种高质量的带宽应用及服务，如 OVPN、带宽出租、带宽批发、带宽贸易、实时计费、流量工程等，特别是业务等级协定（Service Level Agreement，SLA），从保护的角度将业务分成多种级别（钻石业务、金级业务、银级业务、铜级业务、铁级业务等），不同级别的业务服务质量等级不同，这样可以更灵活地满足多种不同业务的需求。

业务的类别如下：

钻石业务：提供类似 1 + 1 的保护（如通道保护），倒换时间为 0 ~ 20 ms；

金级业务：提供类似 M∶N 的保护（如二纤复用段），倒换时间为 0 ~ 50 ms；

银级业务：实时重新计算路径，切换时间为 100 ms ~ 1 min；

铜级业务：故障下不提供保护能力；

铁级业务：在网络资源紧张的条件下，能被别的更高级别的业务抢占，如额外业务。

⑤ 易管理和易维护。

本工程由于采用了先进的 OSN 系列智能 MSTP 产品，使得整个传输系统具有极强的易管理性和易维护性，主要体现在：

a. 提供端到端业务的自动配置，快速提供电路；

b. OSN 系列设备单板的通用性；

c. 网络的可维护性强。

在网络的可维护性方面，OSN 系列智能 MSTP 产品采用了比其他 MSTP 产品更贴近客户的智能性设计，包括智能散热设计、可插拔光模块、远程在线光功率检测、基于单板的维护功能等。

三、传输系统在城市轨道交通中的应用

目前，我国城市轨道交通通信传输网主要采用了同步数字传输体系（SDH）、开放式传输网络（OTN）和异步传输模式（ATM）3 种技术。ATM 技术是在同步传输模式的基础上发展起来的，其协议体系的复杂性造成了 ATM 系统研制、配置、管理和故障定位的难度。随着市场的发展，ATM 技术在轨道交通领域的应用已经不是主流技术方案，因此，下面主要介绍 SDH 技术在轨道交通中的应用。

传输系统具备基本的信息传递功能，然而随着多路线、大运量的交通线网的逐步形成，线网之间的信息互通必须通过骨干传输（层）网进行业务传输。

城市轨道交通中传输系统的功能如下：

（1）传输网络具有迅速、准确、可靠地传送各类语音、数据、图像以及其他运营管理所需要的信息的功能。

（2）实现线网内各线各类调度信息的集中与互通，实现线网控制中心统一管理和集中指挥。

（3）线网内各线公务电话实现互联互通，为城市轨道交通的运营、管理部门提供快速、优质的语音服务。

（4）实现线网内各线无线通信系统语音和数据的互联互通，提高线网内各线无线通信系统运营管理的灵活性和安全性。

（5）线网内为各线提供统一、精确的时钟定时信号，保证各线数字传输网高效、准确地互通各方面的综合信息。

（6）线网内能将各线实时监视到的车站客流及旅客上、下车的图像信息，反映到线网调度管理中心，成为加强运行组织管理水平，确保旅客安全、列车正点行驶的重要手段和措施。

（7）可传输轨道交通线网中机电系统的其他子系统的数据管理和监控信息。

① 信号系统 ATS 信息向线网中多条线路的控制中心传送。

② 票务数据信息向线网中相关线路的 AFC 管理中心和清分中心传送。

③ EMCS 系统的数据信息向线网中相关线路和应急指挥中心传送。

④ EMIS 系统的网络信息向各线信息网管中心和线网信息网管中心传送。

子模块 LB4 广播子系统

一、电声学基础知识

（一）声波的概念

声波实际上就是振动在介质（如空气、水等）中的传播。

在一根无限长均匀管的一端安装一个平面活塞，此活塞在一个周期力的作用下来回运动。当活塞来回运动时，将带动管中紧贴活塞的空气层质点产生运动。当活塞向右运动时，使空气层质点产生压缩，空气层的密度增加，压强增大，使空气层处于"稠密"状态；活塞向左运动时，则空气层质点膨胀，空气层的密度减小，压强也将减小，使空气处于"稀疏"状态。活塞不断地来回运动，使空气层交替地产生疏密的变化。由于空气分子之间的相互作用，这种交替的疏密状态，将由近及远地沿管子向右传播。这种疏密状态的传播就形成了声波。

（二）描述声波的物理量

1. 声 压

大气静止时的压强即为大气压强。当有声波存在时，局部空气会产生稠密或稀疏现象。在稠密的地方压强将增加，在稀疏的地方压强将减小。这样，就在原有的大气压上又附加了一个压强的起伏，这个压强的起伏是由于声波的作用而引起的，所以称之为声压，用 P 标示。声压的大小与物体（如前述的活塞）的振动状态有关：物体振动的振幅越大，则压强的起伏也越大，声压也就越大。然而，声压与大气压强相比是极其微弱的。

存在声压的空间称为声场。声场中某一瞬时的声压值称为瞬时声压 $P(t)$。在一定的时间间隔中最大的瞬时声压值称为峰值声压。如果峰值声压随时间的变化是按简谐规律变化的，则峰值声压就是声压的振幅。瞬时声压 $P(t)$ 对时间取方均根值，称为声压的有效值或有效声压（P_e），即

$$P_e = \sqrt{\frac{1}{T} \int_0^T P(t)^2 \mathrm{d}t}$$

式中 T——平均的时间间隔，它可以是一个周期或比周期大得多的时间间隔。

一般用电子仪器所测得的声压值，就是声压的有效值。

2. 频 率

声源每秒振动的次数称为声波的频率，用字母 f 表示，其单位为赫兹（Hz）。虽然在自然界中能产生单频率的声源很少，大多数声源的振动是一个很复杂的过程，产生的大多为复合音，但是，可以用频谱分析的方法，把一个复合音分解为一个系列幅值不同的单频声的组合。因此，研究单频声具有基础性的意义，而频率则是描述单频声的一个重要物理量。频率的倒数则称为周期，单位为秒（s）。

人耳能听得见的声波的频率范围为 20～20 000 Hz，称为可闻声或音频声。在广播音响系统和通信中涉及的声波，都是人耳感知的音频声。

3．声　速

声波在介质中传播的速度称为声速，单位为米/秒（m/s）。声速的大小与声波借以传播的介质有关，不同的介质声速不同。固体介质、液体介质和气体介质三者之中，固体介质中的声速最大，液体次之，气体最小。即使在空气介质中，声速还与空气的压强和温度有关。

4．波　长

声波在传播过程中，相邻的同相位的两点之间（如相邻的两稠密或两稀疏之间）的距离称为波长，用字母 λ 表示，单位为米（m）。波长 λ 与频率 f 及声速 c 之间有如下关系：

$$c = \lambda f$$

5．声　强

声波实质上是振动在介质中的传播。声振动包括两个方面：一方面使介质质点在平衡位置附近来回振动；另一方面又使介质产生疏密的过程。前者使介质具有振动动能，后者使介质具有形变势能；而此两者的和就是介质所具有的声能量。因此，声波的传播也可以说是声能量的传递。

在单位时间内，通过垂直于声传播方向单位面积的平均能量，称为声强，用字母 I 表示，单位为瓦/米 ^{2}（W/m^2）。应当指出，声强是一个有大小和方向的物理量，即是一个矢量，它表示声音传播的方向和强度。

对于平面波和球面波，在声波的传播方向上，声强与声压的关系为

$$I = \frac{P^2}{\rho c}$$

式中　　ρ ——大气的密度，且 $\rho = 1.21$ kg/m^3（常温常压下）；

　　　　c ——声波空气中的传播速度；且 $c = 344$ m/s（常温常压下）。

6．声功率

声源在单位时间内所辐射的总的声能量称为声源辐射功率，简称声功率。通常用字母 W 表示，单位为瓦（W）。如果有一点声源在自由空间辐射声波（此情况下辐射无指向性），则在与声源等距离的球面上，任何一点的声强都是相同的，且与声源声功率之间有如下关系：

$$W = I \cdot 4\pi r^2$$

式中　　W ——声源的声功率，W；

　　　　I ——声强，W/m^2；

　　　　r ——离声源的距离，m。

输出声功率的大小是衡量扬声器质量的重要指标之一，因为它可以决定扬声器的电声效率。

（三）声级和分贝

自然界可能出现的各种声源中，其声压大小的范围是很大的，极大和极小之间可以相差上亿倍。变化范围这么大的声压，用线性标度表示是很不方便的。另外，人耳对声音大小的感觉并不正比于声压或声强的大小，而近似地正比于声压或声强的对数值。基于这两个方面的原因，在声学中普遍采用对数标度来度量声压、声强、声功率等。因为对数的因变量是一个无量纲的量，所以通常把一个物理量的测试值与参考值之比的对数，称为这个物理量的"级"，那个被比的量称为参考量。有时又觉得取对数后的数值过小，不方便，往往再乘以 10 倍来定级，并以"分贝"表示。下面来定义声功率、声强和声压的级。

1. 声功率级（L_W）

声功率级用符号 L_W 表示，其定义是：把某声功率 W 与参考声功率 W_o 的比值，取以 10 为底的对数，再乘以 10，所得结果以分贝表示，即

$$L_W = 10 \lg \frac{W}{W_o} (\text{dB})$$

式中　$W_o = 10^{-12} \text{ W}/\text{m}^2$。

2. 声强级（L_I）

声强级用符号 L_I 表示，其定义是：把某声强 I 与参考声强 I_o 的比值，取以 10 为底的对数，再乘以 10，结果以分贝表示，即

$$L_I = 10 \lg \frac{I}{I_o} (\text{dB})$$

式中　$I_o = 10^{-12} \text{ W}/\text{m}^2$。

3. 声压级（L_P）

声压级用符号 L_P 表示，其定义是：把某声压 P（有效值）与参考声压 P_o 的比值，取以 10 为底的对数，再乘以 20，结果以分贝表示，即

$$L_P = 20 \lg \frac{P}{P_o} (\text{dB})$$

式中　$P_o = 2 \times 10^{-5} \text{ Pa}$。

即以人耳刚能察觉的声压值作为参考值，显然，人耳刚能察觉的声压级为 0 dB；声压每增加一倍，其声压级增加 6 dB；声压每增加 10 倍，声压级增加 20 dB。

（四）计　权

人耳听觉在不同的频率有不同的灵敏性，在声级计内设有一种能够模拟人耳的听觉特性，把电信号修正为与听感近似的网络，这种网络叫作计权网络。通过计权网络测得的声压级，

已不再是客观物理量的声压级（叫线性声压级），而是经过听感修正的声压级，叫作计权声压或噪声级。

从声级计上得出的噪声级读数，必须注明测量条件，如单位 dB；若使用的是 A 计权网络，则应记为 dB（A）。

1. A 计权

A 计权声级是模拟人耳对 55 dB 以下低强度噪声的频率特性，是针对低响度情况进行的处理，即声压级很低时的处理，主要是考虑到此时低频率分量和高频率分量对响度的贡献大小，所以把它们所形成的声压级适当打一些折扣。

2. B 计权

B 计权声级是模拟 55 ~ 85 dB 以下中等强度噪声的频率特性，是针对中等响度情况进行的处理，即声压级为中等时的处理，这时也要对高、低频分量打一些折扣，不过其折扣要比 A 计权处理小一些。

3. C 计权

C 计权声级是模拟在高强度噪声的频率特性，是针对高响度情况进行的处理，即声压级很高时的处理，这时仅仅对高频分量打一些轻微的折扣。

三者的主要差别是对噪声低频率成分的衰减程度，A 计权衰减最多，B 计权次之，C 计权最少。A 计权声级由于其特性曲线接近于人耳的听感特性，因此是目前世界上噪声测量中应用最广泛的一种，B、C 计权使用较少。

二、广播系统知识

（一）广播系统概述

1. 广播系统概念

广播系统就是通过音源、控制电路、音频切换电路、功率放大器、扬声器，实现音源选择、音频切换、输出控制、音量控制等功能的系统。

2. 广播系统的基本功能

公共广播系统简称 PA（Public Address）系统，广泛用于车站、机场、宾馆、商厦、医院和各类大厦，为其提供背景音乐和广播节目，近几年来公共广播系统又兼作紧急广播。它的主要用途是业务宣传和时事政策广播、播送背景音乐和广播公共寻呼、火灾事故和突发事故的紧急广播。

3. 广播系统分类

目前，广播系统从技术上可分为数字广播系统和模拟广播系统。

（1）数字广播系统。数字广播系统是指将数字化了的音频信号以及各种数据信号，在数字状态下进行编码、调制、传递处理过程中，传递媒介自身的特性，包括噪声、非线性失真等，都不能改变数字信号的品质。数字广播技术能对数字传送、接收过程中各种干扰引起的误码进行自我纠错处理，保证音源采集、传输、放大过程都达到高质量，从而提高广播系统的整体技术性能，这是模拟广播所不具备的。

（2）模拟广播系统。模拟广播系统就是音频信号传输、放大及输出都使用模拟电路实现，从音频输入、处理到音频输出都是模拟信号。它存在易于受干扰、信噪比难控制等缺点，但目前技术及芯片原件比较先进，功能实现也有很高的质量。

（二）广播系统的设备组成及功能

广播系统主要组成设备包括音源设备、传声器、前置放大器、功率放大器、扬声器等。

1. 音源设备

音源设备是产生高质量声音的信号源，供扩音设备选用。

2. 传声器（话筒或麦克风）

传声器的作用是将音源发出的声波产生的声压变化转换为音频电压。传声器在录音、扩音中均为关键器件，因为它是将声音转为电信号的第一环节，直接关系到声音的质量。

3. 前置放大器

前置放大器的功能有两个：一是要选择所需要的音源信号，并放大到额定电平；二是要进行各种音质控制，完成音频信号的音量、音调调节控制，以美化声音。

4. 功率放大器

功率放大器是广播系统的一个重要组成部分，它是将经过压限、频率均衡、放大等环节处理后的音频信号产生功率输出，馈给扬声器系统，推动扬声器单元向空间辐射声波。

5. 扬声器（喇叭或音箱）

扬声器的作用是将电信号转换成声音信号，然后辐射到空气中。这一过程包含换能、声辐射两大环节。扬声器可分为纸盆扬声器（锥形扬声器）、球顶扬声器、号角扬声器。

三、广播子系统在城市轨道交通中的应用

地铁广播系统是地铁通信系统中的一个子系统，在地铁行车组织、客运服务、防灾救险、设备维护等方面具有十分重要的作用。

通常，在城市轨道交通的主要地点（如车控室、车站、车辆段）均设有广播系统设备。系统监控数据通过 RS422、RS232 或以太网通信接口方式相连，形成一个广播系统监控网。同时，通过传输系统的通道实现中心到车站的语音传送。扬声器网分布在控制中心、车站、设备区、车辆段区域，为城市轨道交通管理部门、运营部门、维修部门提供播音服务。通过

与综合监控系统（或防灾系统、信号系统）的连接，实现系统功能的监控、紧急广播和自动广播。

（一）广播系统接口介绍

1. 综合监控系统（ISCS）的接口

可以与 ISCS 进行接口，通过适当的接口协议，可将广播操作功能集成至 ISCS 界面，实现集中控制。

2. 信号系统（ATS）的接口

通过与 ATS 的接口获取列车行车信息，实现列车自动进、出站等广播。

3. 传输系统的接口

利用传输系统提供的通道沟通中心与车站、停车场、车辆段。

4. 时钟系统的接口

接收时钟系统发出的标准时间信息，校准系统内部时钟，以准确完成相关功能。

5. 专用电话系统的接口

录音：广播系统通过录音接口将需要集中录制管理的音频送至集中录音系统。

通话柱：在车辆段车库内通过专用电话与广播系统的接口可以实现通话柱对全车库的实况广播。

6. 无线系统的接口

通过与无线系统的接口可以利用无线系统的手台实现无线站台广播功能。

7. 集中告警系统的接口

通过与集中告警系统接口将系统内模块、设备的故障及恢复信息上报至集中告警系统。

8. FAS 系统的接口

通过此接口可实现与防灾系统的联动，实现防灾广播，包括自动触发、循环播放的预制防灾广播，或进行人工口播疏导。

（二）轨道交通广播子系统的构成

轨道交通通信广播子系统设备分为中心级设备和车站（车辆段）级设备两级。整个广播系统的构成如图 LB4-1 所示。

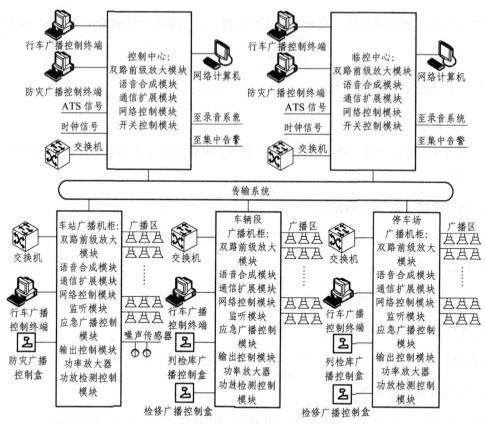

图 LB4-1 广播系统有构成

中心级广播设备主要包括中心广播播音设备和网络管理设备（集成自动录音功能），如图 LB4-2 所示。中心级广播与车站级广播通过传输网连接（语音和控制），其中，广播信令采用共线控制方式。

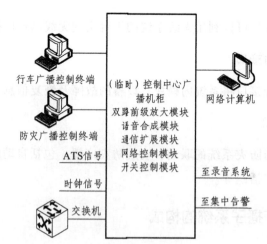

图 LB4-2 中心设备

（1）中心广播播音设备。

中心广播播音设备一般包括总电源控制器、控制模块（包括语音合成模块、双路前级放大模块、通信扩展模块、中央控制模块、以太网接口模块、电源模块等）、模块机箱、接线箱等。

① 总电源控制器：用于将输入的电源变换为系统各模块所需的工作电源，如图 LB4-3 所示。电源模块采用开关电源，效率高、体积小、适用电压范围广。

图 LB4-3　总电源控制器

② 中央控制模块：用于接收并解析各设备/模块的信息，控制系统的运行，如图 LB4-4 所示。它监测各设备/模块的状态，进行设备管理，可进行必要的操作，如修改、设置模块的工作参数和显示系统的工作状态等。

图 LB4-4　TBA 3010 中央控制模块

③ 功率放大器：用于将音频信号的功率进行放大，在功放的前面板，有电源开关、音量控制选钮、监听扬声器及状态信息显示窗口等，如图 LB4-5 所示。功率放大器为智能功放，具有过流、过压等保护功能，可检测自身的温度，当温度达到预定值时，能够自动打开风扇，风冷散热。每台功放的额定功率为 240 W。

图 LB4-5　功率放大器

④ 电源模块：用于将输入的 AC 220 V 交流电源变换为系统工作的 DC 24 V 电源，如图 LB4-6 所示。

图 LB4-6 电源模块

⑤ 开关控制模块：完成 16 路音频输入与 16 路音频输出的开关控制，如图 LB4-7 所示。

⑥ 网络控制模块，如图 LB4-8 所示。

图 LB4-7 开关控制模块

图 LB4-8 网络控制模块

a. 用于完成以太网的连接，通过以太网传输数字音频及控制信息。

b. 将接收的模拟音频信号转换成数字信号，通过以太网传输和接收数字音频数据，转换成模拟音频输出。

c. 通过内部的串口与中央控制模块交换信息，并起到控制整个系统的作用，对各个模块、设备起到测试的作用。

d. 起到中央控制模块热备份的作用。

⑦ 语音合成模块：用于播放语音合成信息的内容，如图 LB4-9 所示。

语音合成信息存储在卡中，存储格式为 mp3 格式，模块通过串口接收语音播放的控制信息，启动播放相应的语音段。

⑧ 双路前级放大模块：完成音频信号的音量、音调调节控制；完成信源之间的插播控制；具有两路音频处理电路；有测试信号输入/输出接口及控制电路，可以在线测试。

⑨ 功放检测控制模块：接收功率放大器的状态信号，当状态信号发生变化时，通过串口将信息发出，同时在模块的面板有相应的显示，如图 LB4-10 所示。

图 LB4-9　语音合成模块

图 LB4-10　功放检测控制模块

⑩ 应急广播控制模块：用于应急广播控制，如图 LB4-11 所示。当启动应急广播时，本模块将操作台的音频信号直接连接到功率放大器，功率放大器的输出则与扬声器连接，保证在系统出现异常情况时能够进行话筒广播。

⑪ 输出控制模块：用于将输入的音频信号与输出按照浮动或一一对应的方式进行连接，并对音频信号的电压值及电流值进行取样，如图 LB4-12 所示。

图 LB4-11　应急广播控制模块

图 LB4-12　输出控制模块

⑫ 扬声器：中心有一定数量的扬声器分装在关键的房间和通道，满足日常广播及应急广播的需要。

（2）网管系统。

（临时）控制中心的网管维护终端可通过传输系统提供以太网通道，对中心、各车站、车辆段、停车场的广播设备进行统一监控和管理，具有集中维护和自诊断功能，可进行故障管理、性能管理、配置管理、安全管理，实时监测中心、车站、车辆段、停车场广播设备的运行状态，当某模块或设备出现故障时，能够发出声光报警，声音报警可人工清除；可完成集中维护和自诊断功能；可进行故障管理、性能管理、配置管理、安全管理、远程维护。

子模块 LB5　视频监控子系统

一、视频监控系统基础知识（高清视频）

闭路电视监视系统（CCTV）是保证城市轨道交通行车组织和安全的重要手段。调度员和车站值班员利用它监视列车运行、客流情况、变电所设备室设备运行情况，是提高行车指挥透明度的辅助通信工具。当车站发生灾情时，闭路电视监视系统可作为防灾调度员指挥抢险的指挥工具。它为控制中心调度管理人员、车站值班员、列车司机及站台工作人员等对所管辖车站的站厅、站台、出入口、机房等主要区域提供实时视频监控服务，以确保城市轨道交通（以下简称"城轨"）系统正常安全地运行。

城轨 CCTV 监控系统采用车站、控制中心两级互相独立的监控方式，平常以车站值班员控制为主进行视频监控，控制中心调度员可任意选择上调各车站的任一摄像头的监控画面。在紧急情况下则转换为以控制中心调度员控制为主进行视频监控。在一个城市有多条线路的情况下，上层的线网管理中心可以设置为线网闭路电视监控中心，根据需要调看各线路监控画面，从而形成车站、控制中心和线网管理中心的三级视频监控系统。出于安全与事故取证要求，车站和控制中心还应具有录像功能。

1. 视频监控在技术防范体系（以下简称"技防"）中的地位

技防是公共安全防范体系的重要组成部分之一，由于其防范效果最佳，越来越受到各国的高度重视。技防的范围涉及入侵报警、电子巡更、视频监控、出/入口控制、楼宇可视对讲等多种领域，而视频监控系统又是技术安全防范体系的重要组成部分，它与入侵报警系统、门禁系统共同构成现代综合安全防范的三大要素。特别是近些年来，视频监控系统在安防领域中的地位和作用日渐突出，是动态监控、过程控制和信息记录的有效手段。视频信号本身具有可视、可记录及信息量大等特点，并能提供"眼见为实"的证据。

近年来，计算机技术（如多媒体技术、人工智能技术、信息处理技术、流媒体技术、卫星通信技术等高新技术）逐渐以嵌入式手段融入安全防范体系中，其发展的势头非常迅猛。例如，在国际大型机场的安全防范系统中，安全检查系统从 20 世纪 90 年代初已经装备微放射量 X 射线检测仪、三维图像彩色分辨仪，强化对可塑爆炸物、毒品的微量元素的检测技术。在这些检测设备附近均与报警装置相连。当安检人员检测到可疑物品时，马上将报警信号送到监控中心；与此同时，检测装置附近的摄像机自动摄取现场图像，为监控中心提供实时图像、声音及其相关数据显示。

2. 电视的基本知识

（1）一幅电视图像约有 40 万个像素。

（2）我国规定：电视图像的传输速率为每秒 50 幅。

（3）人眼的亮度感觉总是滞后于实际亮度。

（4）我国现行电视一幅画面扫描总行数是 625 行，我国现行电视技术规定场频为 50 Hz，我国视频信号的最高频率为 6 MHz。

（5）人眼的补充作用是指在 1/24 s 时间内，两个间隔发光的亮点只要不超过 7.5′视角，人眼就能通过大脑的补充作用，使人感觉是从发光的亮点自动"移动"到后发光的亮点位置，由于是一行行扫描图像，所以，图像内容在水平方向所包含的像素越细密，扫描的速度越快，则输出信号的频率越高。

（6）可见光的波长是 380～780 nm。

（7）亮度、色度、对比度称为彩色三要素。

（8）色饱和度是彩色光所呈现彩色的深浅程度。

（9）亮度之比称为对比度。

（10）红＋蓝＋绿＝白色。

（11）某色光中若掺入一半白光，则色饱和度是 50。

（12）为实现彩色电视与黑白电视的兼容，彩色电视要在 6 MHz 的带宽内传送色度信息的色度信号。

（13）一幅黑白图像数字化时，可以产生 128 级灰度。人眼视觉最清楚的范围是在水平视角 20°内。

（14）在数字电视的信源压缩编码中，由于要求的压缩比高，故普遍采用的是有损编码。

（15）摄像机的最低照度指标反映了摄像机的灵敏度。

（16）白平衡调整的目的是为了用彩色电视接收机收看黑白电视节目或显示彩色图像中的黑白部分。

3. 摄像机基础

摄像机的分类：

按传感器类型分可分为：CCD 摄像机、CMOS 摄像机。

按功能分可分为：普通型摄像机、日夜型摄像机、红外摄像机。

按清晰度分可分为：标清摄像机、高清摄像机。

按传输方式分可分为：模拟摄像机、网络摄像机。

按外形结构分可分为：枪机、球机、红外一体机等。

摄像机的基本构成如图 LB5-1 所示。

（1）镜头。

镜头就是摄像机的眼睛。画面的清晰程度和影像层次是否丰富等表现能力，受光学镜头的内在质量所制约。

监控摄像机镜头的工业标准：C-Mount、CS-Mount 和 D-Mount。

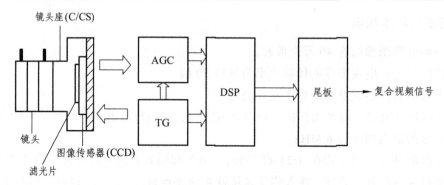

图 LB5-1 摄像机的基本构成

C 型和 CS 型镜头的口径及螺纹都是一样的，其区别在于：

① C 型：从镜头安装基准面到焦点的距离是 17.526 mm；

② CS 型：从镜头安装基准面到焦点的距离是 12.5 mm。

镜头的种类：

镜头按照光圈调节方式分类可分为手动光圈镜头和自动光圈镜头。自动光圈镜头有直流驱动自动光圈镜头（DC Auto Iris Lens）和视频驱动自动光圈镜头（Video Auto Iris Lens）。

镜头按照视角大小不同分类可分为：

广角镜头：视角 90° 以上，观察范围较大，近处图像有变形。

标准镜头：视角 30° 左右，使用范围较广。

长焦镜头：视角 20° 以内，焦距可达几十毫米或上百毫米。

变焦镜头：镜头焦距连续可变，焦距可以从广角变到长焦，焦距越长成像越大。

针孔镜头：用于隐蔽观察，经常被安装在天花板或墙壁等地方。

镜头的参数指标如下：

焦距：透镜的光心到光聚集的焦点的距离。它基本上就是从镜头的中心点到传感器平面上所形成的清晰影像之间的距离。镜头的焦距决定了该镜头拍摄的物体在传感器上所形成影像的大小。

假设以相同的距离面对同一物体进行拍摄，那么镜头的焦距越长，则物体所形成的影像就越大。

当摄像机镜头的成像尺寸被确定之后，对一个固定焦距的镜头来说则相对具有一个固定的视野，常用视场来表示视野的大小。它的规律是：焦距越短，视角和视场就越大。所以短焦距镜头又被称为广角镜头。

光圈系数（F 值）：为了控制通过镜头的光通量的大小，在镜头的后部均设置了光圈。镜头焦距和镜头有效孔径的比值称为光圈系数，也称为 F 值。光圈系数决定被摄像的照度（亮度），F 值越小，光圈越大，到达 SENSOR 的通光量就越大。

计算方式如下：

$$F = f/D$$

式中　　D——镜头的有效孔径。

镜头的最大光圈系数往往标示在镜头上，如 1：1.2 或 $F1.2$。

视场角（FOV）：镜头所能覆盖的范围（物体超过这个角就不会被收在镜头里）。一个摄像机镜头能涵盖多大范围的景物，通常以角度来表示，这个角度就叫镜头的视场角 FOV。被摄对象透过镜头在焦点平面上结成可见影像所包括的面积，就是镜头的视场。

景深（DOF）：当镜头聚集于被摄影物的某一点时，这一点上的物体就能在电视画面上清晰地结像，在这一点前后一定范围内的景物也能记录得较为清晰。这就是说，镜头拍摄景物的清晰范围是有一定限度的。这种在摄像管聚焦成像面前后能记录得"较为清晰"的被摄影物纵深的范围便为景深。

当镜头对准被摄景物时，被摄景物前面的清晰范围叫前景深，后面的清晰范围叫后景深。前景深和后景深加在一起，也就是整个电视画面从最近清晰点到最远清晰点的深度，叫全景深。一般所说的景深就是指全景深。

前景深、后景深和全景深在摄像机成像原理中的位置如图 LB5-2 所示。

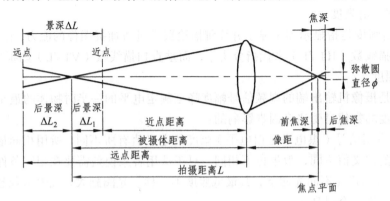

图 LB5-2　摄像机的成像原理

分辨率（Resolution）：又称为鉴别率、解像力，指镜头清晰分辨被摄景物细节的能力。制约镜头分辨率的原因是光的衍射现象。分辨率的单位是"线对/毫米"（lp/mm）。

镜头各参数间的相互影响关系：

① 焦距大小的影响情况：焦距越小，景深越大，畸变越大；

② 光圈大小的影响情况：光圈越大，图像亮度越高，景深越小；

③ 像场中央与边缘：一般像场中心较边缘分辨率高，一般像场中心较边缘光场照度高。

（2）图像传感器。

图像传感器的作用是将光信号转换成电信号。

图像传感器分类：

① CCD：电荷耦合器件，区分 NTSC 制和 PAL 制。

优点：成像质量好，信噪比高。

缺点：功耗较大，成本较高，制作工艺复杂。

② CMOS：互补金属氧化物半导体。

优点：功耗较小，相同分辨率下成本比 CCD 低，工艺简单。

缺点：噪点较大，成像质量相对较差。

图像传感器的有效像素（Effective Pixels）：是指真正参与感光成像的像素值。最高像素的数值是图像传感器的真实像素，这个数据通常包含了感光器件的非成像部分。以 SONY 1/3

Super HAD CCD PAL 值为例，其总像素为：795（H）× 596（V），有效像素为：752（H）× 582（V）。CCD 的有效像素决定了图像的清晰度水平。

（3）常用术语。

① 白平衡（AWB）。

白平衡是摄像机的重要指标之一，其作用是使摄像机在不同色温的照明环境下都能正确还原物体的颜色，使其不偏色。

② Gamma 校正。

Gamma 源于 CRT（显示器/电视机）的响应曲线，即其亮度与输入电压的非线性关系。一个理想的 Gamma 校正通过相反的非线性转换把该转换反转输出来。Gamma 校正补偿了不同输出设备存在的颜色显示差异，从而使图像在不同的监视器上呈现出相同的效果。Gamma 值的修正，可以改变画面明暗，增加对比。

③ 分辨率、清晰度。

分辨率、清晰度是指显示器中显示并详细描绘摄像机所捕捉图像的能力，在安防市场中，经常用水平扫描线数（HTVL）来代指分辨率，而垂直扫描线数（VTVL）则很少有人关心。

④ 最低照度。

最低照度是摄像机输出端的视频信号幅度降至额定电平的一半时物体的最小照度。此外，测试时最低照度的数值是受诸多因素影响的：

a. 各厂家有用信号（黑电平至白电平）幅度的定义值有所不同，所用相同最低照度的摄像机，因幅度的定义值不同，效果也不相同。对于选用者来说就需要在相同条件下来比对。

b. 同一个摄像机在不同光圈下，其最低照度不一样。光圈越大，代表口径越大，最低照度会降低（即灵敏度会提高）。

c. 最低照度还受光源色温的影响。

d. 最低照度还和反射率（目标的反射和背景）有关。

e. 最低照度还和 AGC 的大小、快门状态等有关。

⑤ 信噪比（S/N Ratio）。

信噪比是信号电压对于噪声电压的比值，通常用符号 S/N 来表示，其单位是 dB。由于在一般情况下，信号电压远高于噪声电压，故比值非常大。一般摄像机给出的信噪比值均是在 AGC（自动增益控制）关闭时的值，因为当 AGC 接通时，会对小信号进行提升，使得噪声电平也相应提高。信噪比的典型值为 45 ~ 55 dB，若为 50 dB，则图像有少量噪声，但图像质量良好；若为 60 dB，则图像质量优良，不出现噪声。

⑥ 锐度。

锐度是反映图像边缘对比度的一个指标。如果将锐度调高，则图像平面上的细节对比度也更高，边缘会越清晰，看起来更清楚。但是，并不是将锐度调得越高越好。如果将锐度调得过高，则会在黑线两边出现白色线条的镶边，图像看起来失真而且刺眼。例如，这种情况出现在不大的人脸图像上时，不但会在人脸的边缘出现白色镶边，而且会在发际、眉毛、眼眶、鼻子、嘴唇这些黑色和阴影部位边上出现白色镶边，看起来很不顺眼。所以，为了获得相对清晰而又真实的图像，锐度应当调得合适。

⑦ 饱和度。

饱和度反映图像上物体颜色的浓淡程度。饱和度越高，图像颜色越浓；反之越淡。

二、视频监控系统的组成和工作原理

（一）视频监控系统的分类

电视监控系统主要分为中小型视频监控系统、定点监控系统、全方位监控系统、大型视频监控系统等。

（二）设备组成及参数指标

1. 闭路电视监控系统的组成

视频监视系统主要由前端设备、传输系统、后端设备 3 部分组成，如图 LB5-3、图 LB5-4 所示。前端设备主要由摄像机、云台及辅助设备构成。后端设备分为中心控制设备和分控制设备。前、后端设备通过多种形式的传输系统连接。

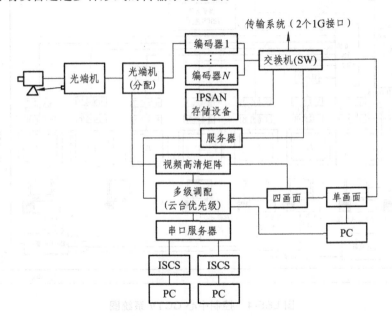

图 LB5-3　车站 CCTV 系统图

2. 设备组成及规格

（1）车站电视监视系统设备。

前端设备：1080P 固定高清摄像机、1080P 一体化球型高清摄像机。

通信机房设备：隔离地变压器（电梯摄像机用）、一分二视频分配器（电梯摄像机用）、标清多路视频编码器（电梯摄像机用）、SDI 光端机接收端（含一分四分配，接一体化球形摄像机的带 1 路反向数据）、1 台云台优先级、1 套视频高清矩阵、1 台高清编码、2 台画面合成器、1 台视频服务器、1 套 IP SAN 存储阵列、7 台光端机发射端、1 台以太网交换机、1 台电源机箱、3 台机柜、1 台光纤配线柜。

站台列车驾驶室停车位置：2 台 HDMI 光端机接收端、2 台 32 英寸彩色液晶监视器。

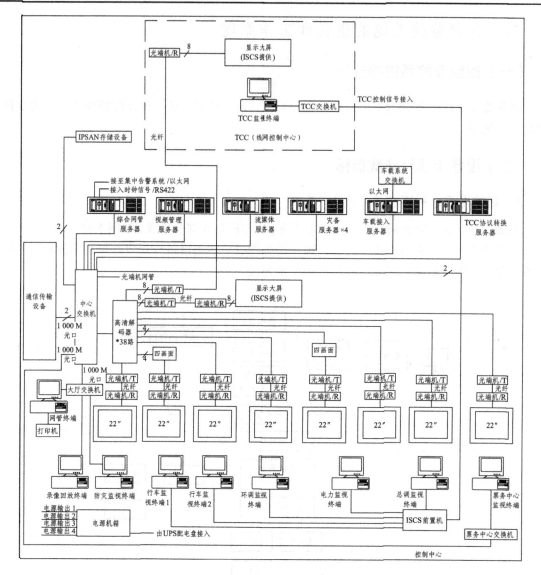

图 LB5-4　控制中心 CCTV 系统图

车站控制室设备：1 台 HDMI 光端机接收端、1 台 22 英寸彩色液晶监视器、1 台防灾监视控制终端。

车站警务室设备：4 台 HDMI 光端机接收端、4 台 22 英寸彩色液晶监视器、1 台公安监视控制终端。

（2）临时控制中心设备组成。

通信机房设备：SDI 光端机接收端（含一分二分配，接一体化球形摄像机的带 1 路反向数据）、13 台单路高清编码器、30 台单路高清视频解码器、1 套 IP SAN 存储阵列；30 台高清解码器、2 台四画面分割器、1 台综合网管服务器、1 台视频管理服务器、1 台流媒体转发服务器、1 台车载接入服务器（车载软解图像接入）、1 台灾备服务器、1 台以太网交换机、多台光端机发射端、1 台电源机箱、2 台机柜、1 台光纤配线柜。

调度大厅设备：多台光端机接收端、7 台 22 英寸彩色液晶监视器、1 台以太网交换机、1 台防灾监视终端、1 台录像回放终端、1 台网管终端（含打印机）、1 套大屏显示系统（由其他系统提供）。

（3）设备介绍。

① 1080P 固定高清摄像机如图 LB5-5 所示。

其性能指标参数见表 LB5-1。

图 LB5-5　1080P 固定
高清摄像机

表 LB5-1　1080P 固定高清摄像机性能指标参数

型　号		DH-HDC-HF3300
主处理器		EP4CGX50（FPGA）
视频前端参数	图像传感器	1/2.8 英寸 CMOS
	像素数	2 048（H）×1 536（V）
	最低照度	彩色模式 0.5 Lux，黑白模式 0.01 Lux
	日夜功能	支持彩转黑，并与 IR-CUT 机械切换同步
	自动光圈	DC 驱动
	增益控制	固定/自动
	白平衡	手动/自动
	曝光模式	手动/自动（区间可调，1/50～1/10 000）
	视频标准	遵循 SDI 标准 SMPT274/292 协议
	视频帧率	1 920×1 080@25fps
	图像翻转	支持镜像，支持翻转功能
	图像调节	可以进行亮度、对比度等参数调节
	视频信息	OSD 菜单
	镜头接口	C/CS，镜头可选
辅助接口	视频输出	1 路 SDI 接口
	恢复默认	硬件 Reset 按钮
	RS485 接口	可进行图像参数配置
常规参数	供电	支持 AC 24 V/DC 12 V 供电
	功耗	最大 7 W（当 ICR 切换时，最大 8.5 W）
	工作温度	-10～+55 ℃
	工作湿度	10%～90%
	外形尺寸/mm	70×63.2×149.5

② 1080P 一体化球形高清摄像机，如图 LB5-6 所示。

图 LB5-6　1080P 一体化球形高清摄像机

其性能参数指标见表 LB5-2。

表 LB5-2　1080P 一体化球形高清摄像机性能参数

	型　号	DH-SD6582-HS
摄像机	镜　头	
	焦　距	$f = 4.7$（wide）～ 103.4 mm（tele），22X Zoom
	视场角	水平：58.16°～ 2.90° 垂直：34.31°～ 1.64° 对角：64.84°～ 3.32°
	光圈值	F1.6～ F3.2
	图　像	
	图像传感器	1/2.8　IMX036 CMOS
	有效像素	约 2 000 000 像素（1 920×1 080）
	视频制式	NTSC/PAL
	最低照度	0.5 Lux/F1.6（彩色） 0.05 Lux/F1.6（黑白）
	增益控制	自动/手动
	信噪比	大于 50 dB
	白平衡	自动/自动跟踪白平衡（ATW）/室内/室外/手动
	背光补偿	自动权重背光补偿/关
	电子快门	PAL：1/1～ 1/10 000 s NTSC：1/1～ 1/10 000 s
	日夜模式	滤光片彩转黑

续表 LB5-2

型　　号	DH-SD6582-HS
	功　　能
旋转范围	水平：0°～360° 连续旋转 垂直：－2°～90°，自动翻转 180° 后连续监视
手动控制速度	水平：0.1°/s～300°/s 垂直：0.1°/s～150°/s
预置点速度	水平：400°/s 垂直：300°/s
预置点	255 个
自动巡航	8 条，每条可添加 32 个预置点
自动巡迹	5 条，每条可存储 400 条指令
自动线扫	5 条
三维定位	支　持
长焦限速	人性化的焦距/速度自动匹配功能
自动翻转	支　持
断电记忆	上电后自动回到断电前的云台和镜头状态
485 远程升级	支　持
通信协议	大华协议、中国安防行业协议、Pelco P/D，协议自动识别
	电　气
电　源	AC 24 V/3 A（±10%）（含温度控制电路）
功　耗	12 W（室内）、35 W（室外，加热器开启）
视频输出	HD-SDI / 75 Ω，NTSC 或 PAL，BNC 头
	环　境
工作温度	－40～60 ℃
环境湿度	＜90%
防护等级	IP66，电源接口 4 000 V 防雷、防浪涌和防突波保护
	物　理
包装尺寸	525 mm×325 mm×340 mm
质　量	5 kg

（表格左侧纵向表头：球机特性）

③ 光端机接收端，如图 LB5-7 所示。

图 LB5-7　光端机接收端（含一分二分配、1 路反向数据）

SDI 光端机接收端 VR-HDSDI1V-1D 具有一路光纤接入、二路分配输出的功能，同时还配置了一路反向数据来进行云台控制。其中，一路分配接入高清编码器，一路预留。

④ 单路高清编码器，如图 LB5-8 所示。

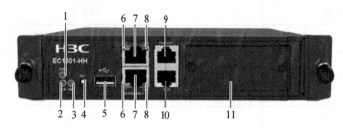

图 LB5-8　单路高清编码器

1—RUN 指示灯；2—ALM 指示灯；3—ENC 指示灯；4—RST 复位按钮；5—USB 接口；6—ACT 指示灯；
7—以太网接口；8—LINK 指示灯；9—RS485/422 接口；10—RS232 接口；11—子卡插槽

机架式单路高清视频编码器 EC1801 的编码格式为 H.264，分辨率为 $1\,920 \times 1\,080@30\text{p}$。其技术规格见表 LB5-3。

表 LB5-3　技术规格

视音频编码	
视频编码标准	ISO/IEC 13818-2 M ISO/IEC 13818-2 MPEG-2 SP@ML ISO/IEC 14496-2 MPEG-4 ASP@L5 ITU-T Rec. H.264 | ISO/IEC 14496-10 H.264 MP@L3 81 | I ITU-T Rec. T.81 | ISO/IEC 10918-1 MJPEG
音频编码标准	G.711μ
视频质量参数	
视频编码制式	PAL、NTSC
图像分辨率	D1、4CIF、2CIF、CIF、QCIF
视频编码帧率	最高 25 帧/秒（PAL）、30 帧/秒（NTSC）
视频编码速率	H.264：64 kb/s～4 Mb/s 连续可调 MPEG4：64 kb/s～8 Mb/s 连续可调 MPEG2：64 kb/s～16 Mb/s 连续可调 MJPEG：2～100 千字节/帧

续表 LB5-3

音频质量参数	
音频编码速率	64 kb/s
音频采样速率	8 kHz
声道设置	单声道
静音	可选择是否静音
网络特性	
网络接入方式	支持固定 IP、PPPoE 方式接入网络
支持网络协议	TCP/IP、RTP、UDP、HTTP、IGMP、Telnet、ICMP、ARP
存储标准	支持 iSCSI、NFS 协议
传输方式	单播、组播，每通道支持传输 1 路组播实时流的同时传输 4 路单播实时流，支持 UDP 方式的实况流和 TCP 方式的存储流传输
端到端延迟	< 300 ms

高清视频解码器 DC1801 的输出端口为 HDMI，其中 13 路图像分别送往 7 台调度员监视器（行车 1 + 4、防灾 1、环调 1、电力 1 + 4、总调度员 1），其他预留。

⑤ IP SAN 存储陈列，如图 LB5-9 所示。

图 LB5-9　IP SAN 存储阵列

系统采用 IP SAN 的存储方式，并在每个车站及临时控制中心均配置了 1 台视频存储服务器（DELL，R610）、1 套 H3C 机架式存储阵列 VX1500（单台最多可内置 16 块 2 T 硬盘，支持 IP SAN/NAS），可满足本站全部视频实时动态录像存储 30 天以上（按 24 小时/天）的要求，可提供电源冗余保护，并支持 RAID0、RAID1、RAID5 的盘阵组合，具有至少一块磁盘损害不影响视频的正常存储及不丢失盘阵中的已存储图像的能力。系统支持 15 个以上客户端同时访问的能力。

存储容量计算：以 6 Mb/s 单路视频图像码流，视频图像分辨率为 D1（720×576）PAL 25 帧，变化运动率保持在视频图像 70% 左右，计算图像存储容量。

$$6 \text{ Mb/s} \div 8 = 0.75 \text{ Mb/s}$$

每小时容量 = 3 600 s × 0.75 Mb/s = 2 700 Mb

每路图像一天 24 h

1 天容量 = 24 h × 2 700 Mb/h = 63.279 Gb

30 天有效容量为 63.279 Gb × 30 = 1 898.37 Gb

H3C VX 系列 IPSAN 专用硬盘 2 T 有效容量为 1 860 Gb, 利用率为 93%。

⑥ 高清四面画分割器, 如图 LB5-10 所示。

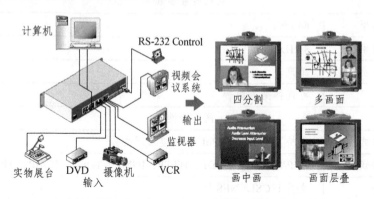

图 LB5-10　高清四画面分割器

它能够在高分辨率的 VGA/HDMI 显示设备上以全屏或多窗口模式显示两路图像、四路图像 (MP04) 等信息。JSD-MP04 多窗口图形处理器可接收 VGA (HDMI) 和 CVBS 等格式的视频信号, 并按用户要求对视频信号进行视窗大小、显示位置、图像比例等方面的调整和变换, 最终输出统一格式的 VGA 或 DVI 信号。

JSD-MP04 多窗口图形处理器可通过 RS232 或红外方式进行远程和近程控制。2 台 HDMI 高清四画面分割器分别将四画面图像输出给行车监视器及电力监视器。

⑦ 综合网管服务器, 如图 LB5-11 所示。

图 LB5-11　综合网管服务器

综合网管服务器 (DELL, R610) 安装了警视达的综合网管软件 JSD-WG-SERVER, 以对本系统进行综合网管。综合网管服务器可同时接收数字视频设备、交换机、光端机的网管信号并进行集成, 同时向集中告警系统提供网管信号接出。另外, 临时控制中心及控制中心的综合网管服务器均安装了 NEC 冗余软件, 以使一方故障时另一方可接管相关工作。

⑧ 视频管理服务器, 如图 LB5-12 所示。

图 LB5-12　视频管理服务器

临时控制中心配置了 1 台视频管理服务器 (DELL, R610), 安装了 H3C 的视频管理软件 IVS, 以对本系统数字视频设备进行管理 (同时含云台代理功能)。另外, 临时控制中心及控制中心的视频管理服务器均安装了服务器冗余软件，以使一方故障时另一方可接管相关工作。

⑨ 车载接入服务器，如图 LB5-13 所示。

图 LB5-13　车载接入服务器

临时控制中心配置了 1 台车载接入服务器（DELL，R610），安装了 H3C 软件平台的接入软件 IVS，以对接入本系统的车载图像进行转发（可实现本系统终端对车载图像的软解码显示功能），同时可对车载系统的图像调用协议进行转换。另外，临时控制中心及控制中心的车载接入服务器均安装了服务器冗余软件，以使一方故障时另一方可接管相关工作。

⑩ 流媒体服务器，如图 LB5-14 所示。

图 LB5-14　流媒体服务器

临时控制中心配置了 1 台流媒体服务器（DELL，R610），安装了 H3C 流媒体软件 IVS，可实现本地监视的流媒体转发功能（含显示切换管理功能）。

⑪ 以太网交换机，如图 LB5-15 所示。

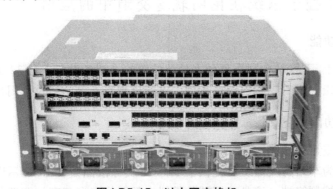

图 LB5-15　以太网交换机

系统在临时控制中心机房配置了 1 台华为的核心交换机 S7703。交换机配置 84 个千兆电口 + 3 个 SFP 光口，用于服务器等的接入，并通过 2 个 1 000 M 以太网光口连接到传输网络，同时通过 1 个 1 000 M 以太网光口连接到大厅交换机。

核心交换机交换容量为 720 G，提供高达 540 Mp/s 的包转发率，最多可支持 96 个千兆或 8 个千兆端口，全部端口均支持分布式硬件线速 IPv4 和 IPv6 转发。

⑫ HDMI 光端机发射端，如图 LB5-16 所示。

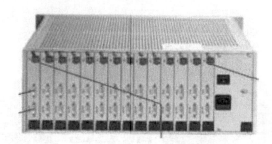

图 LB5-16　HDMI 光端机发射端

本系统选用了 JSD 生产的 HDMI 光端机发射端 VT-HDMI1V，该设备具有一路 HDMI 输入。7 台 HDMI 光端机分别将图像传送至调度大厅的 7 台调度员监视器。

⑬ 电源机箱，如图 LB5-17 所示。

图 LB5-17　电源机箱

电源的工作方式：UPS 电源系统提供的单相 220 V 交流电源接入系统机柜内的空开，然后进入电源机箱 JSD-DTDY，经电源机箱分配为 5 路，其中 1 路直通电源为两个端口，4 路为可编程的电源输出端口（即 4 个可控电源分区），电源输出至机柜侧面插线板（其中直通电源的第二个接口不上插线板）。

为防止系统开机瞬间的冲击电流过高，电源系统的第 2、3、4、5 路电源受控于网管系统，实现顺序梯次启动和单独开启或关闭某一路电源。

三、视频监控子系统在昆明轨道交通中的应用

1. 司机监视功能

本系统在车站上、下行站台列车驾驶室停车位置的一端各设置 1 台 32 英寸彩色液晶监视器，接收本侧站台摄像机的二画面合成图像，供司机观看本侧站台及车门情况。

2. 车站监视功能

（1）车站控制室监视功能。

在车站控制室为车站防灾值班员提供了 1 台 22 英寸液晶监视器（显示图像为四画面或单画面）和 1 台监视控制终端，液晶监视器的模拟视频图像来自于车站配置的高清视频矩阵设备的输出；监控终端的数字视频图像来自 H3C 数字编码器输出平台。

（2）警务室监视功能。

在车站警务室为公安值班员提供了 4 台 22 英寸液晶监视器（其中，2 台显示图像为四画面，2 台显示图像为单画面），液晶监视器的模拟视频图像来自于车站配置的视频综合处理设备的高清矩阵输出（可根据需要选择为单画面或四画面）。

另外，系统为公安值班员提供了 1 台监视控制终端，可以将高清矩阵的输出图像调至监视器上，选择站内任意画面在高清液晶监视器上以单画面或四画面显示；或直接将编码后的数字视频图像按单画面、四画面调用并显示在控制终端显示器上。

3. 车站回放功能

车站的防灾监视终端、警务室监视控制终端具有录像回放功能，但此功能可根据需要通过设置用户权限选择开放或关闭。

设置用户权限在控制中心的视频管理服务器上进行，被授权人员可对车站、停车场及车辆段视频存储设备内存储的图像进行回放，并按记录的时间、日期范围、摄像机位置（编号）等信息进行分类检索图像。回放速度可调（帧数可根据需求设定为 1 ~ 25 帧/秒），回放时不影响录制。

4. 变电所监视功能

各变电所不设后端设备，只安装前端摄像机和光传输设备，其余设备分别安装在就近车站。

5. 区间隧道口监视功能

各区间隧道口不设后端设备，只安装前端摄像机和光传输设备，其余设备分别安装在就近车站。

6. 控制中心/临时控制中心调度监视功能

CCTV 为防灾调度员提供了 1 台监视控制终端（控制中心及临时控制中心）；其他监视控制终端由综合监控系统（ISCS）提供（其中，行车调度员 2 台、环调调度员 1 台、电力调度员 1 台、总调度员 1 台）；我方提供 CCTV 相应的 SDK 开发包，配合其完成 CCTV 部分软件的研发。综合监控系统的监视控制终端可通过 CCTV 监视系统平台，将高清解码器输出的图像调至监视器上，并选择本线路内的任意画面在高清液晶监视器上显示。

防灾监视控制终端可通过安装 IVS 监视系统平台，将解码后的图像调至监视器或大屏幕上进行选择监视，或以各种程序进行循环显示，可对各个车站所有摄像机摄取的画面进行选择监视，并进行云台控制。

7. 控制中心录像回放功能

在控制中心及临时控制中心各配置了 1 台录像回放终端。录像回放终端安装的回放软件通过 IVS 监视系统平台，可以调看全线任一车站的任一摄像机的录像资料，并可进行光盘刻录复制。

8. 图像字符叠加及分配功能

（1）摄像机图像字符的叠加直接通过视频矩阵和编解码器同时工作来实现，可叠加的字符长度最多为 10 个汉字。字符叠加的内容包括车站站名、线路名称、摄像机位置等。字符叠加可通过专用软件完成。

（2）本系统的视频分配均通过单路 SDI 视频光端机接收端（含一分二分配）来实现。

9. 数字视频录像存储功能

本系统可将录像进行存储，以备调用。

10. 存储灾备功能

系统在控制中心配置了一套灾备存储服务器、机架式存储阵列，可保证 1 个车站存储设备发生故障时，视频信息可自动导入控制中心灾备存储服务器及 H3C 机架式存储阵列，不会导致视频信息的丢失。

11. 云台控制优先级管理功能

（1）系统平台软件支持云台优先级管理功能，即高优先级用户可抢控低优先级用户控制的云台，低优先级用户不能抢控高优先级用户控制的云台。

（2）优先级的实现流程如图 LB5-18 所示。

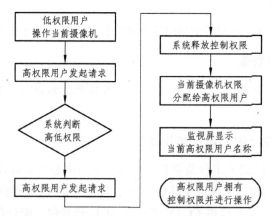

图 LB5-18　优先级的实现流程

12. 报警联动功能

系统可根据其他系统输出的触发信号（开关量），切换特定的图像，触发信号的输入接口和设置特定的图像数量为 8 个/站。

电视监控系统系统可接收来自其他系统（如 FAS 防灾报警系统等）的视频联动命令，系统可接收基于开关量的联动接口。报警信号（开关量）首先通过车站接入本系统，再送往控制中心视频管理服务器后与本系统产生联动。

CCTV 接收其他系统提供的报警联动信号（开关量），并联动摄像机调整到相应位置，同时将图像自动切换到监视器上并进行视频录像。

本系统采用的 IVS 监视系统平台支持多种报警联动策略，联动方式有客户端联动（视频图像、声光显示、信息叠加）、云台联动、通道录像；支持报警信息查询检索，可通过报警日志关联录像回放；支持报警信息的过滤，避免大量重复报警信息；支持报警优先级管理。

13. 闭路电视监控功能

（1）系统网管的组成。

通过网管系统，可对闭路电视监控系统中包含的所有视频及数据设备（含高清矩阵、编解码、以太网交换机及存储等设备）的运行情况进行综合监视与管理，并能对系统数据及配置作及时的修改。

（2）故障管理。

① 能识别系统故障，并能对闭路电视系统设备发生的故障进行定位及迅速查询故障。

② 能报告所有告警信号及其记录的细节，具有告警过滤和遮蔽功能（不产生误告警）。提供声光告警显示功能。

（3）系统管理。

设备管理系统能利用软件菜单对系统设备进行报警参数、报警门限数值的配置和修改，每个前端视频设备的故障报警、设备输出参数应在该操作平台上通过点击屏幕即可看到，所有视频切换及系统各控制功能均应在该操作平台上点击屏幕或屏幕上的预置位即可实现。其模拟实际线路和站内摄像机位置的图像标识及分层点击站内摄像机的操作方式均可使操作和控制过程简化。

网络管理系统采用通用标准网管协议——简单网络管理协议（SNMP），实现对视频监控专网内所有网络设备、服务器的管理。部署网络管理系统的意义：提高网络运行的可靠性，合理规划和调配网络资源，预测和检测网络故障，集中管理分布广泛的前端 IP 监控节点，统计和分析设备性能。

（4）网管系统的主要功能。

拓扑管理：提供网络拓扑结构自动发现功能。

配置管理：提供对设备的配置功能。

安全管理：提供用户安全级别和视图浏览权限功能。

性能管理：提供被管设备的性能参数。

告警管理：收集和分析被管设备的错误情况。

日志管理：提供网管系统自身和被管设备的日志信息。

时钟同步：可使 CCTV 系统内部时钟同步为地铁标准时钟。

告警上报：可把 CCTV 的故障信息上传给集中告警系统。

时钟同步功能：本系统在控制中心的综合网管服务器能接收时钟系统中心母钟提供的标准时间信息，并发送给分站设备，使全线 CCTV 设备的时钟与地铁标准时钟保持一致。

（5）系统供电及接地要求。

控制中心、临时控制中心、各车站、车辆段、停车场通信机房提供 UPS 电源一路。电源分路由本系统在机柜设分路盘完成，电视监视系统的车站设备包括室外设备，如摄像机的电源均引自车站通信设备机房的电视监视机柜，本工程在通信设备机房设置地线排，接地电阻不大于 1 Ω。

（6）城市轨道交通对闭路电视监控系统的要求。

闭路电视监控系统是城市轨道交通运行、管理、调度的配套设备，使城市轨道交通中各工种的管理、调度人员能实时地看到现场情况，可以根据实际情况进行判断，下达调度指挥命令。

城市轨道交通 CCTV 监控系统可以为车站值班员提供对站厅的售票厅、自动售票机、闸机出入口、自动扶梯出入口、站台、机房等主要区域的监控；可以为列车司机和站台工作人员提供相应站台的旅客上、下车情况；为控制中心的行车、环控、电力、公安等调度员或值班员提供各个车站或机房的监控点画面。控制中心调度员可根据其权限选择上调各车站摄像机的监控图像，并能对摄像机的云台和电动镜头进行控制。控制中心和车站的监控中心应具有录像功能。

子模块 LB6　时钟子系统

一、时间的基本概念

时间是指宏观一切具有不停止的持续性和不可逆性的物质状态的各种变化过程，具有共同性质的连续事件的度量衡的总称。

二、时钟子系统基础知识

时钟子系统是通信系统的重要组成部分之一，通过接收标准的时间信息，为用户和维护人员提供统一的标准时间，并为其他通信子系统及其他需要时间信息的系统提供统一的标准时间信号，使各系统的定时设备与本系统同步，从而实现时间标准的统一。时钟子系统的标准时间来源于 GPS，并使用该时间信号对系统各级设备进行逐级校时；一般时钟子系统中各级设备都配置有高稳晶振，当接收不到上级设备发来的时间信号时，可以依靠晶振维持相对准确的时间。

（一）时钟同步和时间同步的基本概念

时钟同步，即频率同步，是指信号之间在频率或相位上保持某种严格的对应关系，最普通的表现形式就是频率相同，相差恒定，以维持通信网中相关设备的稳定运行。

时间同步，即相位同步，是指信号之间不仅频率相同，相位也要保持相同，时间同步一般都包括时钟同步。

（二）GPS

GPS（Global Positioning System）即全球定位系统，它可以通过人造卫星来测定全球范围内的移动或固定物体的位置。GPS 全球定位系统的发展始于 1973 年 12 月，美国国防部批准其海陆空三军联合研制新的军用卫星导航系统——NAVSTAR GPS 系统，即 GPS 系统。

GPS 系统由 21 颗工作卫星和 3 颗在轨备用卫星组成 GPS 卫星星座，记作（21 + 3）GPS 星座。24 颗卫星均匀地分布在 6 个轨道平面内，轨道倾角为 55°，各个轨道平面之间相距 60°，即轨道的升交点之间各相差 60°。每个轨道平面内各颗卫星之间的升交角距离相差 90°，一个轨道平面上的卫星比西边相邻轨道平面上的相应卫星超前 30°。

GPS 卫星位于 2 万千米高空，当地球对恒星来说自转一周时，它们绕地球运行两周，即绕地球一周的时间为 12 恒星时。这样，对于地面观测者来说，每天将提前 4 min 见到同一颗 GPS 卫星。位于地平线以上的卫星颗数随着时间和地点的不同而不同，最少可见到 4 颗，最多可见到 11 颗。在用 GPS 信号导航定位时，为了结算测站的三维坐标，必须观测 4 颗 GPS 卫星，称为定位星座。这 4 颗卫星在观测过程中的几何位置分布对定位精度有一定的影响。在某地某时甚至不能测得精确的点位坐标，这种时间段叫作"间隙段"。但这种时间间隙段是很短暂的，并不影响全球绝大多数地方的全天候、高精度、连续实时定位。

GPS 系统设计的最初设想是用于军事目的，使之可在任何时间、任何地点提供三维位置、速度和时间等信息服务。GPS 系统的测距码包括 P 码和 C/A 码，其中，P 码供美国军方及特许用户使用，C/A 码供民用。出于商业需要，美国政府对全球免费开放 GPS 系统，同时，出于战争及安全需要，又对 GPS 信号进行区域控制。民用 GPS 接收装置只能接收卫星发射的 C/A 码广播信号。同时，美国政府为其国家安全考虑，对 C/A 码定位精度实施限制，使用时空基准误差方式，降低用户 GPS 接收装置的定位精度。

时钟子系统主要应用 GPS 所提供的时间信息服务，为各系统提供统一的定时同步信号，使整个城市轨道交通系统执行统一的定时标准，确保通信系统及其他重要控制系统协调一致。

（三）晶振知识

石英晶体振荡器简称晶振，是为电路提供频率基准的元器件。石英晶片之所以能当振荡器使用是基于它的压电效应：在晶片的两个极上加一电场，会使晶体产生机械变形；在石英片上加上交变电压，晶体就会产生机械振动，同时机械变形振动又会产生交变电场，虽然这种交变电场的电压极其微弱，但振动频率是十分稳定的。当外加交变电压的频率与晶片的固有频率（由晶片的尺寸和形状决定）相等时，机械振动的幅度将急剧增加，这种现象称为"压电谐振"。压电谐振状态的建立和维持都必须借助振动器电路才能实现。在电子学上，通常将含有晶体管元件的电路称作"有源电路"（如有源音箱、有源滤波器等），而仅由阻容元件组成的电路称作"无源电路"。晶体振荡器也分为无源振荡器和有源振荡器两种类型。无源振荡器需要借助时钟电路才能产生振荡信号，并且晶振的信号电压根据起振电路而定，允许不同的电压，但无源晶振通常信号质量和精度较差，需要精确匹配外围电路（电感、电容、电阻等），如需更换晶振时，要同时更换外围的电路。有源晶振是一个完整的振荡器，可以提供高精度的频率基准，信号质量也较无源晶振好。

振荡电路主要有 3 种误差来源：

第一种：石英晶体单元本身就存在不同的精度（也就是容许误差）。

第二种：误差来源是石英晶体的温度特性，也就是频率随温度变化会出现偏差。

第三种：误差来源来自振荡电路上的外围元器件配置，这些组件包括石英晶体、半导体 IC、外围电阻/电容以及 PCB 走线。

三、时钟子系统在城市轨道交通中的应用

（一）系统组成

1. 系统总体结构

城市轨道交通中典型的时钟子系统由中心级设备、车站级设备和两者间的传输通道3部分组成，主要设备包括中心一级母钟、二级母钟、子钟、网管设备（维护管理终端）及传输接口设备。其中，中心一级母钟、维护管理终端属于中心级设备，设置于控制中心；二级母钟和子钟属于车站级设备，分布于各车站和车辆段。中心级设备接收标准时间信号，通过传输通道发送到各车站级设备，实现系统的监控管理，并将标准时间信号提供给其他系统。车站级设备接收来自中心级设备的标准时间信号，并最终通过各显示终端（子钟）向用户显示时间信息。系统构成框架如图 LB6-1 所示。

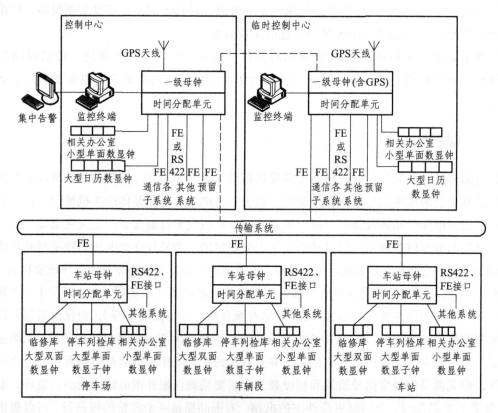

图 LB6-1　昆明地铁首期南段时钟系统

2. 中心级设备构成

时钟子系统中心级设备包括中心一级母钟、网管设备及子钟，在室外设置 GPS 接收天线，如图 LB6-2 所示。

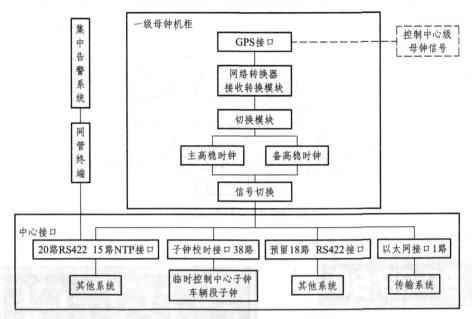

图 LB6-2　临时控制中心一级母钟构成

3. 车站级设备构成

时钟子系统车站、车辆段设备属于车站级设备。其中，车站设备主要由二级母钟、指针式子钟、数显式子钟构成，其构成如图 LB6-3 所示。

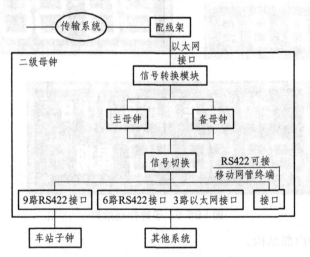

图 LB6-3　车站、车辆段、停车场构成

4. 子　钟

（1）数显式子钟内部结构。

子钟主要由以下几部分组成：

① 标准时间信号接收模块；

② 主板及显示模块；

③ 电源模块。

子钟内部结构如图 LB6-4 所示。

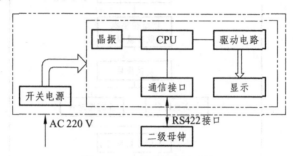

图 LB6-4　子钟内部结构

子钟外观效果如图 LB6-5 所示。

图 LB6-5　子钟外观效果

（2）指针式子钟内部结构。

指针式子钟主要由以下几部分组成：

① I/O 接口模块；

② 主控制板模块；

③ 机芯；

④ 电源模块；

⑤ 照明装置。

指针式子钟内部构成如图 LB6-6 所示。

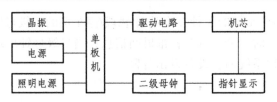

图 LB6-6　指针式子钟内部构成

子钟外观效果如图 LB6-7 所示。

图 LB6-7　子钟外观效果

（二）系统功能

1. 同步校对功能

（1）一级母钟可接收外部标准时间信号，产生精确的同步时间码，通过传输通道向各车站、车辆段、停车场的二级母钟传送，统一校准二级母钟。

（2）一级母钟定时向二级母钟发送校时信号，并负责向临时控制中心/控制中心等有关处所的子钟提供标准时间信号。当一级母钟出现故障时，能向时钟系统网管设备发出告警信号。

（3）一级母钟和二级母钟之间的信号传输接口以及时钟系统网管信息传输接口均采用以太网接口。

（4）一级母钟能向通信各子系统及其他系统专业发送年、月、日、时、分、秒标准时间信号。

（5）二级母钟能接收一级母钟的校时信号，并能够发送校时信号，控制驱动所辖范围内的子钟，当一级母钟或传输通道出现故障时，二级母钟仍可驱动子钟正常工作，并向时钟系统网管设备发出告警。二级母钟能向车站/车辆段其他系统发送标准时间信号。

（6）二级母钟在传输通道中断的情况下，能够独立正常工作，产生各子钟的驱动信息，使各子钟能够进行正常的时间显示。

（7）各车站/车辆段/停车场的子钟在本站/车辆段/停车场的二级母钟的控制驱动下，向工作人员及乘客直接显示"时、分、秒"标准时间信息；当二级母钟出现故障时，子钟仍可正常自运行工作，并向时钟系统网管设备发出告警。

2. 时间显示

中心一级母钟和二级母钟均按"时：分：秒"格式显示时间；数字式子钟为"时：分：秒"显示或"年、月、日、星期、时、分、秒"显示。

3. 日期显示

中心母钟能产生全时标信息，格式为"年、月、日、星期、时、分、秒"，并能在设备上显示。

4. 为其他系统提供标准时间信号

中心一级母钟设备设有多路同步时间码输出接口，能够在整秒时刻给轨道交通其他各系统提供标准时间信号。除主要包括以下各系统的输出接口以及各车站二级母钟所需接口外，还可以预留多个备用的输出接口：

（1）传输系统；

（2）无线通信系统；

（3）专用电话系统；

（4）公务电话系统；

（5）有线广播系统；

（6）闭路电视监视系统；

（7）信息网络系统；

（8）集中告警系统；

（9）乘客信息系统；

（10）UPS 电源系统；

（11）AFC 系统；

（12）综合监控系统；

（13）ACS 系统等。

5. 系统扩容功能

CJ-9300Ⅲ型时钟系统具备扩容功能，系统扩容时无需增加控制模块，只需直接增加接口板模块便可实现系统功能。扩展不影响既有设备的使用，软件基本不变。

在本工程中，中心一级母钟的接口设计数量为：RS422 接口 76 个，基于 NTP 的以太网接口 16 个，并可根据实际情况及以后的需要很方便地进行扩容。二级母钟接口设计数量为：RS422 接口 15 个，基于 NTP 的以太网接口 3 个。

本系统扩容方式：直接增加接口扩展模块，可以很方便地满足未来延伸线的扩容需求。

（1）基于 NTP 的以太网接口，如图 LB6-8 所示。

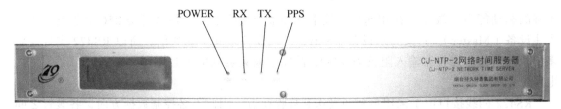

图 LB6-8　NTPCJ-NTP 网络时间服务器

其指示灯作用见表 LB6-1。

表 LB6-1　NTPCJ-NTP 网络时间服务器指示灯作用说明

LED	指　示	作　用
PPS	绿　色	一级母钟绿色闪烁，表示秒脉冲接入正常； 二级母钟无需接入秒脉冲，无意义
TX	绿　色	闪烁表示 NTP 反馈母钟信号； 不闪烁表示 NTP 未反馈母钟信号
RX	绿　色	闪烁表示 NTP 接收到母钟信号； 不闪烁表示 NTP 未接收到母钟信号
POWER	电源指示	通电常亮

　　NTP（Network Time Protocol）是用来使计算机时间同步化的一种协议，它可以使计算机对其服务器或时钟源（如石英钟、GPS 等）做同步化，它可以提供高精度的时间校正（LAN 上与标准间差小于 1 ms，WAN 上为几十毫秒），且可借以加密确认的方式来防止恶毒的协议攻击。

　　NTP 要提供准确时间，首先要有准确的时间来源，这一时间应该是国际标准时间 UTC。NTP 获得 UTC 的时间来源可以是原子钟、天文台、卫星，也可以从 Internet 上获取，这样就有了准确而可靠的时间源。时间按 NTP 服务器的等级传播。按照离外部 UTC 源的远近将所有服务器归入不同的 Stratum（层）中。Stratum-1 在顶层，有外部 UTC 接入；而 Stratum-2 则从 Stratum-1 获取时间；Stratum-3 从 Stratum-2 获取时间……以此类推，但 Stratum 层的总数限制在 15 以内。所有这些服务器在逻辑上形成阶梯式的架构相互连接，而 Stratum-1 的时间服务器是整个系统的基础。

　　计算机主机一般同多个时间服务器连接，利用统计学的算法过滤来自不同服务器的时间，以选择最佳的路径和来源来校正主机时间。即使主机在长时间内无法与某一时间服务器相联系的情况下，NTP 服务依然能有效运转。

　　为防止对时间服务器的恶意破坏，NTP 使用了识别（Authentication）机制，检查来对时的信息是否是真正来自所宣称的服务器，并检查资料的返回路径，以提供对抗干扰的保护机制。

　　（2）RS422 标准。

　　RS422 标准的全称是"平衡电压数字接口电路的电气特性"，它定义了接口电路的特性。实际上还有一根信号地线，共 5 根线。由于接收器采用高输入阻抗和发送驱动器比 RS232

更强的驱动能力，故允许在相同传输线上连接多个接收节点，最多可接 256 个节点。即一个主设备（Master），其余为从设备（Slave），从设备之间不能通信，所以 RS422 支持点对多的双向通信。接收器输入阻抗为 4 kΩ，故发端最大负载能力是（$10 \times 4k + 100$）Ω（终接电阻）。

RS422 四线接口由于采用单独的发送和接收通道，因此不必控制数据方向，各装置之间任何必需的信号交换均可以按软件方式（XON/XOFF 握手）或硬件方式（一对单独的双绞线）进行。RS422 的最大传输距离为 4 000 英尺（约 1 219 m），最大传输速率为 10 Mb/s。其平衡双绞线的长度与传输速率成反比，在 100 kb/s 速率以下，才可能达到最大传输距离。只有在很短的距离下才能获得最高速率传输。一般 100 m 长的双绞线上所能获得的最大传输速率仅为 1 Mb/s。

6. 系统监控管理功能

在车辆段的临时控制中心设置一套时钟系统监测管理终端，即中心监控计算机，对昆明轨道交通首期工程全线时钟设备进行实时监控。

监控软件用 Visual Basic 6.0 编制而成，运行于 Windows 2000/NT Server 或中文 Microsoft® Windows XP 操作系统。监控界面采用全中文显示、下拉菜单模式，具有良好的人机对话界面，具有优良的开放性和可扩充性，可以很方便地进行需要显示的二级母钟和子钟数量的更改；它通过以太网接口与一级母钟相连，具有集中维护功能和自诊断功能，可进行系统一般的性能管理、故障管理、安全管理。

（1）监控及显示。

监控终端能够检测时钟系统主要设备的运行状态，对系统的工作状态、故障状态进行显示，并能够对全系统时钟进行点对点的控制，其主要监控及显示的内容包括：

① 标准信号接收单元的工作状态；

② 信号处理单元的工作状态；

③ 二级母钟、每个子钟的工作状态；

④ 传输通道的工作状态；

⑤ 对全系统时钟系统的控制（加快、减速、复位、校对、追时等）；

⑥ 基本故障排除原则等帮助信息。

监控终端还能对故障状态及时间进行打印和存储记录。系统出现故障时能够发出声光报警，指示故障部位。同时，故障信息能够传输到集中告警终端，以便于轨道交通通信系统的集中管理。

（2）故障管理。

监控终端能够对故障状态及故障产生的时间进行存储记录和打印。系统出现故障时，监控终端能够发出声音报警，并可在监控终端主界面上显示主要故障内容及设备位置；声音报警信号能通过手动操作消除。同时，故障信息能够通过 10 M/100 M 以太网传输到昆明轨道交通首期工程集中网管设备，便于轨道交通通信系统的集中管理。

（3）用户管理。

① 系统提供用户信息的创建、修改与删除功能，每个用户分配一个密码。

② 用户授权：为指定用户赋予一个或多个操作权限。

③ 用户登录鉴权：当一个用户登录网管系统时，系统提示操作人员输入密码，并校验该密码是否正确，只有成功通过鉴权的用户才能登录本系统，鉴权失败时系统给出提示信息。

④ 用户操作鉴权：当用户执行网管系统某个功能时，系统自动校验该用户是否有执行该功能的权限，只有成功通过鉴权的用户才能执行该功能，鉴权失败时系统给出提示信息。

⑤ 时钟监控管理终端的自动注销功能：成功登录本系统的用户，在预先设置的时间间隔内没有执行任何操作时，系统将自动注销该登录。

（4）安全管理。

① 网络监视：只能看信息，不能修改任何数据。进入系统需登录，具有不少于 8 个字符的登录口令。

② 网络维修：能对一般维修所需的数据进行修改，不能对数据库进行修改。进入系统需登录，具有不少于 8 个字符的登录口令。

③ 网络管理：能修改数据库的任何数据。进入系统需登录，具有不少于 8 个字符的登录口令。

④ 网络管理运行中可以对所有登入者、操作内容进行实时监视、记录和保存，监视过程用文件记录方式。该文件可查看、打印，不能删除。

7. 对子钟的控制功能

时钟系统对子钟的控制方式有两种：一是可以通过母钟（一级母钟和二级母钟）前面板按键对子钟进行控制，对数字式子钟可以进行对时、复位、校时等操作；二是通过监控终端对子钟进行加快、减速、对时、追时、复位等操作。

在重新接收到有效的控制数据之后，子钟将按照接收到的指令自动调整到位。数字式子钟校准在 1 s 内完成。

数字式子钟的校对原理：数字式子钟接收到校对指令后，按照接收到的时间直接替换自身时间并外部显示，校对过程瞬间完成。数字式子钟的校对过程较简单，直接输入钟号，按校对键即可。

数字钟的复位：数字钟在接到复位指令后，能自动复位，初始化内存数据，初始化后显示 12 时 00 分 00 秒。

数字钟的加快和减慢：数字钟在接到加快和减慢指令后，能自动刷新显示要求显示的时间。

指针式子钟在接到母钟的追时命令后，采用 60 倍速单针驱动方式（可正转和反转）进行追时或者进行等待，子钟追到正确时间时停止追时，按正常速率走时。

可在时钟系统维护终端上任意设置一个或多个照明区间，并且可以指定不同照明区间的亮度级别，分为照明关闭、普通亮度、高亮度、超高亮 4 级控制，且照明区间与照明强度可以任意组合。夜间地铁停运后，可按照设定好的时间自动关闭照明电源，以节省能源。

（三）中心级设备功能

1. 中心母钟

中心母钟作为整个时钟子系统的基础主时钟，能够接收来自 GPS 的标准信号，将自身的时间精度校准，并分配精确时间信号给各个车站的二级母钟和其他需要标准时间的设备，并且通过监控计算机对时钟子系统的主要设备及主要模块进行点对点监控。

中心母钟一般由标准时间信号接收单元、母钟（含主备）、输出接口单元、电源等部分（或模块）组成。

（1）标准时间信号接收单元。

标准时间信号接收单元接收和处理来自 GPS 的标准时间信号，并向母钟发送，以实现对母钟精度的校准。

（2）母钟。

由于母钟是整个时间系统的中枢部分，其工作的稳定性很大程度上决定了整个系统的可靠性。考虑到系统功能的实现与系统的可靠性等综合因素，一般将其设计为主、备机配置的系统单元，并且主、备机之间可实现自动或手动切换。

母钟接收标准时间信号接收单元发送的标准时间信号，标准时间信号接收单元正常工作时，该信号将作为母钟的时间标准；标准时间信号接收单元出现故障时，母钟将采用自身的高稳晶振作为时间基准。

母钟通过输出接口单元与传输通道相连，通过传输通道向设置于各车站的二级母钟发送标准时间信号，统一校准各个二级母钟，同时接收二级母钟回送的各站子钟的运行状态信息。

母钟设备设有多路时间信号输出接口，能够给其他各系统提供各种精度级别的标准时间信号。

母钟通常设有一个通信接口，与监控终端计算机相连，以实现对时钟子系统主要设备的监控以及同步监控终端计算机的时间。

（3）输出接口单元。

输出接口单元可实现主备母钟对二级母钟、中心子钟、其他系统的多路输出。其中与二级母钟之间通过传输通道（一般由传输系统提供）进行连接，与中心各子钟之间一般通过直接电缆连接，与其他系统之间一般也是通过直接电缆连接，并根据实际设计，能输出各种不同精度的标准时间信息。

（4）电源。电源单元可向中心母钟其他部分提供所需的各种规格的交流电或直流电。

2. 监控终端

在控制中心设置的时钟子系统监控终端，具备自诊断功能，可进行一般管理、故障管理、安全管理。

监控终端能够显示系统设备的工作状态，能对故障状态进行显示。监控和显示的主要内容包括：中心母钟及二级母钟的主要模块、子钟的工作状态及对中心母钟及二级母钟等设备进行相关控制、配置和数据设定。

监控终端还能对故障状态及时间进行打印和存储记录。当时钟子系统出现故障时，监控终端能够在监控终端主界面上显示主要故障内容及设备位置。

根据具体系统需求和设计，时钟监控管理终端还能提供如监视级、维修级、管理级等多级别的安全管理功能。一般能对所有登录者、操作内容进行实时监视，并在监视过程中用文件记录方式（含时间、登录口令）保存。

时钟监控终端的用户管理功能一般包括用户信息的创建、修改与删除，以及用户授权、用户登录鉴权、用户操作鉴权、自动注销等系统监控终端的基本功能。

（四）车站级设备功能

1．二级母钟

二级母钟设置在各车站级车辆段内。为了保证系统的可靠性，二级母钟一般设置为主/备机的配置，在正常的情况下，主机工作；当出现故障时，自动转换到备用机上工作，提高了系统的可靠性。

在正常情况下，二级母钟通过传输通道接收中心母钟发出的标准时间信号，随时与中心母钟保持同步；发送标准时间信号，用于控制本站子钟运行，并能够向中心母钟回送设置在本站的二级母钟及子钟的工作信息。二级母钟具有独立的恒温晶振，中心母钟对二级母钟是校对的关系，而不是绝对的指挥关系。当中心母钟或传输通道出现故障时，二级母钟将依靠自身晶振指挥子钟运行，并向时钟子系统网管设备告警。

二级母钟具有计时和日期、时间显示功能，根据具体系统设计，时间可以年、月、日、星期、时、分、秒等格式显示。

二级母钟具有若干通信接口，其中一个连接传输通道，用于接收来自中心一级母钟的时间信号，其余通过电缆线路连接本车站或车辆段内各子钟。二级母钟一般还具有监测数据通信接口，可接入便携式终端，实现对本站或全线设备的监控。

2．子　钟

车站或车辆段的子钟通过通信接口，一般采用电缆直接连接方式与二级母钟相连，接收二级母钟发送的标准时间信号，对自身的精度进行校准。子钟在接收到标准时间信号后，回送自身的工作状态给二级母钟。

子钟均具有独立的计时功能，平时跟踪二级母钟工作。当二级母钟出现故障或因其他原因而接收不到标准时间信号时，子钟仍能以自身的精度工作并向时钟子系统监控终端发出告警。时钟子系统采用的子钟有双面指针式子钟和单面数显式子钟两种类型。

双面指针式子钟外观为金属壳圆钟，采用两面开启式结构，安装方式为悬挂或壁挂；指针式子钟具有自动校时功能，当接收到二级母钟发来的标准时间信号时，以最短距离方式快速调整指针的位置到标准时间，指针式子钟的指示方式为时、分二针指示，照明方式为内照明。

根据实际应用要求，时钟子系统采用的单面数显子钟可以有显示时间的一般数显式子钟和显示时间、日期的数显式日历子钟。单面数显式子钟靠自身系统进行，通过定时接收二级母钟的标准信号，将时间指示刷新到与二级母钟一致，单面数显式子钟可脱离二级母钟单独运行。

3．传输通道

中心母钟至车站二级母钟的数据传输，一般利用有线通信传输系统提供的中心至各车站的数据传输通道实现，中心母钟接入数据传输通道的接口是各自独立的隔离接口。关于传输通道的具体技术细则，可参考传输系统知识。

子模块 LB7　不间断电源子系统

一、不间断电源（UPS）的概念

UPS 是 Uninterruptible Power System 的缩写，中文译为"不间断电源"。UPS 是一种含有储能装置，以逆变器为主要组成部分的恒压、恒频的不间断电源。当市电输入正常时，UPS 将市电稳压后供应给负载使用，此时的 UPS 就是一台交流市电稳压器，同时它还向机内电池充电；当市电中断（事故停电）时，UPS 立即将电池的直流电通过逆变零切换的方法向负载继续供应 220 V 交流电，使负载维持正常工作并保护负载软、硬件不受损坏。UPS 设备通常对电压过大和电压过低两种情况都提供保护。

UPS 在最近十几年才得到迅速发展，经历了从方波到正弦波、从离线式到在线式、从小功率到大功率、从常规延时（分钟级）到长延时（小时级）、从简单不停电供电到智能化操作和处理功能的发展历程。最早的旋转型 UPS 是带有一个大飞轮的电动机——发电机组，在市电正常情况下，市电供电给发动机，电动机带动飞轮和发动机给负载供电；当断电后，由于飞轮的惯性作用，会继续带动发电机的转子旋转，从而使发电机能持续给负载提供电源（电能→动能→电能），起到缓冲作用，同时启动柴（汽）油机。随着蓄电池和半导体技术的发展，其控制电路也发展很快，由开始的立分元件的简单控制发展到今天的微处理机控制；由硬件控制又发展成软件控制，如软件滤波器；甚至光纤通信也被引入 UPS 中，而且，微处理机也已被广泛应用于小容量的 UPS 中，甚至还专门为蓄电池的监控设立了微处理机，以保持电池的最佳状态。现代的 UPS 与服务器上的软件协同工作，还能实现事件记录、故障告警、UPS 参数自动测试分析、调节等多项功能，提供了完全的电源管理解决方案。现在有些 UPS 甚至可以对环境温度、湿度和烟雾等进行监视。

二、不间断电源基本知识

1. 电　路

电路就是电流流经的基本途径。要使电流在电路中流动，就必须有产生电流的电源、消耗电能的用电器（即负载）以及连接它们的导线和接通、断开电路的开关。因此，我们把由电源、用电器、导线和开关等元件组成的电流路径叫作电路。

（1）负载。

负载也称为负荷。在电路中消耗电能的装置统称负载。

根据供电的重要性、用电设备、生产性质和对可靠性的要求，我国将负荷分为 3 级。

① 一级负荷：停止供电后会危及生命安全、设备严重损坏、大量产品报废、给国民经济造成重大损失等。此类负荷用电应由两个独立电源供电，当任一电源因故障停电时，另一电源继续供电，如国家机关、炼钢厂、矿井、地铁用电负荷等。

② 二级负荷：停电时，不致危及生命，设备损坏不严重，但将造成大量减产，工人和机械设备停止工作。此类负荷是否需要备用电源，应根据用户对国民经济的重要程度而定，一般考虑架设专线供电，如采用电缆供电时，则不得少于两根，如负荷较大，当地电源允许，

也可从两处供电，如纺织厂、化工厂用电负荷等。

③ 三级负荷：停止供电不会发生上述①、②项危险和后果。可根据负荷大小，采用专线和接公用线供电。如一般企事业单位用电负荷等。

（2）通路。

处处连通的电路叫通路。在通路中，导线连接完好，电源开关、用电器开关都处于接通的状态，而且其用电器工作正常，电路中有电流流通。如家用照明电路中照明灯发光正常时，照明电路就处于接通状态。

通常负载（如电灯、电动机等）都是并联运行的。因为电源的端电压是差不多不变的，所以负载两端的电压也差不多不变，因此，当负载增加（如并联的负载数目增加）时，负载所用的总电流和总功率都增加，即电源输出的功率和电流都相应增加。就是说，电源输出的功率和电流决定于负载的大小。

各种电气设备的电压、电流及功率等都有一个额定值。例如，一盏电灯的电压是 220 V、功率是 60 W，这就是它的额定值。额定值是制造厂为了使产品能在给定的工作条件下正常运行而规定的正常容许值。当电压和电流远低于其额定值时，不仅得不到正常合理的工作状态，而且也不能充分利用设备的能力；反之，当电压和电流大于其额定值时，用电设备会发热，绝缘材料损坏，最后导致用电设备烧坏。所以，在通路回路中的负载（用电设备），其电压和电流不允许超出其所标明的额定值。

（3）断路。

某处断开的电路叫断路，也称开路。当电路形成断路时，电路中的电流无法通过，即电流强度为零，其中的用电设备因不能获得电能而无法工作。断路时外电路的电阻对电源来说等于无穷大，这时电源的端电压（称为开路电压或空载电压 U_o）等于电源电动势，电源不能输出电能。如把电灯的开关关断或电路断线时，电路的开关断开，因而没有电流流经电灯的灯丝，电灯不发光，这时的电路就处于断路状态。断路按我们的实际需要情况可分为希望发生和不希望发生两种情况。

（4）短路。

① 直流电路。

当电流由电源的正极出发，不经过任何用电设备，直接回到负极时，就叫短路。短路时，电路里的电流强度比正常时大许多倍，电源所产生的电能全被内阻所消耗，因而会破坏电路里的一切设备，如电源、用电器、导线和开关。例如，某一蓄电池发生铁条短路（蓄电池的正、负极直接暴露在外面，容易发生短路）时，蓄电池内的放电电流从正端大量涌出，通过铁条回到负极，铁条在电流的作用下会发热，将铁条烧红，甚至会融化，铁条两端就像电焊一样牢牢地粘在正、负极上，一直要等到蓄电池内的电压值下降为零才停止。此时，蓄电池已烧坏，再也不能恢复电能。

短路是我们不希望发生的，因而连接电路时要特别注意。但是，有时由于某种需要，可以将电路的某一段短路（常称为短接）或进行某种短路实验。

② 交流电路。

电力系统中相与相之间的短路或在中性线直接接地系统中一相或多相接地，均构成短路。

最常见的短路类型有：三相短路、两相短路、单相短路、不同两点接地短路以及发电机、变压器绕组的闸间短路。

在中性点直接接地和不直接接地电网中线路发生单相接地短路（如输电线断线故障）时，电流将通过接电体向大地体半球形流散，并在接地点周围地面产生一个相当大的电场，电场强度随着距离的增加而减小，电场强度与大地的电导率和土壤电阻率有关。试验资料标明：约有 68% 的电压降在距接地体 1 m 之内的范围中；24% 的电压降在 2 ~ 10 m 的范围内；8% 的电压降在 11 ~ 20 m 的范围内。

如有人进入此范围内。跨步电压（两脚之间的电位差称为跨步电压）触电时，电流仅通过身体下半部及下肢，基本上不通过人体的重要器官，故一般不会危及人体生命，但人体感觉相当明显，严重时会导致人体下肢肌肉强烈收缩，造成身体重心不稳而跌倒地面，电流流过心脏而引起人身伤亡事故。

短路是电力系统中的一种故障现象。短路时将产生大量的短路电流，在电气设备中将产生机械力和热量，对发电机、变压器和其他电气设备的安全有严重影响，严重者可引起烧坏或爆炸等事故。所以我们要防止电气设备绝缘老化、外力破坏、人员误操作、带负荷拉刀闸、带地线合刀闸以及鸟兽跨接带电部分等情况发生。

为了防止短路事故所引起的后果，通常在电路中接入熔断器或自动断路器（俗称自动空气开关），以便发生短路时能迅速将故障电路自动切除。

（5）接地。

接地方式有工作接地、保护接地、防雷接地、防静电接地、重复接地及事故接地。前 5 种是由于我们工作需要采取的保护措施；而后者是因设备绝缘破坏等原因造成的故障接地，是我们不希望发生的，因而需要采取必要措施加以防止。

① 工作接地 DE：在正常或故障情况下，为了保证电气设备可靠运行，必须把电力系统中某一点接地，称为工作接地。如电网中变压器或发电机的中性点直接接地或经电阻、电抗器接地。接地电阻应小于 4 Ω。

② 保护接地 PE：将在故障情况下可能呈现危险的对地电压的金属外壳或构架等与大地可靠连接，这种电气连接称为保护接地。接地电阻应小于 4 Ω。

③ 防雷接地：将避雷针、避雷线、避雷网、避雷带的避雷装置的接闪器引下线与接地装置组成防雷接地。接地电阻应不大于 5 ~ 10 Ω。

④ 静电接地：只需将一段电线或铁链条放在地上，其接地电阻不大于 1 000 Ω，静电的积累就不会产生。

⑤ 重复接地 RE：将零线上的一处或多处通过接地装置与大地再次连接，称为重复接地。

2. 电　源

在现代生活中，几乎都离不开电源。电子玩具、电灯、电冰箱、电饭煲、照相机、计算机等电器设备离开电源就失去意义。那么，什么叫电源呢？能将其他形式的能量转换成电能的设备叫电源。如发电机是将机械能转换成电能，蓄电池、干电池是将化学能转换成电能，光电池是将光能转换成电能等。电源可分为直流电源和交流电源。

（1）直流电源。

直流电源最简单，可采用单节干电池、蓄电池及微型电池作为电源。为了提高电源的效率，方便用电设备，也可采用将简单的直流电源进行串联或并联的形式来提高直流电源的质量。

① 电源的串联。

把第一个电池的正极接到第二个电池的负极上，第二个电池的正极接到第三个电池的负极上，第三个电池的正极和第一个电池的负极为接负载的两个端头，这种连接方法叫作电源的串联，如图 LB7-1 所示。

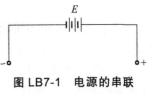

串联电池的总电势（即电压）等于各个电池的电势之和，即

$$E = E_1 + E_2 + E_3$$

图 LB7-1　电源的串联

② 电源的并联。

把电池的正极与正极连接起来，并引出一段接线端头为正极，再把电池的负极和负极连接起来，引出一段接线端头为负极，这两个端头接负载，这种连接方法叫作电源的并联，如图 LB7-2 所示。并联总电流等于各个电池所供给的电流之和，并联电压相等。

电动势或电势：在电源力的作用下，将导体内部的正负电荷推移到导体的两端，使其两端具有电位差，这个电位差叫电动势，用字母 E 表示，单位是伏特（V）。

电压：当某一电源与负载接通后，电路中有电流产生，电源两端会产生电场力，电场两点间的电位差叫电压，用字母 U 表示，单位也是伏特（V）。

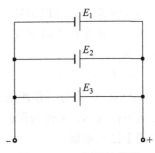

图 LB7-2　电源的并联

电动势和电压都是标量，但在分析电路时和电流一样，我们也说它们具有方向。规定电压方向为由高电位端指向低电位端，即为电位降低的方向。电源电动势的方向规定为在电源内部由低电位端指向高电位端，即为电位升高的方向。

③ 稳定直流电源。

随着社会的不断发展，家用电器不断更新、计算机的普及等，简单的直流电源已不能满足社会的需求。故各类直流电源也不断地扩充、完善，以配合社会的发展。例如，各类稳压电源、开关电源、UPS 电源、计算机电源以及各种设备的应急保护电源相继问世，并不断地发展。

稳压电源是保证输出电压值稳定不变的电源装置。稳压电源的种类多种多样：按其主要特性（即稳定的结果）可笼统地分为直流稳压器和交流稳压器；按稳定实现的方式可分为参数稳压器和反馈调整型稳压器；按稳压电路的连接方式可分为并联型稳压器和串联型稳压器；按电路中主要元件的工作状态又可分为线性稳压器和开关稳压器。

（2）交流电源。

交流电源是指电路中的电流、电压及电势的大小、方向都随着时间做周期性变化。这种随时间按正弦规律变化的电流称为正弦交流电。

交流电源由发电厂利用火力、水力、风力、原子核反应堆、太阳能及柴油发电机等自然能源将水变为蒸汽，推动汽轮发电机工作，由机械能转换为电能，形成交流电源。

目前，我国交流输出电压最高为 50 万伏，由南桥发电厂供出。世界上有的交流输电电压已达 75 万伏。高压电源由发电厂利用输电线（大多为架空线）送往各地的供电所或大型企事业单位。昆明地铁一号线输入高压电源为 11 万伏，并经高压变压器将高压电源电压逐级下降。例如，11 万伏电压下降为 3.3 万伏电压，再由 3.3 万伏左右电压下降为 1 万伏电压。降压的方法都是利用高压变压器采用 Y/△ 的形式来实现的。当高压电压降为 1 万伏后，可采用低压变压器用 Y/△ 的形式变压为三相四线制或三相五线制的低压交流电源。

在低压配电系统中主要有下述 3 种系统：

① TT 系统。

TT 系统为三相四线制中性点直接接地，电源系统与电气装置的外露可导电部分分别直接接地，如图 LB7-3 所示。

图中点画线部分代表电气装置外露可导电部分或与带电体相绝缘的金属外壳（下同）。

② TN 系统。

TN 系统即电源系统中有一点直接接地，负载设备的外露导电部分通过保护导体连接到此接地点的系统。根据中性线和保护线的布置方式不同，TN 系统的形式可分为 3 种：

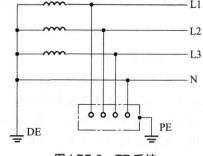

图 LB7-3　TT 系统

a. TN-C 系统。

TN-C 系统为三相四线制中性点直接接地，整个系统的中性线与保护线连接成一根，既作为中性线 N，又作为保护线 PE，如图 LB7-4 所示。该系统目前有许多高压用户在低压电网中用于接零系统。

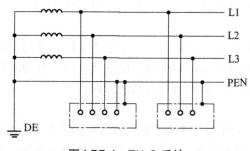

图 LB7-4　TN-C 系统

b. TN-S 系统。

TN-S 系统为三相五线制中性点直接接地，整个系统中的中性线与保护线在变压器室接同一点上，在接负载时是分开的系统，如图 LB7-5 所示。此系统安全可靠性高，目前欧美各国普遍采用，我国正在逐步推广使用。轨道交通采用该系统。

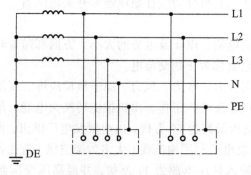

图 LB7-5　TN-S 系统

c. TN-C-S 系统。

　　TN-C-S 系统为三相四线制中性线直接接地,整个系统中前一部分中性线与保护线是公用的,后一部分则又分开,如图 LB7-6 所示。此系统目前在高压用户的低压电网中被广泛采用。

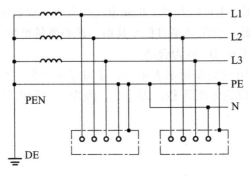

图 LB7-6　TN-C-S 系统

　　③ IT 系统。

　　IT 系统为三相三线制,中性点不直接接地,电气设备的外露导电部分接地,如图 LB7-7、图 LB7-8 所示,一般用于不准停电的场所,如井下、熔炼炉等。

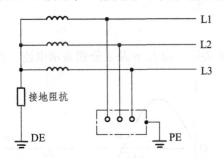

图 LB7-7　具有独立接地极的 IT 系统

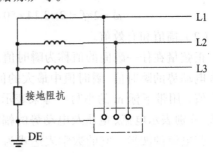

图 LB7-8　具有公共接地极的 IT 系统

　　以上各系统输出电压:线电压均为 380 V,相电压均为 220 V。为防止触电事故的发生,一般 TT 和 IT 系统采用保护接地,而 TN 系统采用保护接零。

3. 正弦交流电路

　　正弦交流电是指电路中的电流、电压及电动势大小和方向均随着时间按正弦函数规律变化。在生产和日常生活中所用的交流电,一般都是指正弦交流电。

　　正弦电压和电流有许多物理量,常统称为正弦量。正弦量的特征表现在变化的快慢、大小及初始值 3 个方面,而它们分别由频率(或周期)、幅值(或有效值)和初相位来确定,所以频率、幅值和初相位就称为确定正弦量的三要素。

　　(1)频率与周期。

　　正弦量变化一次所需的时间(s)称为周期 T,每秒内变化的次数称为频率 f,频率的单位是赫兹(Hz)。

　　频率是周期的倒数,即

$$f = \frac{1}{T}$$

　　世界上大多数国家(包括我国)都采用 50 Hz 作为电力标准频率,有些国家(如美国、日本等）采用 60 Hz。这些频率在工业上应用广泛，故习惯上也称为工频。

频率为什么要定在 50 Hz 或 60 Hz 呢？其原因是：如果频率过高，则电动机与变压器铜、铁心质量可减少，成本降低，电灯闪烁少，但输电线路和电气设备电抗压降、能量损耗增大，造成电压调整率及效率变低；如果频率过低，其铜、铁心质量增加，成本升高，且灯容易闪烁，所以频率定在 50 Hz 或 60 Hz 较为合适。

正弦量变化的快慢除用周期和频率表示外，还可以用角频率 ω 来表示（在单位时间内变化的角度叫角频率，单位为弧度每秒，即 r/s）。因为一周期内经历了 2π 弧度，所以角频率为

$$\omega = \frac{2\pi}{T} = 2\pi f$$

上式表示 T、f、ω 三者之间的关系，故只要知道其中之一则其余均可求出。

例：已知 $f = 50$ Hz，试求 T 和 ω。

解：
$$T = \frac{1}{f} = \frac{1}{50} = 0.02 \text{ (s)}$$
$$\omega = 2\pi f = 2 \times 3.14 \times 50 = 314 \text{ (r/s)}$$

（2）幅值和有效值。

正弦量在任一瞬间的值称为瞬时值，用小写字母来表示，如 i、u 及 e 分别表示电流、电压及电动势的瞬时。瞬时值中最大的值称为幅值或最大值，用带下标 m 的小写字母来表示，如 I_m、U_m 及 E_m 分别表示电流、电压及电动势的幅值。图 LB7-9 是正弦电流的波形，它的数学表达式为

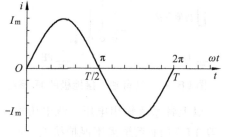

$$i = I_m \sin \omega t$$

正弦电流、电压和电动势的大小往往不是用它们的幅值，而是常用有效值来计算的。

图 LB7-9　正弦波形

有效值是指交流电流通过电阻在一周期内所发出的热量和直流电流通过同一电阻在相同的时间内发出的热量相等，那么这个周期性变化的电流 i 的有效值在数值上就等于这个直流 I。

有效值都用大写字母表示，与表示直流的字母一样。将上述电流表达式演化后，有效值与最大值的关系为

$$I = \frac{I_m}{\sqrt{2}} = 0.707 I_m$$

同理可得
$$U = \frac{U_m}{\sqrt{2}} = 0.707 U_m$$

$$E = \frac{E_m}{\sqrt{2}} = 0.707 E_m$$

一般所讲的正弦电压或电流的大小，如交流电压 380 V 或 220 V 都是指它的有效值。一

般交流安培表和伏特表的刻度也是根据有效值来确定的。

例： 已知 $u = U_m \sin \omega t$，$U_m = 311\,\text{V}$，$f = 50\,\text{Hz}$。试求有效值 U 和 $t = \dfrac{1}{10}\,\text{s}$ 时的瞬时值。

解：
$$U = \frac{U_m}{\sqrt{2}} = \frac{311}{\sqrt{2}} = 220\ (\text{V})$$

$$u = U_m \sin \omega t = 311 \times \sin 2\pi f t = 311 \times \sin \frac{100\pi}{10} = 0$$

（3）初相位。

正弦量是随时间变化的，要确定一个正弦量还需从计时起点（$t = 0$）上看：所取的计时起点不同，正弦量的初始值（$t = 0$ 时的值）就不同，到达幅值或某一特定值所需的时间也就不同。从图 LB7-9 可知，它的初始值为零。

正弦量也可用下式表示：

$$i = I_m \sin(\omega t + \phi)$$

式中，角度 ωt 和 $(\omega t + \phi)$ 称为正弦量的相位角或相位。它反映出正弦量变化的进程，当相位角随时间连续变化时，正弦量的瞬时值也随之连续变化。

$t = 0$ 时的相位角称为初相位或初相位角。由于所取计时起点不同，正弦量的初相位不同，其初始值也就不同。

发电机产生的三相电动势是对称的。所谓对称三相电动势，就是 3 个电动势的最大值（或有效值）相等，3 个频率相同，三者之间的相位互差 120°，即

$$e_A = E_m \sin \omega t$$
$$e_B = E_m \sin(\omega t - 120°)$$
$$e_C = E_m \sin(\omega t + 120°)$$

由图 LB7-10（b）可知：三相交流电中的电压（或电流）幅值相等，频率相同，但初相位不同。

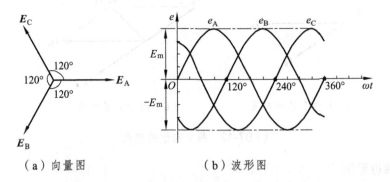

（a）向量图　　　　　　（b）波形图

图 LB7-10　对称三相电动势的向量图和波形图

（4）向量图。

向量也称矢量、相量，它既有大小又有方向，向量符号的长短表示向量的大小，向量符号与横轴的夹角能够表示向量的方向。例如，图 LB7-10（a）中所示的是对称三相电动势，各相的大小相同，方向互差 120°。

在交流电路中，由于各个正弦量之间不是同相位，它的最大值（幅值）也不是同时出现，所以不能用正弦量的最大值或有效值来直接进行加减计算。如果用三角函数式来计算正弦量的瞬时值（进行三角运算）非常烦琐，但三角函数式是计算正弦量的基本方法。如果用示波器来测量波形图，虽可将几个正弦量的相互关系在图形上清晰地表示出来，但要求两正弦量之和要在波形上逐点相加，而且也不十分准确。复数运算可以把正弦量用复数表示，使三角函数的运算变换为代数运算，并能同时求出正弦量的大小和相位。但一般都采用向量图来分析正弦量，进行向量运算。

向量进行加减运算有两种方法：

① 头尾相加法。

几个向量相加时，只要把第二个向量的始端接在第一个向量的末端，第三个向量的始端接在第二个向量的末端……这样依次连接起来，所得的向量就是所有向量的总和，如图 LB7-11 所示。

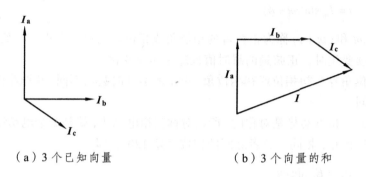

（a）3 个已知向量　　　　　　（b）3 个向量的和

图 LB7-11　两个以上向量的加法

而几个向量相减，实际上就是反向量相加，即减去一个正向量等于加上一个反向量，如图 LB7-12 所示。

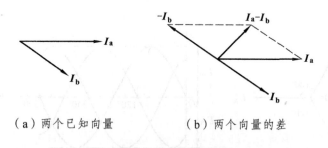

（a）两个已知向量　　　　　　（b）两个向量的差

图 LB7-12　两个向量的减法

② 平行四边形法。

平行四边形法是向量加减运算中常用的一种比较方便的方法，在几个向量相加或相减时，可以不必移动向量，而利用平行四边形的方法求出向量的和或差。

例如，在图 LB7-13 中，当 S_{AB} 与 S_{AD} 相加时，作平行四边形，对角线 S_{AE} 就等于它们之和；相减时，S_{DB} 就是它们的差。

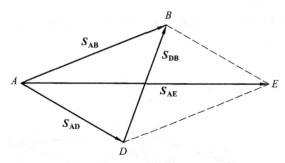

图 LB7-13 应用平行四边形求向量的和或差

（5）三相电路。

三相交流电是由三相发电机供给的，它共有 3 个绕组。绕组的始端（头）标以 A、B、C，末端（尾）标以 X、Y、Z。三相交流电出现正幅值的顺序称为相序。相序排列是 A→B→C。三相交流电的幅值相等，频率相同，彼此间的相位差也相等，称为对称电动势。显然，它们的瞬时值或向量之和为零，如图 LB7-14 所示。

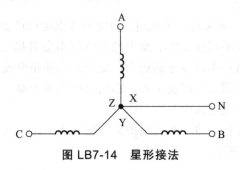

图 LB7-14 星形接法

① 星形和三角形接法。

星形接法也称 Y 形连接，将绕组 3 个末端连接在一起，这一连接点称为中性点或零点，用字母 N 表示。

星形接法的负载如何连接，应视其额定电压而定。通常电灯、日光灯、电视等家用电器都为单相负载，额定电压为 220 V，所以要接在相线与 N 线之间。电灯负载是大量使用的，不能集中接在某一相中，从总线路来说，它们应当比较均匀地分配在各相中。虽然在设计某一大楼照明或用电设备时，理论上将三相电源平均地分配在各相负载中，但实际上各单相负载很难得到平衡。

当负载不对称时，中性线上会产生电流，这时中性线将起到重要作用：它能保证各相电压对称，能正常工作。当某一相发生断线时，不会影响另外两相的电压，只影响本相电压。如果中性线断线，当负载不对称时，将会引起各相电压发生畸变，破坏各相负载正常工作。如某一相电压会大于 220 V，容易将用电设备烧坏；如某一相电压下降，小于 220 V，用电设备不能正常工作。所以在总中性线上不允许装接熔断器，中性线的线性截面应与相线线径截面相同。

那么当负载不对称时，中性线上会流过多少电流呢？最方便的方法是用电流图解法来得到。

例：已知 A 相 = 10 A，B 相 = 20 A，C 相 = 30 A。试求中性线上的电流。

解：先画出 OA，OB，OC 向量，各相相差 120°，线长按比例画出。即 $OA = 10$，$OB =$

20，$OC = 30$，如图 LB7-15 所示。以 OA、OB 为边作出平行四边形，其对角线长度 OD 代表 A 相和 B 相的电流之和 OD。

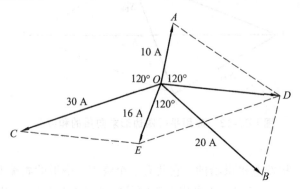

图 LB7-15　中性线电流图解法

以 OD、OC 为边作平行四边形，其对角线 OE 即代表三相电流之和，即是中性线上的电流数值，测量后可知为 16 A。

从上例看，中性线上有 16 A 的电流流过，会使中性点电位产生位移，造成三相电压不平衡。一般中性线电流控制在不超过 20%，则中性点位移不会引起三相电压不对称。另外，中性线电流过大，零序电流所产生的零序磁通会在变压器内油箱壁或钢结构中通过，引起较大的损耗，从而使低配电变压器运行温度上升，影响变压器的寿命。所以，在星形接法中的负载应尽量平衡，以减小中性线电流。

三角形连接也称△形连接。将三相绕组按头→尾→头→尾→头→尾方法依次连接，组成封闭三角形，如图 LB7-16 所示。

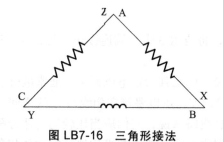

图 LB7-16　三角形接法

因为各相负载都直接接在电源的线电压上，所以负载的相电压与电源的线电压相等，都是 380 V。因此，不论负载对称与否，其相电压总是对称的，即 $U_{AB} = U_{BC} = U_{AC}$。

② 线电压与相电压。

所谓线电压是指二相之间的电压，流过的电流称为线电流。

所谓相电压是指每相绕组头→尾之间的电压，流过的电流称为相电流。

在星形连接中，线电压等于相电压的 $\sqrt{3}$ 倍，即 $U_{线} = \sqrt{3} U_{相}$；线电流等于相电流，即 $I_{线} = I_{相}$。

在三角形连接中，线电压等于相电压，即 $U_{线} = U_{相}$。线电流则等于 $\sqrt{3}$ 倍相电流，即 $I_{线} = \sqrt{3} I_{相}$。

③ 三相功率。

不论负载是星形还是三角形，只要三相电路对称，则三相功率就等于 3 倍的单相功率，因为每相的电压和电流相等，阻抗角也相等，所以每相功率必定相等。

其三相总功率：

$$P = 3U_{相} \cdot I_{相} \cos\phi = \sqrt{3}U_{线} \cdot I_{线} \cos\phi$$

$$Q = 3U_{相} \cdot I_{相} \sin\phi = \sqrt{3}U_{线} \cdot I_{线} \sin\phi$$

$$S = 3U_{相} \cdot I_{相} = \sqrt{3}U_{线} \cdot I_{线}$$

式中　P——有功功率，由电能转换成其他能量而做功的功率，其单位为伏安；

　　　Q——无功功率，因为负载是电动机、变压器等设备，都是电感性电器，之所以能够转动或变压，主要靠磁场的作用，磁场也要消耗一定的能量，这种能量也会回到供电所，其单位为伏安或千伏安；

　　　S——视在功率，也称表现功率，是电路中的电压和电流的有效值的乘积，其单位是伏安或千伏安；

　　　$\cos\phi$——电压和电流间相角差的余弦，称为功率因数；一般供电局要求功率因数越高越好，但不会超过 1，如用户功率因数低，可用并接电容的办法来提高功率因数；

　　　$\sin\phi$——电流和电压间相角差的正弦。

视在功率也可用下式表示：

$$S^2 = P^2 + Q^2 \quad 或 \quad S = \sqrt{P^2 + Q^2}$$

如果三相负载不对称，则应分别计算各相功率，再相加就是三相功率。

4. 控制电器

控制电器是根据外界特定的信号和要求，自动或手动接通和断开电路，是能实现对电路进行切换、控制、保护、检测、变换和调节的电气设备。

电器的种类繁多，构造各异。按其工作电压可分为高压电器和低压电器；按其用途可分为配电电器和控制电器；按其动作方式可分为自动切换电器和非自动切换电器。

对电动机或其他电气设备的接通和断开，当前国内普遍采用继电器、接触器及按钮等控制电器来实现自动控制。这种控制系统一般称为继电器控制系统。任何复杂的控制线路都是由一些基本单元组成的。要懂得一个控制线路的原理，必须了解其中各个电器元件的结构、动作原理以及它们的控制作用。

轨道交通电源所采用的电器也可分为自动和手动两类。手动电器是由工作人员手动操作的，如组合开关、纽子开关、按钮等；而自动电器则是按照指令、信号或某个物理量的变化自动动作的，如继电器、接触器等。

（1）自动断路器。

自动断路器也叫自动空气开关或自动开关。其作用是：当电路发生严重过载、短路以及失压等故障时，能够自动切断故障电路，有效地保护串接在它后面的电气设备。

自动空气开关可以操作，动作值可以调整，并具备短路和过载保护两种功能，分断能力较强，动作后一般不需要更换零部件。因此，自动空气开关是低压配电网络中非常重要的一种保护电路，并获得广泛应用。

自动空气开关分为框架式自动开关和塑料外壳式自动开关两种。

DZ10 系列和 C45N 系列自动开关都是手动操作，设有过电流脱扣器、无失压脱扣器。过电流脱扣器有电磁式和热脱扣式两种：电磁脱扣器带有调节螺钉，以便调节瞬时脱扣整定电流；热脱扣器装有电流调节盘，调节整定电流值，它是利用双金属片受热会弯曲并带动杠杆使自动开关自动切断电路。

DZ10 系列自动开关型号为 DZ10-100/330，整定电流是 80 A，可作为某电源设备的主配电开关。C45N 系列分为单挡、双挡和三挡，用 1P、2P、3P 表示。例如，C45N-2/1P 是单挡自动开关，电流值为 5～60 A，可作为某电源设备输出各路电源的过载保护开关。

（2）接触器。

接触器是利用电磁吸力的作用使触电闭合或断开电路的开关电器。它不同于刀开关类手动切换电器，因为它具有手动切换电器所不能实现的远距离操作功能，并具备欠压或失压功能；虽然它有一定的过载能力，但不能切断短路电流，也不具备过载保护功能。

接触器主要由电磁系统、触电系统和灭弧系统组成。电磁系统是感测部分，它接收操作信号，并通过本身的动作，将操作信号转换为执行信号，它由线圈、动铁心（衔铁）和静铁心组成，铁心由硅钢片叠压而成。铁心头部有一个短路铜环，当通过线圈的交流电过零时，电磁力消失，此时短路铜环中会产生感应电流并产生电磁力，能保持铁心吸合，避免铁心的振动。触点系统是执行部分，它接收执行信号后，通过本身的动作来接通或分断主电路。触点系统包括 3 对主触头和数对辅助触头。由于在接触器工作过程中，在额定电压下，3 对主触头接通和分断额定电流或更大的电流，所以经常会有电弧产生，灭弧装置能迅速熄灭电弧，故与触头共称灭弧系统。

接触器操作频率，一般为 300～1 200 次/小时，线圈可长期连续通电，一般持续通电时间大于 8 h 后，接触器已达到稳定的温度。

接触器分为交流和直流两种。交流为 CJ 系列，直流为 CZ 系列。

（3）继电器。

继电器是一种根据电气量或非电气量（如电流、电压、转速、时间、温度等）的变化，开闭控制电路，实现自动控制和保护电力拖动装置的电器。一般继电器由承受机构、中级机构和执行机构 3 部分组成。承受机构反映继电器的输入量，并传递给中间机构，将它与预定的量（即整定值）进行比较，当达到整定值时（过量或欠量），中间机构就会控制执行机构产生输出量，从而闭合或断开电路。

继电器种类较多，按输入信号的性质可分为电压继电器、电流继电器、功率继电器、速度继电器、时间继电器、压力继电器等；按工作原理可分为电磁式继电器、感应式继电器、电动式继电器、电子式继电器和热继电器；按用途分可分为控制用继电器与保护用继电器等。

轨道交通电源所采用的是电磁式中间继电器，型号为 JZ7-44。其结构与接触器基本相同，无灭弧系统，但它具有触头多、触头电流大（额定电流 10 A）、动作灵敏（动作时间小于 0.05 s）等优点。它共有 4 副常开触头和 4 副常闭触头，用它来增加控制回路或放大信号。

（4）熔断器。

熔断器主要由熔体（或称熔芯）和安装熔体的绝缘管或绝缘座所组成。熔体的材料有 2 种：一种是低熔点材料，如铅锡、合金、锌等；另一种是高熔点材料，如银、铜等。熔体通常制作成丝状或片状。绝缘管具有灭弧作用，当通过熔体的电流高于额定值时，因它本身产生的热量而熔化，自行切断故障电流，起到保护作用。

熔断器具有分断能力高、结构简单、安装面积小、使用维护方便及可靠性高等优点，在线路中将它串联在用电设备里。它主要起短路保护作用，并得到广泛的应用。

熔断器按结构可分为开启式、半封闭式和封闭式。封闭式又可分为有填料管式、无填料管式和有填料螺旋式等。如按用途分，则有一般工业用熔断器、保护硅元件用快速熔断器、具有二段保护的快慢动作熔断器以及自复式熔断器。

无填料熔断器常用的有 RC1A 系列插入式（瓷插式）和 RM10 系列封闭管式两种。RC1A 系列一般用于在交流 50 Hz、额定电压至 380 V、额定电流 200 A 以下的低压线路末端或分支电路中，作为电气设备的短路保护及一定程度上的过载保护。其熔丝一般采用软铅丝，而软铅丝熔点低，熔化时间长，只适宜于额定电流在 15 A 以下的用电设备；当额定电流大于 15 A 时，一般采用铜丝。RM10 系列熔体由冲成宽窄不均匀截面的锌片组成，当短路电流通过它时，其两个狭处首先熔断，形成很大间隙以熄灭电弧。它应用于低压电力网络和成套配电设备中。

有填料熔断器常用的有 RL1 螺旋式系列、RT14 系列和 RT0 系列等。所谓有填料熔断器就是在熔管内，除了装有熔体外，还在熔丝周围填满石英砂，作为熄灭电弧之用。RT14 系列和 RT0 系列熔断器都是封闭管式。

（5）万能转换开关与组合开关。

万能转换开关是一种能同时切换多种电路的主令开关，是配电设备远距离控制开关、各种仪表切换开关、正反转开关、变速开关等电气设备中常见的一种电器。

万能转换开关的动作原理是：借助凸轮转动来操作触点，使之按规定的顺序闭合或断开，并具有定位机构及限位装置。

万能转换开关在轨道交通电源中主要用于测量电压换相，检查三相线电压是否平衡及输入电压是否存在。其型号为 LW5·YH3/3。

组合开关实质上也是一种刀开关。刀开关操作手柄是向上或向下转动，而组合开关操作是向左或向右转动，一般用在电气设备中，用于非频繁地接通和分断电路，换接电源和负载等。

轨道交通电源中组合开关为 HZ1010-10/2 型。这种开关的动、静触头分别装设在数层胶木触头座内，触头座可以一个接一个地堆叠起来，主要应用于手动和自动中的控制回路。

（6）电流互感器。

电流互感器简称变流器或 CT。它是利用电磁感应原理（变压器原理）将交流一次侧电流转换成可供仪表、继电器等使用的二次侧标准电流（一般为 5 A）的变流设备。它主要是用来扩大测量交流电流的量程。

电流互感器的一次线圈匝数很少，导线相当粗，而其二次线圈的匝数很多，导线较细。工作时，一次线圈串联在供电系统的一次回路中，而二次线圈与仪表的电流线圈串联起来形成一个闭合回路，其中 K_2 接地。由于仪表的电流线圈阻抗很小，几乎等于零，所以二次侧接近于短路状态。在正常工作状态下，二次侧的电压很低，如果电流互感器二次回路断路，则CT铁心会严重饱和，磁通密度可高达15 000 Gs以上，将导致铁心发热而烧毁。同时，由于二次线圈多于一次线圈，所以会感应出比原来大很多倍的高电压。此高电压会对电气设备及工作人员的安全造成危险。电流互感器次级严禁开路。二次回路中导线必须是 1.5 mm² 的软线，不允许在二次回路中装接熔断器。但如果需要带电更换电流表，则应先将该 CT 二次回路短接，仪表更换后，再将短接线拆除。

CT 次级与初级线圈匝数之比，也称额定电流比，通常在电流互感器的铭牌上标明。轨道电源中 CT 的电流比有 LMZ-0.5-100/5、LMZ-0.5-75/5、LMZ-0.5-50/5 3 种。

三、不间断电源子系统技术方案

（一）技术方案及系统构成

电源系统为不间断供电系统。按一级负荷供电，两路独立的三相交流电源经交流切换箱（动照专业提供）后接入 UPS，经 UPS 输出的交流电源经交流配电柜分路后分配给各交流供电设备和高频直流开关电源。开关电源输出的 – 48 V 电源分路后分配给需要直流供电的通信设备。UPS 设备负责输出纯净的交流电源，UPS 配备 1 套蓄电池组，在交流电源停电时，备用蓄电池组为各子系统提供所需的备用电源。

各车站、车辆段、停车场的电源设备的运行状态及故障告警信息将通过传输系统送到临时控制中心统一监测。

电源设备主要包括：UPS（含免维护电池一组）、高频开关电源、交流配电柜、控制中心网管室交流配电箱等。

1. 控制中心、临时控制中心技术方案及系统构成（见图 LB7-17）

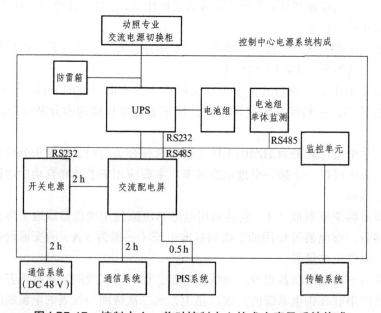

图 LB7-17   控制中心、临时控制中心技术方案及系统构成

2. 各车站技术方案及系统构成（见图 LB7-18）

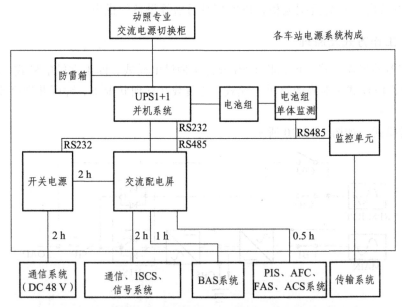

图 LB7-18　各车站技术方案及系统构成

3. 车辆段、停车场技术方案及系统构成（见图 LB7-19）

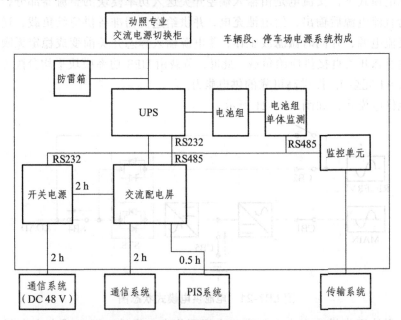

图 LB7-19　车辆段、停车场技术方案及系统构成

（二）设备组成

本工程在车站的通信电源室内各设置 2 套 UPS 电源设备（每套 UPS 配 1 套免维护电池）、高频开关电源和交流配电柜，以实现对车控室弱电设备的供电；在车辆段、停车场的通

信设备室以及临时控制中心/控制中心的通信电源室内各设置 2 套 UPS 电源设备（含免维护电池）、高频开关电源和交流配电柜，以实现对通信等设备的供电。

1. UPS 工作方式及原理

根据逆变器的工作方式，可以将 UPS 分为 4 种供电模式，即正常供电模式、电池供电模式、旁路电源供电模式、维修旁路供电模式，使负载在任何状况下，皆可获得高质量的电源，其工作原理如下：

（1）正常模式，如图 LB7-20 所示。

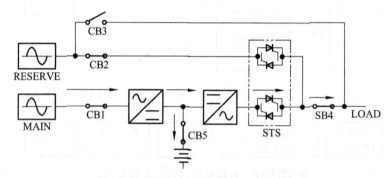

图 LB7-20　正常供电模式状态图

在正常供电模式下，交流电是由输入端经开关送入功率模块的整流器部分，整流器将交流电源整流为直流电源后输出，给电池充电，并供给逆变器准备供应给负载，逆变器将直流电源转化为交流电源，并同时做滤波工作，使电源输入静态开关前变成稳定无噪声的交流电源，继而通过静态开关直接供应给负载。此时，负载由 UPS 功率模块平均分配（功率模块具有 N + X 或 N + 1 冗余），提供高可靠的供电能力。

（2）电池供电模式，如图 LB7-21 所示。

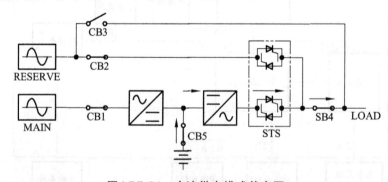

图 LB7-21　电池供电模式状态图

交流市电无法正常供应电力，如发生电压不稳定、突波、跳电或电力中断、电力异常现象时，UPS 会自动由正常供电模式转换到电池供电模式。此时直流电力由电池提供，经功率模块部分逆变器转化为交流电源，再经静态开关供给负载，在转换期间其输出电压无变化。此时，负载由 UPS 功率模块平均分配（功率模块具有 N + X 或 N + 1 冗余），提供高可靠的供电能力。

（3）旁路电源供电模式，如图 LB7-22 所示。

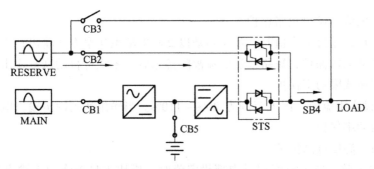

图 LB7-22　旁路电源供电模式状态图

当功率模块故障、遇到异常情况，如温度过高、超载时间过长、输出短路、输出电压异常、电池放电终止时，此故障模块会自动保护锁机退出模块并联系统，如果负载容量小于正常工作的模块的总容量，则负载由剩余的并联模块提供电源；如果负载容量大于正常工作的模块的总容量，则 UPS 会自动转换到备用供电模式，使负载供电不会中断。当功率模块更换或异常排除后，UPS 会自动从旁路电源供电模式转换回正常供电模式。

（4）维护旁路模式，如图 LB7-23 所示。

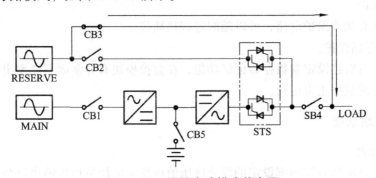

图 LB7-23　维护旁路模式状态图

在 UPS 需保养或维修时，此时在确定旁路电源供电正常的情况下，可用人工方式将其供电模式转换到维护旁路供电模式，在此供电状态下，可将 UPS 内部电源完全切除，此时，UPS 主机内并无电源，以保障维护人员安全，且对负载供电正常。

2. 整流模块功能

（1）输入过电压保护。

当交流输入电压超过内部设定值时，模块自动停机保护；当交流输入电压恢复正常之后，模块自动恢复正常。

（2）输入欠电压保护。

当交流输入电压低于额定工作范围时，模块会限流以降低其输出电流量；当交流输入电压继续跌到低于内部设定保护值时，模块自动停机保护；当交流输入电压恢复正常之后，模块自动恢复正常。

（3）输出过电压保护。

当整流模块直流输出电压超过内部设定值时，模块自动停机且锁住，需重新开机才能恢复。

（4）输出过电流及输出短路保护。

当模块输出负载超过额定值时，模块自动以 2 880 W 恒功率方式输出；当系统处于输出短路时，系统自动关机保护；短路或过电流故障排除后，系统可自动恢复输出。

（5）输出限流或限功率保护。

通过 CSU 设定限流值。限流范围为 20% ~ 110%。当输出达到额定输出电流时，系统各整流模块进入限功率保护。

（6）模块内部温度过高保护。

当模块内部（散热器）温度超过内部设定值时，模块先呈现降功率输出特性；当模块内温度继续升温时，模块自动停机保护；当模块内部温度下降到正常温度时，模块可恢复输出。

（7）防雷击保护。

模块能承受 8/20 μs、3 kA 电流脉冲冲击，或 1.2/50 μs、6 kV 电压脉冲冲击。

（8）静电破坏保护（ESD）。

模块能承受 8 kV 静电冲击。

（9）插拔保护。

整流模块具有插拔保护电路，可以随时进行热插拔。

（10）数据存储保护。

整流模块具有对已设定参数存储记忆功能，在监控模块有异常而不能发出指令时，整流模块可以按记忆的数据正常运行。

3. 监控模块功能

（1）运行功能。

运行功能：系统具有按内部设定的浮充电压值或均充电压值恒压输出负载电流的功能。当负载超过额定输出电流时，系统呈现恒功率输出特性，每个整流模块可维持 2 880 W 的输出功率。

（2）监控功能。

监控功能：通过系统监控单元的 RS232 接口与 PC 计算机直接连接（15 m 内），可实现对电源系统的监控。

4. 蓄电池技术性能

SEC 12 V 胶体系列电池技术性能如下：

（1）密封阀控结构。

CELLYTE 12FTA&G 前端子电池有吸附式（AGM）和胶体（GEL）两大结构。吸附式（AGM）内部采用一种特制的玻璃纤维隔板将电解液吸附；胶体（GEL）则采用胶状电解液技术，因此电池内部并无流动电解液，可供安全、可靠的密封阀调压式免维护铅酸蓄电池使用。

（2）蓄电池的循环寿命。

CELLYTE 12FTA&G 系列电池设计于深度放电，其寿命取决于温度、循环深度和循环频率。使用 SEC CATVENT 催化栓，即使在高达 30 ℃ 的温度下，也可增加其使用寿命。

（3）气体还原系统。

蓄电池在正常的充放电过程中会产生气体，在正常工作状态下和正常的操作使用中，99% 的气体可在蓄电池内部重新结合。

（4）蓄电池单向安全阀。

当电池内部的压力大于 13.8 ~ 20.7 kPa 时，B&S 德式单向安全阀会自动打开，释放多余的气体来减小电池内部的压力；平衡后，安全阀自动关闭。这种单向安全阀还可防止氧气进入电池内部而损坏电池，降低电池寿命。

（5）SEC CATVENT 催化栓（可选部件）。

SEC 阀控铅酸蓄电池配合使用 Philadelphia Scientific Monobloc Precious Metal 催化栓，可防止负极板极化反应，从而降低 50% 浮充电流，减少 80% 气体生成，并避免因电池干涸而导致电池损坏。干涸通常是蓄电池损坏的主要原因。

（6）正常操作温度范围。

CELLYTE 12FTA&G 前端胶体电池均可以在温度 – 25 ~ + 55 ℃ 下使用，但为了更好地保证电池的最佳寿命，建议温度范围在 20 ~ 30 ℃。

（7）极板设计和涂料。

SEC 采用的极板和涂料可使蓄电池达到最长的使用寿命。高锡（1.6%）-钙合金极板用来延长电池的寿命和增加循环容量。极板涂料可使电池深放电后恢复到最佳状态，易于回充。当蓄电池不使用时，自放电小，可保证容量储存的时间更长。

（8）电池维护。

采用免维护电池设计，在使用过程中无需加酸、加液。

（9）催化栓能够减少浮充电流。

安装催化栓后最直接、最引人注目的作用是阀控铅酸蓄电池的浮充电流，使其突然下降，标准浮充电流是原来的一半或更少。安装催化剂后，防止氧气同负极的接触，使负极保持极化。也就是说，这时只需要从充电系统获得较少的电流来维持工作。

（10）水分流失少。

气体更适合于在电池内部重新结合而生成水。过多的气体溢出将导致电池极板过早干涸并导致电池损坏。在阀控铅酸蓄电池领域中，引起用户不满的突出问题就是电池的干涸。

（11）延长使用寿命。

阀控式铅酸蓄电池存在许多潜在的故障模式。通过催化栓技术可以让一些故障得以减轻。例如，极板的干涸、正极板的腐蚀、热失控等，由于负极板的去极而造成容量减少。

（12）正极板腐蚀减少。

浮充电流的减少将导致通过正极板的过充电流的减少，而正极板上的过充电流直接影响极板的腐蚀度。除未预见到的故障外，铅酸蓄电池的设计寿命是基于极板的腐蚀情况。

（13）保持电池容量。

工作中许多阀控式铅酸蓄电池容量测试失败是因为它们的负极板去极而造成容量减少。实际上，安装催化栓后能够发现电池有显著的容量增加。

5. 交流配电屏技术性能

（1）交流配电屏的功能。

交流配电屏为电源系统提供 UPS 输出配电，并可实现在停电期间对负载回路进行分时供电（2 h、1 h、0.5 h）。

（2）输出回路分时供电。

分时控制输出回路切断时间，实现对分配回路的分时供电。在 UPS 启用蓄电池组供电的情况下，交流配电屏根据各系统后备时间的要求，提供针对不同分路的分时断电（2 h、1 h、0.5 h）。

（3）防雷及浪涌保护。

智能交流配电屏输出侧安装中的 MP1-20/3 + NPE 雷电浪涌保护器，具备 C 级防雷保护装置，防雷要求符合 YD/T 944—1998 的要求。

（4）输出配电。

将 UPS 输出的电源（交流三相五线）转换为单相输出，并进行二次分配，输出至相关系统设备，可实现三相相位分配和平衡，输出电源分配至各有关设备。总配电屏负载分路暂按 50 路配置，具体负载分路的数量及容量在设计联络阶段确定。

（5）告警与保护。

输入和输出具有过载、短路保护，输入电源电路设过压、欠压、过流和缺相保护装置及运行状态显示，在交流电源停电、供电恢复、缺相、过电流、频率超限、分路故障时，有声光告警信号；告警信号发生后，可手动切断告警信号。故障消除后可以自动恢复，并能储存历史故障记录以便维护人员查阅。同时，可对电源故障作告警状态输出。

（6）显示与操作。

产品选用多功能显示表，全汉字菜单，能直观地反映出本屏的全部及一些外围设备的运行状况和参数，并能将本屏的运行状况、电压、电流、功率等参数送远端计算机监视系统，可根据实际情况对开关进行自动或手动分合操作，可实现对应急低压供配电系统的监测、控制与管理。智能交流配电屏具有良好的安全性、告警功能和数据通信功能，可实现无人值守的电气自动化工作。

① 显示交流输入输出频率、电压、电流；

② 显示系统的电压电流信息、系统的空开、避雷器等的状态；

③ 显示系统告警内容（需要记录），上传告警内容的记录。

6. 交流配电屏的系统结构

交流配电屏系统包括临时控制中心，控制中心，车辆段、停车场智能分时输出交流配电柜等，如图 LB7-24、图 LB7-25 所示。

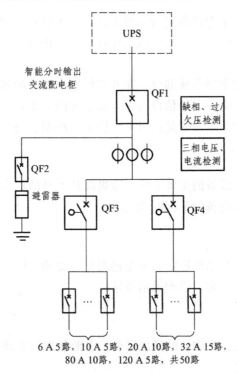

6 A 5 路，10 A 5 路，20 A 10 路，32 A 15 路，
80 A 10 路，120 A 5 路，共 50 路

图 LB7-24　车辆段智能分时输出交流配电柜

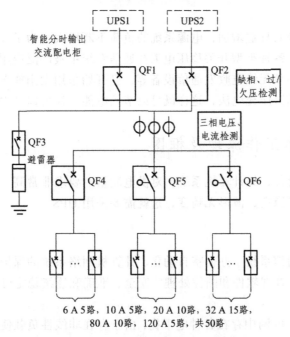

6 A 5 路，10 A 5 路，20 A 10 路，32 A 15 路，
80 A 10 路，120 A 5 路，共 50 路

图 LB7-25 车站智能分时输出交流配电柜

四、通信电源系统在昆明地铁中的运用

地铁通信电源设备是通信设备的重要组成部分，是为保证地铁通信迅速、准确、可靠地

传递和交换各种信息。通信电源设备定为一级负载。一级负载要求有两路独立的电源供电，如果某一路供电系统出现故障，另一路供电系统自动投入供电，从而保证地铁通信设备的正常工作和畅通。

电源是整个通信设备的重要组成部分，随着现代电子技术的迅速发展，各种通信手段和相应的设备在不断地改进和更新，通信设备对电源系统的要求越来越高。

通信设备对电源系统的基本要求是：可靠、稳定、小型、高效率。

1. 可　靠

为确保通信畅通和电子设备的正常工作，除提高其本身的可靠性外，还必须提高电源系统的可靠性，实现对各通信设备的不间断供电。

2. 稳　定

各种通信设备都要求电源电压稳定，不能超出允许变动范围。直流脉动杂音要低于允许值，不然会使通信设备工作失常，影响通信质量。

3. 小　型

为适应通信设备小型化、集成化的发展要求，电源装置也必须实现小型化，以满足移动通信和电子技术发展的需要。

4. 高效率

随着通信设备容量的日益增加，电源系统的负荷不断增大，为了节约电能，必须提高电源装置的效率。为此，各种类型开关稳压电源在通信系统中被广泛应用。有些通信设备，如微波中继通信设备、小型无线电收发通信设备等，已开始采用太阳能电池。近年来，通信系统对蓄电池开始采用低恒压充电法，这样既可以节约电能，还可以减少维护工作量。

五、UPS 基本工作原理及框图

许多重要的用电设备，如计算机系统，对供电质量的要求非常高，要求不间断供电，而且要求电压稳定，频率稳定，波形无畸变，这就需要采用 UPS。

1. UPS 的应用

UPS 主要应用在通信系统、办公室自动化、计算机网络系统的保护及地铁通信等高科技系统中，为确保数据库管理软件和图像处理的安全、准确和连续稳定可靠，UPS 都采用不间断电源。

使用 UPS 的原因：电网中存在各种电干扰，由于存在非线性负载使电压与电流不同步以及各种电器设备对电源的"污染"，故会在电网中产生干扰。其电干扰有以下几种：

① 噪声；

② 电压变化（浪涌）；

③ 频率变化；

④ 间断≤300 ms（正弦波不连续）；

⑤ 停电 > 300 ms（长期停电）；

⑥ 谐波。

要改变以上电干扰，可采用隔离变压器，但在大型设备中采用隔离变压器不可取，而 UPS 却能消除以上干扰，隔离电网对负载的影响。

2. UPS 的主要作用

① 实现两路电源的无间断切换。

② 电气隔离，如图 LB7-26 所示。

图 LB7-26　电气隔离

当负载产生干扰或电网产生干扰时，由于直流存在，所以都不会产生影响。

③ 电压变换，即

$$\xrightarrow{380\text{ V}}\boxed{\text{UPS}}\to\begin{cases}415\text{ V}\\400\text{ V}\\380\text{ V}\\220\text{ V}\end{cases}$$

而且可得到稳定输出电压，因为电网电压是可变的。

④ 频率变换。当输入为 50 Hz 频率时，经 UPS 输出后，可产生 60 Hz、40 Hz 两种频率，50 Hz 输出为稳频。

⑤ 提供一定的后备时间。

其中，①和③是保证供电连续性；②、④、⑤是保证供电质量。

3. UPS 的操作方式

UPS 按其操作方式可分为后备式和在线式两种形式。

（1）后备式：当电源输入后，仅供电池充电，逆变器不工作，由市电通过另一路旁路开关直接向负载提供电源；当输入电源中断时，蓄电池才会对逆变器供电，并由逆变器对负载提供交流电源，切换间断时间小于 5 ms，即 UPS 电源的逆变器总是处于对负载提供后备供电状态。

（2）在线式：当电源输入后，经过整流后一路向蓄电池充电；当电池充足后，进行浮充电。整流后另一路向逆变器供电，并由逆变器输出交流电源向负载供电。当输入电源中断后，蓄电池工作，逆变器仍有交流电源输出，因是同一路输入，故是无间断的。只有当蓄电池放电至一定程度时，逆变器才会自动转换至旁路状态。当市电恢复供电后，UPS 又重新切换到由逆变器对负载的供电状态。

对于在线式 UPS 电源而言，在正常情况下，是由逆变器向负载提供电源，所以由市电供电电网带来的电干扰，对负载不会产生影响，提高了供电的质量。而后备式 UPS 电源，由于运行效率高、噪声低、价格相对便宜，同样也能实现不间断供电。

4．UPS 的基本工作状态

（1）正常运行状态。

（2）市电超限，由电池维持供电。

（3）市电恢复，整流器自动启动，给逆变器提供直流电，启动逆变器，另外向电池充电。

（4）过载或逆变器停机。

UPS 有一定的过载能力，但不能长期过载，一旦过载，UPS 在坚持一段时间后自动跳到旁路，由自动旁路供电；另一方面，整流器仍向电池充电。

（5）维修状态。

当 UPS 内部出现某些故障时，不中断负载供电，可将 UPS 处于维修旁路，也可处于手动旁路。

子模块 LB8　乘客信息导向子系统

城市轨道交通正在由以车辆为中心的运营模式发展为以乘客服务为中心的运营模式，乘客导向信息系统（PIS）的建设得到足够重视。2003 年，韩国大邱市轨道交通发生的火灾惨剧震惊世界，从反面证明了与乘客息息相关的乘客导向信息系统的重要性。

乘客导向信息系统在正常情况下，可提供列车时间信息、政府公告、出行参考、广告等实时多媒体信息；在火灾及阻塞、恐怖袭击等非常情况下，提供动态紧急疏散指示。PIS 为乘客提供了上述各类信息，使乘客安全、高效地乘坐城市轨道交通，也使城市轨道交通能够高效、安全地运营。

一、系统概述

现代城市轨道交通已不仅仅是一项交通工具，而已成为为人们提供出行、广告、通信、购物、娱乐等多种服务的新型城市活动空间。现代城市轨道交通系统的运营管理越来越注重对乘客的服务，越来越多地以对人的服务为中心。当前，地铁内的广告媒体与通信系统基本上形成各成体系、独立运作的格局。广告媒体主要是由站厅、站台的灯箱广告和列车内广告牌、站厅地铁有线电视等组成。由于灯箱广告是不可移动的静态画面，故乘客只在经过登挂点时才能看到；有线电视是由控制中心播出信号，通过光纤传输，在沿线各地铁站同步显示声像，也同样不可移动，它们登挂的信息均不能因人们的移动而同步移动，不能满足人们在流动过程中连续获取信息的需要，同时也存在广告媒体需要最大限度聚集人群和地铁站内不能滞留人群之间的矛盾。

随着技术的进步，各种服务功能将实现相互渗透、优势互补，共同为社会提供多样化的服务。

乘客信息导向系统是运用现代科技的网络技术与多媒体技术进行信息的多样化显示，通过控制中心、广告制作中心、车站控制等系统，实现对所需信息的实时编辑、制作、传递，同时在车站通过等离子或液晶显示器进行信息显示。向乘客发布更直观、更形象的各种有用信息，可以提供列车到发时间、政府公告、出行参考、股票等多种资讯信息，提高了城市地铁为乘客服务的水平和运营的服务质量。

将乘客信息服务系统技术引入地铁，就是将数字多媒体技术与各种广告信息有机地结合起来，在地铁空间内建立动态电视信息系统，使地铁运营进一步扩大运营服务的功能，提高服务质量，创造更大的经济效益和社会效益，从而使地铁公司达到经济利益、客运安全、客运服务等多方面的盈利。

综上所述，乘客导向信息系统采用成熟可靠的网络技术和多媒体传输、显示技术，在指定的时间将指定的信息显示给指定的人群。

二、系统组成

（一）系统组成及功能

1. 系统组成

乘客导向信息系统从结构上可分为 5 个子系统：线网播控中心子系统、线路控制中心子系统、车站子系统、网络子系统和车载子系统。

2. 系统功能

（1）信息管理。

PIS 系统信息包括来自外部系统的信息和系统生成的信息。信息包括视频类信息、图片类信息、文本类信息。

线网播控中心（PCC）负责对采集的信息进行审查并按不同类型进行编辑，形成不同的信息板块、播出列表和播出内容。

对待播出节目的审查、核对，根据播出列表将节目发送至各线路播控中心子系统。

根据信息的类型及用途进行实时或批量处理，及时保存所采集的信息，以满足系统监控、运营管理及决策分析的需求。

在数据信息传输时应对其进行加密及解密，采集、传输过程中应防止数据丢失，确保信息的完整性。

（2）参数管理。

系统管理参数主要包括：预定义信息、信息优先级设定、多区域屏幕分割、播出节目单、播放及显示信息预览、系统运营开始及结束时间、直播延时时间等。

系统运行及管理参数由控制中心设定并下发至车站和终端显示设备执行，控制中心进行各子系统参数的备份，以便在各系统发生故障或瘫痪时及时通过中心进行恢复。

（3）视频节目制作和管理。

系统通过配置的非线性编辑器可以简单对广告视频进行编制。系统具备视频节目管理功能，能将视频节目播出的信息根据内容、时间（年、月、日、时段）、媒体类型等不同的组合自动进行分类统计并报表输出。

控制中心应能够根据计划和实际播出情况进行差异分析。

（4）统计和报表。

控制中心具备将系统采集的信息进行归类统计并输出报表日志的功能，主要包括账户/权限管理类报表、信息播放类报表、设备管理类报表、维修维护管理类报表、广告播放类报表、系统操作类报表、系统登录报表等。

（5）接口功能。

线网控制中心可实现与外部信息源接口以及轨道交通内部相关专业的接口，接口内容主要包括接口位置、接口形式、通信协议以及接口测试。具体接口范围如下：

外部信息源：有线电视、有线数字电视、文字新闻、天气预报、股市行情、数字地图、公交地铁换乘信息等。

轨道交通内部相关专业：信号系统、时钟系统、综合监控系统、供电系统（低压配电）、通信系统（传输与时钟）、其他线路 PIS 系统等。

（6）设备管理和维修管理。

设备管理包括：设备运营状态的监视、系统设备认证、设备编码、IP 地址的分配等。

设备的维修管理包括：设备故障信息的统计和分析、故障修复日志、维修工区管理、维修专用工具设备管理、备品/备件库存管理等。

（7）网络管理及设备监控。

控制中心、车站、车辆段、无线接入点、服务器、磁盘柜、各类工作站、播放控制器具备故障自诊断功能。

设置在控制中心内的网管工作站，可对上述设备的运行状态故障信息进行集中监控。

网络监控主要包括：网络设备运行状态、网络数据传输状态的监控。

系统可修改网络设备参数、诊断网络设备故障。

通过网络监控功能对系统网络状态及数据传输状态进行分析统计，生成系统网络运行报告。

通过安全设备、防病毒软件、下载各种安全补丁、防病毒软件的在线升级及其他安全设施和手段实现系统的网络安全。

（8）后台系统监控与维护。

系统具备后台监控和后台维护的功能。后台监控包括：日志管理、数据库监控。后台维护包括：诊断、预警、报警功能，便于系统维护人员尽快发现并准确判定故障位置和原因，及时处理排除故障。

系统具备备份与灾难恢复功能。

（二）控制中心子系统技术方案

1. 设备组成及方案

线网控制中心子系统主要由中心服务器、视频服务器、核心交换机、中心操作员工作站、网管及监控工作站、播出控制工作站、直播工作站、多媒体素材管理工作站、中心监视终端、预览工作站、数字非线性编辑设备、视频编播设备、上线变换器、磁盘阵列、LCD 预览屏、LED 预览屏、摄像机、安全设备、扫描仪等设备及有关软件组成。以上所有设备均满足高清标准。PCC 线网控制中心结构如图 LB8-1 所示。

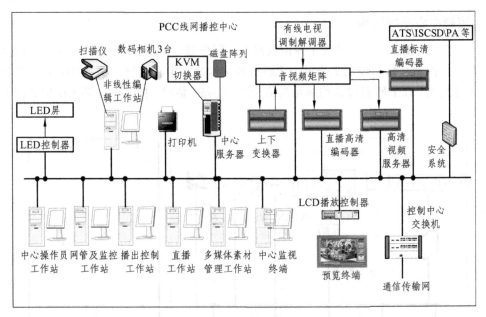

图 LB8-1 PCC 线网控制中心结构

线网控制中心子系统与线路控制中心系统的交互数据包括：中心组播视频流、图文资讯信息、紧急信息指令、设备控制指令、设备状态信息、系统日志。线网控制中心与车载子系统的交互数据包括（通过移动宽带传输系统）：中心组播视频流、图文资讯信息、播表/版式信息、设备控制指令、设备状态信息等。

中心服务器负责发布图文资讯信息、播表/版式信息、设备控制指令，负责收集设备状态信息、系统日志等信息，同时中心服务器对以上信息进行统一存储，存储的数据和信息能够通过中心各功能工作站进行查询和管理，此外，系统还通过中心服务器负责 PIS 系统与外部资讯信息系统的接口。操作员工作站将图文资讯信息和播出信息发送到中心服务器，由中心服务器负责向线路控制中心发布，各线路控制中心工作站的设备控制指令由中心服务器负责执行；中心服务器收集系统内全部设备的状态信息，并提交系统网管工作站进行监控；中心服务器还负责存储系统每天生成的各种日志文件。

视频流服务器负责对视音频资讯信息进行编码和发布。视音频资讯的发布占据了网络系统的主要带宽资源，同时，为了确保视音频节目播出的稳定性和安全性，配置专门的高性能视频流服务器十分必要。视音频系统以视频流服务器为核心构成了编码、组播一体化的系统，鉴于目前高清数字电视的发展状况，提供的视频流服务器可兼容标准清晰度电视高清数字电视节目的传输。为便于总编播中心视音频节目的调度及数字电视信号的接入，周边设备包括视音频矩阵和数字电视接收设备。系统的控制由发布管理工作站来完成。视音频矩阵为视音频信号在各设备间的输入和输出做路由指派，在系统中，所有信号源的输出都进入视音频矩阵的输入端口，再由矩阵的输出端口送出选定的信号源给视频服务器，作为直播信号。

系统设置多台工作站及一台非线性编辑系统，用于各类视音频节目、文字及图文信息的采集编辑及素材的管理。通过播出查看管理工作站可实现各线路播出内容、播出节目表的审核及查看预览，各线路所需的播出内容及播出节目表经编播中心子系统的审核后方可入库，并进行播出，保证信息发布的安全。

2. 控制中心系统结构

线路（临时）控制中心子系统主要由线路中心服务器、WLAN控制器、线路中心交换机、网管及监控工作站、播出控制工作站、无线管理工作站、中心监视终端、打印机、安全设备及有关软件组成。以上所有设备均满足高清标准。线路（临时）控制中心系统结构如图 LB8-2 所示。

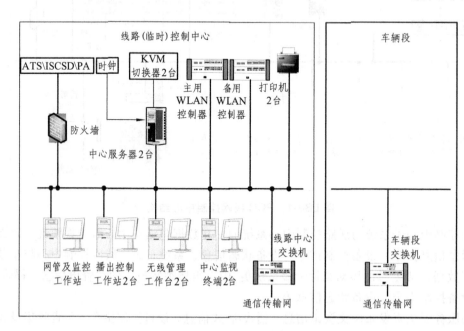

图 LB8-2　控制中心系统结构

线路（临时）控制中心可接收线网控制中心的管理，并与线网控制中心进行数据交互，包括线网控制中心组播视频流、图文资讯信息、紧急信息指令、设备控制指令、设备状态信息、系统日志；线路（临时）控制中心下行管理本线内车站及车载子系统，并可将由编播中心传来的各种实时及非实时的信息转发至各个车站服务器及车载设备。线路（临时）控制中心与车站/车载子系统的交互数据包括（通过移动宽带传输系统）：转发的中心组播视频流、图文资讯信息、播表/版式信息、设备控制指令、设备状态信息等。

中心服务器负责接收信息编播中心的图文资讯信息、播表/版式信息、设备控制指令，并负责收集车站子系统及车载子系统设备状态信息、系统日志等信息，同时，中心服务器对以上信息进行统一存储，存储的数据和信息能够通过线路（临时）控制中心各功能工作站进行查询和管理，此外，系统还负责 PIS 系统与外部资讯信息系统的接口，如综合监控系统接口。操作员工作站将图文资讯信息和播出信息发送到中心服务器，由中心服务器负责向车站及车载子系统进行发布，线路（临时）控制中心工作站的设备控制指令由中心服务器负责执行；中心服务器收集系统内全部设备的状态信息，并提交系统管理工作站进行监控；中心服务器还负责存储系统每天生成的各种日志文件，并可将日志文件上传至线网控制中心的中心服务器。

实时视音频信号的接入、编码及组播由线网控制中心实现，线路（临时）控制中心无需另外配置各种视音频播出及编码设备，线路（临时）控制中心服务器可实时接收线网控制中心的实时数字视频信号，并转发至各个车站及运营列车进行广播。

在线路中心设置 1 台网管及监控工作站，用于监视本线路的设备运行状态及故障状态，并将设备运行情况生成日志记录，以方便操作员及时了解设备的运行情况。

在线路（临时）中心设置 1 台播出控制工作站，用于制定本线路的播表信息，提交给线网中心通过审核后，在本线路显示终端上组织播放。

在线路（临时）中心设置 1 台无线管理工作站，用来监视本线路无线设备，包括地面无线设备及车载无线设备状态，实时查看无线网络设备的运行状态。

在线路（临时）中心设置 1 台中心监视终端，负责接收车载 CCTV 系统上传的视频图像，让中心工作人员可以及时了解客室内的人员状况，如有必要，还可以把解码后的视频图像引至控制中心大屏幕。

（三）车站子系统技术方案

1. 系统功能

车站 PIS 设备主要负责从线路（临时）控制中心子系统接收发布视频及文本的内容信息，同时接收线网中心及线路中心的控制命令，把本站的设备状态信息发送给线网/线路控制中心。通过播放控制器对本线车站所有 LCD 显示终端播放信息，并进行统一的控制和管理；同时转接和发送从线路控制中心下发的车载信息，可以实现以下功能：

（1）收发及播放控制功能。

车站子系统负责接收控制中心下发的节目列表和节目内容，并将接收到的信息集中存储在车站服务器上；系统将信息内容转发到相应播放控制器，经由播放控制器输出给显示终端播放。

车站子系统具备文件断点续传功能，对于接收失败的媒体信息能够自动触发重新接收；对于下发失败的情况，系统能自动重传。

车站子系统对所有接收及下发的内容有完整的日志记录，包括收发百分比、收发状态、收发时间、收发失败等。

车站子系统具备软件和硬件的自动复位功能。

（2）设备监视功能。

车站子系统应能实时监视本站设备的运行状态，并能保存设备状态数据至少 30 天。

车站子系统应能模拟车站设备的布置，图形化地监视车站各种设备的通信状态、运行状态及故障情况。当出现状态变化或故障时，能在屏幕上准确、实时地显示。

车站子系统应能根据状态或故障等级不同而显示不同的颜色，发出声音及给出报警信息，所有的状态信息应能自动更新。

（3）时间显示及同步。

PIS 系统的终端设备将显示时间信息。在车站子系统与线路控制中心、车站子系统与终端设备通信中断的情况下，仍可正确显示时间，时钟误差范围应控制在每周 ±1 s 内，并可以手工调校。

车站子系统能接收线路控制中心的同步校时信号，具体时间同步周期可控。

（4）接口功能。

车站子系统负责与传输系统接口的实现，主要包括接口位置、接口形式、通信协议以及接口测试。

（5）播出控制及显示。

由车站 LCD 播放控制器负责接收由本车站服务器传送的播放节目单列表、模板文件、媒体文件，经过合成后控制 LCD 显示屏的播放，可实现以下功能：

① 从车站服务器接收解码后的媒体信息，播放到 LCD 显示器上，播放内容顺畅清晰，不出现画面中断或者跳播的现象；不同播放内容之间的画面切换显示间隔小于 0.5 s。

② 按照系统预先定义的显示区域、模板格式进行合成后，在相应的 LCD 显示屏播放。每块显示终端播出画面的划分区域可达 15 个及其以上，每个区域可独立控制，具备单独的播出列表，内容包括视频、图片、文本等。

③ 能够实现同一个车站站厅以及站台上下行方向的 LCD 终端显示不同的内容，能够实现每个车站播放不同的内容。

④ 系统车站 LCD 播放控制器信号输出接口采用 HDMI 接口方式实现。

⑤ 提供定时播放的功能，可以根据预先设定的播出列表自动进行播出媒体信息。播出列表可以日播出列表、周播出列表、月播出列表的形式定制，播出过程无需人为操作。

⑥ 能动态切换播出画面，保护 LCD 不被灼伤，切换过程平滑、无停顿、无黑屏。

⑦ 实现由线网、线路控制中心或者车站管理工作站控制车站 LCD 显示屏的打开和关闭，形式可以通过手动指令方式或者根据预先设置好的时间系统自动触发。

（6）紧急信息发布。

紧急信息发布是指对本车站显示设备发布紧急信息的过程。各车站显示设备紧急信息发布权限只控制在本车站范围内，其权限控制和发布规则由线网控制中心确定。

各车站设备紧急信息的发布内容以及播放规则应该预先由线网控制中心的直播工作站定义好后，事先发布在本车站服务器中存储备用，同时也支持直接通过车站管理工作站编辑临时文本信息发布的功能。只有通过线网控制中心系统管理员授权而具备此发布权限的用户才可进行发布操作。紧急信息可实现全屏发布。

2. 设备组成及方案

车站子系统主要由车站数据服务器、交换机、车站操作员工作站、车站 LED 屏（含控制器）、车站 LCD 播放控制器、转换分配器、车站 LCD 显示屏等构成。车站子系统如图 LB8-3 所示。

LCD 播放控制器采用 HDMI 高清格式，信号分辨率为 1 920 × 1 080，在每个车站，根据前端 LCD 显示屏数量的不同，分别设置 4 ~ 5 台 LCD 播放控制器，分布区域分别是上下行站台、站厅、出入口。站厅及出入口根据 LCD 屏的数量不同，设置 1 ~ 2 台 LCD 播放控制器，在不同的区域显示不同的信息内容。

车站子系统通过车站交换机与传输网络相连。本地播出的节目和资讯通过网络提前预存到系统的车站服务器。播表信息由线网控制中心编制后发送到车站子系统，它包括各显示区域的播放资讯序列的属性、播放时长等。通过版式和播表能够对各显示终端屏进行有效的资讯播发控制。数据服务器把要播发的信息及播表发送给 LCD 播放控制器，LCD 播放控

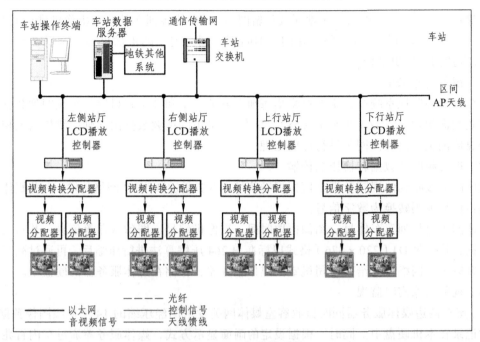

图 LB8-3　车站子系统

制器通过 HDMI 将播放信息发送给光转换器，由光分配转换器将电信号转为光信号传送给前端的光接收器，光接收器再把光信号还原成 HDMI 信号，然后通过 HDMI 传输电缆连接至 LCD 屏，由 LCD 屏进行显示。

车站站台主要采用 LCD 显示屏进行乘客信息的发布，LCD 屏分别通过不同区域（站台、站厅、出入口）LCD 播放控制器进行控制。车站的 LCD 信息发布采用广播级高清标准，并采用高清 HDMI 数字视频技术进行视音频、信息的合成处理及信号的传输，可以 1 920 × 1 080 的标准高清数字信号进行信息的发布。车站子系统基于 HDMI 数字电视技术，车站布线全部采用了光缆布线，可同时传输数字高清视频信号及数字音频信号，音频可与视频信号嵌入同一根光缆内。传输距离基本不受限制，满足地铁的各种应用环境。

（四）车载子系统方案

车载子系统是在地铁车辆的特殊环境下，依托多媒体网络技术，以计算机系统为核心，以车载显示终端为媒介向乘客提供信息服务的系统，由车载视频监控系统、LCD 媒体播放系统两个子系统组成。

1. 车载视频监控系统

车载视频监控系统主要由媒体服务器（与 PIDS 共用）、LCD 触摸屏、媒体网关（与 PIDS 共用）、摄像机等硬件设备组成。系统采用数字 TCP/IP 网络化监控方案，在车厢与车厢之间构建百兆以太网。驾驶室及客室内的模拟摄像机进行图像采集，并通过视频电缆将模拟信号传输至车厢的媒体网关进行数字编码处理。处理后的视频数据再通过列车上构建的百兆以太网网络，同时发送至两端司机室媒体服务器进行存储，并输出视频图像到 LCD 触摸屏显示器上实时显示。控制中心可以通过车地无线传输网络，对在线各列车的所有摄像机进行调看（由于车地无线传输网络的带宽限制，在同一时间下，同一列车的摄像机最多调看 2 路监控视频），或点播回放历史录像。

（1）视频信号采集。

在车载视频监控系统中，摄像机采集每列车 6 节客室和 2 个司机室的视频图像数据，摄像机有效画面像素为 752（水平）×582（垂直）。采集的视频数据由同轴电缆传输至相应客室内的媒体网关，由媒体网关进行编码处理。

（2）视音频图像数据转换压缩传输。

媒体网关接收到的视频数据是模拟视频信号，不能通过数字 IP 网络传输，因此媒体网关需将模拟信号编码转换为数字信号。

媒体网关也将列车车体号、图像摄取时间、摄像机编号、图像水印等信息一并写入视频图像数据，并按照 D1（720×576）格式以标准 H.264 压缩算法进行压缩后，再通过列车内构建的百兆以太网网络传输给两个司机室的媒体服务器，存储在媒体服务器的硬盘中。

（3）视频图像实时监视。

头、尾车两边媒体服务器同时接收客室媒体网关发来的经压缩的 14 个视频图像数据，全部同时记录在本机硬盘中。同时，根据设定的画面显示方式，媒体服务器通过车内百兆以太网访问媒体网关，调用所选择摄像机信号，在触摸屏的人机界面上显示，提供给司机观看。

摄像机的编号信息、时间信息以及列车车次号信息也存储在相同的录像文件之中，在图像显示的过程中，相应的信息会显示在图像的标题栏中，可以避免在图像画面直接叠加字符，对用户查看图像造成干扰。

（4）报警联动。

系统具有报警联动功能。当有客室车门紧急解锁手柄解锁、客室紧急对讲装置工作、司机室隔间门打开等报警发生时，为方便司机及时查看到报警事件所对应的视频监控图像，媒体服务器在接收到 TMS 发送的紧急事件触发信号后，立即在司机室 LCD 触摸屏上显示对应的视频图像。系统默认 1 个大画面实时显示报警事件相对应的摄像机拍摄的客室的视频图像，对应摄像机的图标变成红色，同时相应的叠加字符也变成红色进行告警提示。如果存在多个报警，则以轮询的方式显示所有报警事件所对应的视频监控图像。

（5）数字录像。

媒体服务器接收到由媒体网关传送的视频数据后，需要将视频图像数据保存至本地存储介质。媒体服务器支持 14 路编码视音频数据的同时存储。系统采用 H.264 文件格式存储图像，正常情况下每秒存储 8 帧图像；紧急状况下以 25 帧/秒的速率储存图像，并连续存储 10 min（紧急状况下的存储，按每列车每天发生 1 次的频率考虑）。

为了使系统维护方便，实现视频文件查询、回放、下载、快放/快退等功能，必须对视频文件的命名规则、大小、存储机制进行规定。

（6）视频录像文件查询和下载。

授权的操作人员可以通过触摸屏或 PTU 视频管理设备连接到系统内部网络，访问媒体服务器，进行录像文件的查询。

（7）视频录像文件回放。

系统提供视频录像文件回放功能，授权的系统操作人员可以通过触摸屏监视器或 PTU 视频管理软件连接到系统内部网络，访问媒体服务器，进行录像文件回放。

在操作人员查询出需要的视频录像文件后，通过回放功能，可实现查看视频录像的具体内容。在回放时，操作人员可以选择使用开始、暂停、快进、逐帧播放、停止、抓图、视频截取功能。

（8）主备切换。

两头司机室的媒体服务器互为热备份。两台主机同时工作记录整车视频图像，媒体网关将视频数据上传到网络，司机室的媒体服务器接收记录数据。车载视频监控系统加电启动后，当接收到 TMS 给出的信号（确定哪个司机室是使用中）时，两个媒体服务器确定主备关系。若无 TMS 信号，则系统随机确定主备用关系，系统主机可以操作控制，备机处以记录状态。

媒体服务器之间采用每秒 1 次的心跳信号确认对方的存在，当主用媒体服务器出现故障时，备用媒体服务器将在 3 s 左右发现故障，并启动切换程序。

当主备用媒体服务器中的一台出现故障时，另外一台仍正常工作，完成监控、记录等功能。

（9）车载设备状态监控。

系统媒体服务器定期收集系统网络中各个设备的运行状态和故障告警信息。运行状态信息包括显示屏显示画面的开始、结束时间和触发类型等信息，以及媒体服务器硬盘容量信息、媒体网关 CPU 占用率、硬盘容量信息、运行时间、内部温度以及网络状态信息。故障告警信息包括硬盘存储空间不足、硬盘读写故障、网络中断、摄像机视频丢失、媒体网关故障等。

所有运行状态和故障告警信息被送到媒体服务器进行汇总、存储，同时故障告警信息也会在司机室触摸屏上进行报警提示。用户可直接通过人机交互界面查询系统设备的运行状态和故障告警信息，并可以通过专用软件或设备下载。系统保存 1 周的运行状态信息和故障告警信息供用户进行数据分析。

（10）日志信息管理。

系统具有全部完整的应用操作日志信息记录，供司机及其他管理人员查询。日志的查看方便、直观，在同一个界面完成查看操作；实现按照自定义的分类视图查看，也可按照日志关键字查询。

系统具有日志导出、备份和删除功能，能够根据预先定义的周期自行进行日志的删除清理操作。

（11）图像上传。

系统预留与地面的通信接口（无线），通过媒体服务器可与地面其他系统进行通信。

当有紧急事件（乘客应急对讲装置、车门紧急解锁装置、烟感探测器、温感探测器触发），或司机以及控制中心 OCC 人工选择触发，或者远端地铁管理人员和公安人员需要查看在线车辆上的所有摄像机的视频图像时，可以通过装有终端管理控制软件的便携式工作站或远程终端计算机，通过车地无线传输网络，连接到车载视频监控系统内部网络，访问媒体网关，调用媒体网关的视频图像进行实时查看，也可以通过访问媒体服务器，查看服务器保存的录像文件。

（12）冗余功能。

头、尾车司机室媒体服务器同时工作，媒体网关将视频数据送上网络，首、尾车媒体服务器同时接收保存视频数据，形成二级冗余备份机制，提高了视频数据的存储可靠性。两端司机室媒体服务器同时工作，即使车内网络出现单点故障，依然不影响系统能够存储全列车10个摄像头的视频图像数据。

2. LCD 媒体播放系统

（1）实时多媒体信息播放。

媒体服务器通过车地无线传输网络从 OCC 接收多媒体信息后缓存，并将 TS 数据流进行解码、叠加字符等处理，再按照 H.264 的格式进行编码，把编码后的视频数据通过车载百兆以太网络传到客室媒体网关的 LCD 解码器进行解码，解码后分配 6 路视音频信号，输出至客室的 19 英寸 LCD 显示器，实现媒体信息的播放显示。另外，PIDS 系统也可以接收列车 TCMS 系统提供的到站信息并实现播放显示。

（2）接收存储多媒体信息。

当运营控制中心 OCC 更新非实时媒体时，LCD 媒体播放系统从无线局域网络接收多媒体文件和播放列表，并存储在媒体服务器相应的文件目录中。

LCD 媒体播放系统支持同一传送内容的断点续传功能，保证有序地接收信息内容，不破坏内容的完整性和数据质量。

（3）非实时多媒体信息播放。

在没有实时播放流接收信号的情况下，LCD 媒体播放信息系统默认从媒体服务器本地指定的文件目录读取视频播放列表，再按照视频播放列表中视频文件的顺序读取视频文件，处理后通过多窗口叠加视频，输出数字信号至车上以太网。每节车上的媒体网关从车上网络接收该数字信号后，解码分配输出音视频信号至车厢 LCD 显示终端上显示。

（4）运行信息播放。

媒体服务器与广播系统有控制接口，可接收来自广播系统的运营信息，叠加在视频窗口上进行播放。

（5）多窗口分屏叠加。

LCD 显示终端屏幕以多窗口叠加的方式显示，支持新闻播放窗口、日期时间窗口、到站提示窗口、滚动提示信息窗口。

（6）紧急告警功能。

在列车遇到紧急情况时，媒体服务器与广播系统的 RS232 接口接收紧急告警信号，本列车所有 LCD 显示终端均全屏显示相应预案紧急处理信息。

（7）日志功能。

LCD 媒体播放系统对所有接收的多媒体信息及应用操作信息有完整的日志记录，包括接收状态、接收时间、未接收或者接收失败记录。日志记录保存为文本格式。

（8）冗余功能。

列车两端司机室各配 1 套媒体服务器。

正常时：头、尾车媒体服务器同时工作，此时，主用媒体服务器接收缓存 OCC 传来的多媒体信息，并通过网络同步存储到备用媒体服务器。故障时：当主用媒体服务器出现故障时，备用媒体服务器自动接替工作，从而实现冗余管理控制，提高系统的可靠性，并通过列车网络将数据发送到备用媒体服务器，同步更新多媒体信息。

（五）系统方案及设备组成

1. 系统原理框图

轨道交通专用通信乘客导向信息系统车载子系统的原理图如图 LB8-4 所示。

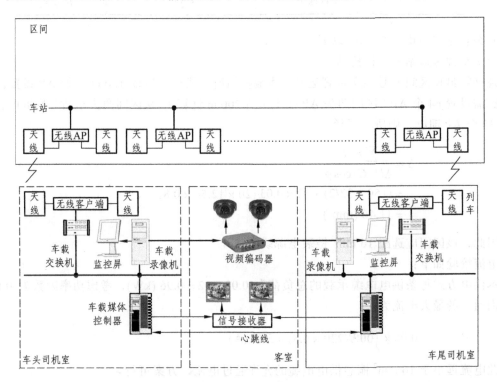

图 LB8-4 系统框图

2. PIS 车地无线区间电缆线径计算

区间 AP 供电为低负荷长距离供电，因此，在截面的计算过程中，更多的是考虑长距离送电的压降效应，电缆截面允许通过电流仅作为校验用。电缆截面计算公式如下：

$$S = \frac{\sum P \cdot L}{\Delta U \cdot C \cdot \cos\phi}$$

式中　S ——电缆截面面积，mm^2；

　　　P ——每个 AP 点的负荷功率，kW；取 0.03 kW（虽然 AP 网络单元 + 光电收发器的功耗仅为 0.02 kW，但考虑到其配置的 AC 220 V/DC 48 V 电源转换模块的转换效率仅为 70% 左右，因此，整体 AP 功耗取 0.03 kW 是合适的）；

　　　L ——每个 AP 点至通信机房配电屏供电电缆长度，m；

　　　ΔU ——AP 供电允许压降，轨旁 AP 取 20%；

　　　C ——单相 220 V 交流供电线路电压损失计算系数，取 12.56；

　　　$\cos\phi$ ——负荷的功率因素，取 0.8。

例如，昆明地铁项目中，区间长度按照距离排列见表 LB8-1。

表 LB8-1　区间长度按照距离排列

排名	区间	站间距离/m	线路
1	东部客运站—大板桥站	9 707	6 号线一期
2	大板桥站—综合枢纽站	5 237	6 号线一期

其余各站间距均在 2.5 km 以下。

（1）东部客运站—大板桥站。

现计算最长区间 6 号线东部客运站—大板桥站所需线径，拟按 150 m 一处 AP 设置，单侧线路需设置 64 个 AP（区间两头 AP 按距车站 200 m 计算），从区间两头车站分别取电，单侧需 32 个 AP 馈电，则所需线径：

$$S = \frac{\sum P \cdot L}{\Delta U \cdot C \cdot \cos \phi}$$
$$= (150 \times 32/2) \times 32 \times 0.03/(20 \times 12.56 \times 0.8)$$
$$= 11.46 \ (mm^2)$$

因此，该区间应选配 16 mm² 铠装电源线缆。

电流校验如下：

本供电方式每条供电电缆承载的总负荷为 0.03 × 32 = 0.96（kW），考虑功率因数为 0.8，电缆内通过的最大电流为

$$0.96 \times 1000/(220 \times 0.8) = 5.46 \ (A)$$

此电流远小于 16 mm² 铜芯供电电缆的允许通过电流，方案可行。

（2）大板桥站—综合枢纽站。

该区间长 5 237 m，按照每 150 m 一处 AP 设置，单侧线路共需 35 个，从区间两头车站分别取电，单侧需 18 个 AP 馈电，则所需线径：

$$S = \frac{\sum P \cdot L}{\Delta U \cdot C \cdot \cos \phi}$$
$$= (150 \times 18/2) \times 18 \times 0.03/(20 \times 12.56 \times 0.8)$$
$$= 3.63 \ (mm^2)$$

因此，该区间应选配 4 mm² 铠装电源线缆。

电流校验如下：

本供电方式每条供电电缆承载的总负荷为 0.03 × 18 = 0.54（kW），考虑功率因数为 0.8，故电缆内通过的最大电流为

$$0.54 \times 1\,000/(220 \times 0.8) = 3.07 \ (A)$$

此电流远小于 4 mm² 铜芯供电电缆的允许通过电流，方案可行。

（3）其余各站间区间（小于 2.5 km）。

按照区间 2 500 m，每 150 m 一处 AP 设置，单侧线路共需 16 个（区间两头 AP 按距车

站 200 m 计算），从区间两头车站分别取电，单侧需 8 个 AP 馈电，则所需线径：

$$S = \frac{\sum P \cdot L}{\Delta U \cdot C \cdot \cos\phi}$$
$$= (150 \times 7/2 + 200) \times 8 \times 0.03/(20 \times 12.56 \times 0.8)$$
$$= 0.87 \ (\text{mm}^2)$$

考虑到线缆强度、安全、线路老化等因素，这些区间应选配 2.5 mm² 铠装电源线缆。

电流校验如下：

本供电方式每条供电电缆承载的总负荷为 0.03 × 8 = 0.24 (kW)，考虑功率因数为 0.8，故电缆内通过的最大电流为

$$0.24 \times 1\ 000/(220 \times 0.8) = 1.36 \ (\text{A})$$

此电流远小于 2.5 mm² 铜芯供电电缆的允许通过电流，方案可行。

因此，汇总各区间轨旁 AP 线缆规格需求见表 LB8-2。

表 LB8-2　各区间电缆规格需求

序号	区间	站间距离/m	线缆规格/mm²
1	东部客运站—大板桥站（6 号线）	9 707	16
2	大板桥站—综合枢纽站（6 号线）	5 237	4
3	其余各区间		2.5

（4）车载系统录播方案。

轨旁 AP 大面积故障时，采用视频缓存及视频重传方式，在无法实现连续的视频播放的情况下，车载 LCD 播放控制器自动进入录播方式。根据现有无线网络传输的性能指标，网络平均带宽至少可以保证 15 M 带宽，在满足 6 M 视频直播信息下载、2 M 监控信息上传的基础上还保留了 7 M 剩余带宽，可以用来下载次日播出信息。因此，可以考虑在车辆运行过程中利用区间与车站无线网络实现录播，而不必在车辆段集中使用无线网络下载次日播出列表及节目内容。

在车辆段不采用无线网络下载数据的条件下，为实现录播功能可以采用以下两种方案：利用移动存储方式下载信息；在车辆运行期间利用剩余网络带宽下载信息。

① 利用移动存储方式下载信息。

应用模式：管理人员每天把第二天需要播出的信息复制到移动存储中，每天出车前交给司乘人员，司乘人员在列车启动加电后打开列车上的车载控制屏柜，把移动存储连接到车载播放控制器上，车载播放控制器会自动读取移动存储上的信息，并把播表和视频信息下载到本机，在车辆运行时播出。

只有安装了磁盘认证程序客户端的系统工作站才可读写移动存储设备，通常移动存储设备只能在车辆段内的工作站上使用，且只有经过管理员授权后，移动存储设备才可在制定的车辆段工作站上使用。

移动存储介质在使用前需转换为安全格式，并自动生成专用的目录结构，目录结构无法

任意改动，该移动存储介质脱离单位环境将无法使用。无法直接对移动存储设备上文件的创建、读取、删除、改名、拷贝等进行记录，只可在车辆段使用专用的节目下载软件进行节目的下载。

在控制中心，经审核后的视音频节目、播出列表及播出版式等多媒体信息可通过网络传输至车辆段，车辆段设置了操作员工作站，操作人员可使用专用的节目下载程序，将经审核后的节目信息传输至移动存储设备，整个操作采用鼠标拖拽的方式，操作简便。列车上节目的上载可由列车司乘人员进行，只需将移动存储设备连入车载 LCD 播放控制器的 USB 端口，无需任何操作，即可实现播出信息的自动上载。上载完成后，LCD 播放控制器可进行声音提示，即可拔出移动存储设备。

节目下载时间估算：

按照每天下载 4 h 信息量估算，移动存储至少需保存的信息量如下：

每列车需要下载数据量：$4 \times 3\,600\,s \times 6\,Mb/8\,s = 10\,800\,Mb \approx 10\,Gb$

按照高速 USB2.0 理论最大值 60 Mb/s 的传输速率计算。每列车需要下载数据理论最大时间为

$$10\,800\,Mb \div 60\,Mb/s = 180\,s = 3\,min$$

说明：以上测算为最大理论值测算，实际下载 10 Gb 数据的平均时间大于 5 min。

② 在车辆运行期间利用剩余网络带宽下载信息。

应用模式：列车在运行中只播出前一天下载的信息，不做视频直播；同时利用无线网络下载次日播出的节目播表与视频信息。这样，无论车站、区间 AP 发生何种故障，均可实现图像流畅播出。这种情况是列车运行中可利用的最大网络带宽。

可行性分析：

这种方案在技术上可行，不需对当前技术体系做出调整；但有使用范围限制，无法实现视频直播。

在列车单程运行过程中可下载 4.23 Gb 的数据，即 117 min 视频信息。按平均带宽 15 M，无监控信息上载，单程运行 47 min 计算，计算过程如下：

$$单程可下载数据量 = 15 \times 47 \times 60 = 42\,300（Mb）= 4.23\,(Gb)$$
$$单程可下载播放时间 = 42\,300 \div 6 \div 60 = 117.5\,(min)$$

最小可利用网络带宽分析：

应用模式：列车在运行中直播一路视频信息，同时利用剩余无线网络下载次日播出的节目播表与视频信息。直播信息在网络上采用 QoS 策略，以保证直播图像质量。

可行性分析：

技术上可行，网络需做 QoS，以保证视频直播质量。

在采用 QoS 的情况下，下载带宽无法保障，平均可用带宽在 7 M 左右。

在列车单程运行过程中最大可下载 1.97 Gb 的数据，即 54 min 视频信息。按平均总带宽 15 M，2 路监控信息上载，6 M 视频直播，单程运行 47 min 计算，计算过程如下：

$$单程可下载数据量 = 7 \times 47 \times 60 = 19\,740（Mb）= 1.97\,(Gb)$$
$$单程可下载播放时间 = 19\,740 \div 6 \div 60 = 54.8\,(min)$$

在此模式下不影响视频直播。

根据以上计算分析，利用移动存储集中下发信息的模式增加了运营管理人员的工作量与工作时间，移动存储设备的可靠性及工作寿命相对较差，频繁进行移动存储设备的插拔也增加了移动存储设备的故障频率，因此，利用移动存储设备进行集中下发信息通常只是在传输网络发生故障的情况下使用。

建议采用在车辆运行期间利用剩余网络带宽下载信息的方案。即在不做直播、没有视频监控信息上传的情况下利用全部带宽下载次日播出信息；在有直播的情况下，利用剩余带宽下载次日播出信息。

因为采用车辆运行期间利用剩余网络带宽下载信息的方案完全满足录播模式的性能要求，所以完全不需要在车辆段架设无线 AP 来集中接收存储控制中心下发的次日播放列表及节目内容。

子模块 LB9　信息网络子系统

昆明地铁的信息网络利用联通提供的网络接口接入互联网，具体接入构架以 6 号线为例，如图 LB9-1 所示。

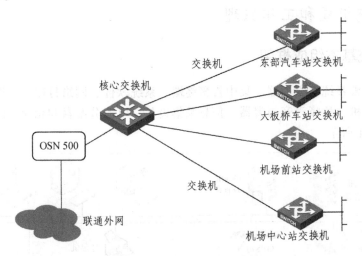

图 LB9-1　互联网接口示意图

系统的网络架构按 3 层结构建设：骨干层、汇聚层和接入层，相应的各层节点分别为骨干层节点、汇聚层节点和接入层节点。昆明市轨道交通信息网络系统网络出口设置 1 台防火墙，防火墙支持先进的 IPS 和反病毒技术、DDOS 防泛洪攻击技术、URL 过滤和应用软件限制功能等。

联通宽带交换机（大村子机房）50 M 带宽网线接入其 OSN 500 传输系统，然后经过光传输至大板桥车辆段专用通信机房 OSN 500 传输系统，接着通过 D75S 线缆将信号传输至 EDF架，接入 OSN 3500 传输系统，再经过以太网混合逻辑处理后通过以太网支路板网线出口连接到信息网络 USG5000 网络防火墙（带路由功能）PORT0 口，PORT1 口网线连接至 S7712

核心交换机，核心交换机通过千兆光口将信号通过 OSN3500 传输到车站级 S5700 交换机，车站级交换机再经网线通至车站各房间。

子模块 LB10　集中告警子系统

一、系统基础知识

集中告警管理系统是一个以告警信息采集和处理为核心的传输信息管理系统。本系统利用已有的资源，通过集成和整合实现传输网全网范围内设备告警信息的集中显示和处理。整个系统在应用层采用模块化结构向用户提供综合故障管理（告警接收和告警处理）、故障分析、安全管理、设备配置、拓扑管理等几个功能模块。具体可根据用户的需要开放相应的模块。

地铁专用集中告警软件系统是用于地铁通信系统各子系统告警信息的、网络化的、实时的、完全一致的显示平台，可以大致分为以下功能模块：故障管理功能，故障分析功能，拓扑管理功能，安全管理功能，故障辅助定位功能，设备配置功能，设备管理功能。

二、系统组成和工作原理

（一）系统基本组成框架

通信集中告警系统由服务器、集中告警终端、系统软件、网络打印机、以太网交换机、便携式测试计算机、故障声音报警器、信息采集设备、电源分配盘和相应的配线及附件等组成，如图 LB10-1 所示。

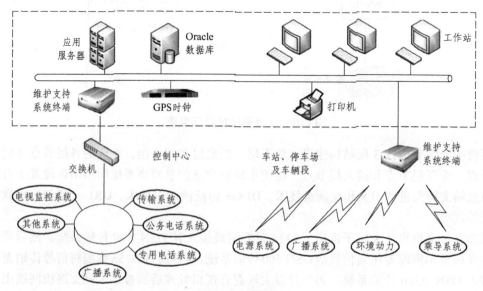

图 LB10-1 系统构架图

集中告警服务器及以太网交换机安装于控制中心通信设备室集中告警系统机柜中，其余设备按照要求安装于控制中心设备室或网管室。

集中告警系统与各子系统采用以太网接口互联，系统获取时钟系统，与 NTP 网络同步，同时集中告警系统通过双端口向综合监控系统上传告警信息，并互为热备份。

（二）系统软件架构（系统实现框图）

通信集中告警系统软件系统主要由综合控制模块、以太网通信模块、声音报警模块、查询统计模块、打印输出模块、数据管理模块、时钟同步模块、多用户管理模块、综合监控接口模块、系统自检模块、帮助学习模块等组成，如图 LB10-2 所示。

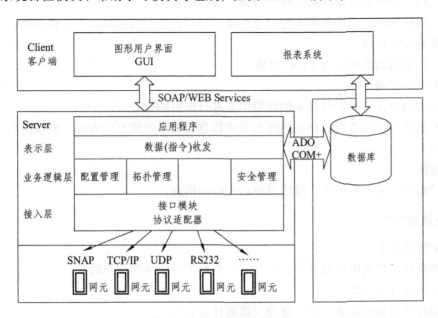

图 LB10-2　系统实现框图

客户端通过 SOAP/Web Service 方式和应用服务器通信，采用这种方式的好处在于：通信协议（http）基于标准，提供跨系统平台和跨开发平台的支持，因而适合更加灵活多变的客户端表现方式，可以适应不同操作系统之间组网的需要。服务器端具体可分为 3 层来实现，其中表示层可以简化，业务逻辑层和接入层是整个应用服务器的核心。

业务逻辑层主要完成对业务规则的控制以及后台数据的访问等。

接入层的接口模块主要是为适应不同的通信设备终端开发，每种不同的设备需要独立的接口模块来实现通信协议的匹配，接口模块一方面负责使用通信终端设备规定的协议和设备通信，并将数据信息转换成 Server 可以接收的基于标准的数据格式，以便数据的转发；另一方面可以和其他基于标准的网管平台通信互通必要的数据信息。

综合信息管理系统与各个子系统的接口为满足 IEEE802.3 协议的以太网接口。另外，综合信息管理系统与时钟系统间可以通过 RS232/422/485 或者是以太网接口进行通信，完成时间定时校时功能。

三、系统功能

1. 告警查询

（1）历史告警查询。

查询条件包括：时间、详细信息、告警内容。

用户可选择时间查看某段时间的历史告警信息。

详细信息包括：所属站点、所属子系统、告警性质、已确认告警和未确认告警。用户将属性左侧的复选框选中后，再选择相应的属性信息，按查询按钮即可。

告警内容：可支持模糊查询，匹配选择包括由……开始、包含和匹配。

查询：用户选择查询条件后，按"查询"按钮即可。

删除：将筛选的符合条件的告警信息删除，该项操作不可恢复，应谨慎使用。一般该项操作有较高的操作权限。

转储：将查询结果转储成 Excel 表格。

（2）实时告警浏览。

该模块为用户提供对实时显示的告警信息进行浏览的途径。

产生的信息列表包括当前存在的所有告警信息，如已经恢复的告警、确认的告警和还未确认的告警。

（3）视图。

设置过滤器：用户遵照条件过滤出自己关心的信息。

2. 交接班管理

（1）交接班日志。

在交接班时，当前用户记录交接班日志以及给下一个班次用户的留言。

（2）交接班日志查询。

可根据时间段和交接班人员，查询交接班日志。

3. 用　户

（1）修改密码。

用户可使用该模块修改用户名所对应的密码。

（2）操作日志查询。

操作日志查询可以按照"时间"、"用户"、"操作类型"进行查询。"查找"：根据查询条件，从数据库中查找用户的操作记录，显示在列表中。"转储"：将用户的查询结果保存在 Excel 文件中。"取消"：关闭查询日志操作。

4. 用户管理

（1）用户配置管理。

该模块是对用户进行配置，一个用户要属于一个用户组。

（2）用户组配置管理。

配置用户组名称、权限。用户在相应的模块上打钩（单击方框），为该用户组赋予权限，取消钩（单击方框）则取消用户组在该模块的权限。无模块权限的用户无法进入该模块操作。可以建立多个用户组，而不只局限于 3 个用户组。

（3）工作计划设置。

该模块可以对值班人员每天的工作内容进行安排。

用户完成工作计划的配置后，告警显示模块会自动生成用户每天的工作计划，提醒用户每天应完成的工作。用户在写交接班日志时，只需要在相应的工作上打钩即可，不需要输入。

5. 告警相关性

告警相关性主要是对告警进行辅助定位分析的功能，该功能对运行维护人员敞开。具体相关性可以由运行维护人员来配置。

"相关性分析前的全部告警信息"：当前的全部告警信息。

"告警相关性分析定位"：对于当前用户选中的某条告警信息，显示出该条告警信息的可能的原因。

用户鼠标选中"相关性分析前的全部告警信息"中的某条告警信息，相应的告警定位会显示在"告警相关性分析定位"。

总模块 S

实作技能

分模块 SA　基本技能

子模块 SA1　通信维修组织

一、概　述

昆明地铁运营有限公司维修事业部通信中心为昆明地铁专用通信系统主体管理部门，负责昆明地铁所有线路通信设施设备的检修，包括日常维护及故障的修复。

二、检修组织

通信中心根据各条线路的设备数量，设置一定数量的正线班组及车辆段班组，各班组在工班长的领导下，负责一定区域设施设备的检修。

1. 日常维护

通信设备日常维护根据各子系统特点，编制维修规程，日常维护可分为：日检、周检、月检、季检（区间设备及光、电、漏缆）、年检，部分特殊系统如专用无线、综合电源系统等还涉及三年检。中心根据维修规程相关规定，制订出各线路年度检修计划，下发至各线路班组，各线路班组工班长根据年度检修计划，结合实际生产及人员状况制订详细月度检修计划，并带领班组成员按计划完成日常检修。

2. 故障维修

设备终端使用部门在实际使用过程中，若发现设备终端出现故障，即将故障信息上报调度。运营事业部下辖各中心将故障信息上报至行车调度，行车调度转发至维修调度；维修事业部下辖各中心则将故障信息直接上报维修调度；然后由维修调度下发维修调度令至相应线路车辆段通信网管值班室，由值班室做好故障记录，并进行故障初步预判；再将故障下发至相应班组，班组做好故障记录，并由工班长派遣人员至现场进行维修。待故障修复后，再由班组将信息反馈至车辆段值班人员，由值班人员同维护调度进行信息闭环。

子模块 SA2　基础安全知识

安全是在人类生产过程中，将系统的运行状态对人类的生命、财产、环境可能产生的损害控制在人类能接受水平以下的状态。

安全与本质安全：安全是指不受威胁，没有危险、危害、损失，人类的整体与生存环境资源和谐相处，互相不伤害，是免除了不可接受的损害风险的状态；本质安全是指通过设计等手段使生产设备或生产系统本身具有安全性，即使在误操作或发生故障的情况下也不会造成事故。

一、安全生产概述

1. 安全生产和安全生产管理

安全生产，就是指在生产经营活动中，为了避免造成人员伤害和财产损失的事故而采取相应的事故预防和控制措施，以保证从业人员的人身安全，保证生产经营活动得以顺利进行的相关活动。

安全生产包括：生产安全事故控制指标（事故负伤率及各类安全生产事故发生率）、安全生产隐患治理目标、安全生产、文明施工管理目标。

安全生产管理就是针对人们在安全生产过程中的安全问题，运用有效的资源，发挥人们的智慧，通过人们的努力，进行有关决策、计划、组织和控制等活动，实现生产过程中人与机器设备、物料环境的和谐，达到安全生产的目标。

安全生产是安全与生产的统一，其宗旨是安全促进生产，生产必须安全。搞好安全工作，改善劳动条件，可以调动职工的生产积极性；减少职工伤亡，可以减少劳动力的损失；减少财产损失，可以增加企业效益，无疑会促进生产的发展；而生产必须安全，则是因为安全是生产的前提条件，没有安全就无法生产。

2. 事故与事故隐患

事故是指造成人员死亡、伤害、职业病、财产损失或者其他损失的意外事件。

事故隐患泛指生产系统中可导致事故发生的人的不安全行为、物的不安全状态和管理上的缺陷以及环境因素。

3. 危险源与重大危险源

危险源是指可能造成人员伤害、疾病、财产损失、作业环境破坏或这些情况组合的根源或状态，是指一个系统中具有潜在能量和物质释放危险的、可造成人员伤害、在一定的触发因素作用下可转化为事故的部位、区域、场所、空间、岗位、设备及其位置。

《中华人民共和国安全生产法》中定义的重大危险源为：长期地或者临时地生产、搬运、使用或者储存危险物品，且危险物品的数量等于或者超过临界量的单元（包括场所和设施）。

4. 安全生产方针

《中华人民共和国安全生产法》确定了"安全生产应当以人为本，坚持安全发展，坚持安全第一、预防为主、综合治理的方针"，在此方针的规约下形成了一定的管理体制和基本原则。

（1）基本管理制度。

安全生产责任制主要指企业的各级领导、职能部门和各岗位上的劳动者对安全生产工作应负责任的一种制度，也是企业的一项基本管理制度。

安全生产责任制是企业职责的具体体现，也是企业管理的基础。它以制度的形式明确规定企业内各部门及各岗位人员在生产经营活动中应负的安全生产责任，是企业岗位责任制的重要组成部分，也是企业最基本的制度。

安全生产责任必须"纵向到底，横向到边"，这就明确指出了安全生产是全员管理。"纵向到底"就是生产经营单位从厂长、总经理直至每个操作工人，都应有各自明确的安全生产责任；各业务部门都应对自己职责范围内的安全生产负责，这就从根本上明确了安全生产不是哪一个人的事，也不只是安全部门的事，而是事关全局的大事，这体现了"安全生产，人人有责"的基本思想。"横向到边"分为 4 个层面，即决策层、管理层、执行层、操作层。

（2）安全生产必须坚持的几项基本原则。

① "以人为本"原则；

② "安全具有否决权"原则；

③ "管生产必须管安全，谁主管、谁负责"原则；

④ "三同时"原则，即基本建设项目中的职业安全、卫生技术和环境保护等措施和设施，必须与主体工程同时设计、同时施工、同时投产使用；

⑤ "五同时"原则，即企业的生产组织及领导者在计划、布置、检查、总结、评比生产工作的同时，同时计划、布置、检查、总结、评比安全工作；

⑥ "四不放过"原则，即事故原因未查清不放过，当事人和群众没有受到教育不放过，事故责任人未受到处理不放过，没有制定切实可行的预防措施不放过。

（3）红线意识：人命关天，发展决不能以牺牲人的生命为代价。这必须作为一条不可逾越的红线。

二、安全生产法律知识

（1）法律是由国家制定或认可并以国家强制力保证实施的行为规范的总和。

（2）昆明地铁相关安全规章制度如下：

① 安全生产责任制——明确了公司各部门及各级人员在安全生产方面的责任。

② 出入作业现场安全管理规定——明确了公司员工出入作业现场的行为规范。

③ 运营线路施工管理办法——加强轨道交通已接管线路的施工作业管理，规范施工计划的申报、审批及实施流程，合理安排施工资源，确保施工作业过程的安全、有序、高效。

④ 员工职业健康管理办法——为预防、控制疾病带来的危害，切实维护员工身体健康提供了依据。

⑤ 特种设备安全管理办法——明确了昆明地铁各部门特种设备管理的职能和特种设备的管理要求。

⑥ 消防安全管理规定——加强和规范公司内部消防安全管理，预防和减少火灾事故危害，保护国家财产和职工生命安全。

三、通信检修作业预防事故的几点要求

（1）做到"三不伤害"，即"不伤害自己、不伤害别人、不被别人伤害"。

（2）做到"三不违"，即"不违章指挥、不违章作业、不违反劳动纪律"。

（3）做到"五确认"，即：

① 确认周围环境是否有安全隐患；

② 确认实用工具是否完好正确；

③ 确认使用设备是否安全正确；

④ 确认工作岗位是否安全；

⑤ 确认操作是否符合安全规范。

（4）做到"三不动"、"三不离"。

"三不动"：

① 未联系登记好不动；

② 对设备性能状况不清楚不动；

③ 正在使用中的设备不动。

"三不离"：

① 工作完了，不彻底试验良好不离；

② 影响正常使用的设备缺点未维修好前不离；

③ 发现设备有异状时，未查清原因不离。

（5）作业中，互保双方要对对方安全负责，应做到4个互相：

① 互相提醒，发现对方有不安全行为与不安全因素时，要及时提醒纠正，工作中要呼唤应答；

② 互相照顾，工作中要根据工作任务、操作对象合理分工，互相关心，互创条件；

③ 互相监督，严格执行劳保防护用品穿戴标准，严格执行安全规程和有关制度；

④ 互相保证，保证对方安全生产，不发生人身事故。

分模块 SB　检修技能

子模块 SB1　初级检修技能

一、专用无线子系统

（一）检测设备运行状况

1. 应用范围

该项技能在检修人员进行系统维护、实时了解设备的运行情况下，采取有针对性的检测措施时使用。

2. 操作方法

（1）检验设备运行指示灯的状态，并与设备正常的指示标准对照，检查是否一致。

（2）核对各种线缆、接头以及插件是否正常完好。

（3）检查系统的网管终端是否有故障告警信息。

（4）通过系统维护终端检测设备部件和板件的运行状态。

（5）使用移动台和调度台或其他移动台进行语音和数据通信测试。

3. 衡量标准

设备运行正常，无故障显示。

（二）重启无线车载电台

1. 应用范围

该项技能在无线车载电台发生软件故障，需要检修人员进行重启时使用。

2. 操作方法

（1）按压车载电台控制盒面板的电源开关（一般需要持续几秒），关闭车载电台控制盒。

（2）将主机上面的总电源关闭。

（3）将列车电源柜配电盘上对应的标有无线设备的电源开关断开。

（4）半分钟后，重新将列车电源柜配电盘上对应的无线电设备电源开关打开。将主机上面的总电源打开。

（6）将车载电台控制盒面板上的电源打开（一般要持续几秒），车载电台自检开机。

（7）开机后，检查电台指示灯是否正常，同时检查列车位置信息是否正常。必要时，与其他移动台或调度台进行语音和数据通信测试。

3. 衡量标准

设备运行正常，和其他移动台或调度台的通话清晰。

（三）重启无线调度台

1. 应用范围

该项技能在无线调度台需要重启时使用。

2. 主要工具器

主要工具器：键盘。

3. 操作方法

（1）正确输入登录密码，推出开关，关闭调度台操作程序。

（2）检查计算机自身连线是否正确和牢固。

（3）检查计算机和系统相连的控制线，音频和网络线是否正确、牢固，并检测通信是否畅通。

（4）运行调度台操作程序。

（5）正确输入用户名和登录密码，并正常登录。

（6）检查系统的配置数据是否正常，ATS 和时钟信息是否正常。

（7）检查调度台语音、数据通信等相关功能。

4. 注意事项

注意用户名和登录密码的保密，避免泄露。

启动前应该确认当前无线调度台服务器与中心交换机工作正常，数据通信畅通。

5. 衡量标准

无线调度台各项功能使用正常。

（四）处理无线调度台的常见事故

1. 应用范围

该项技能在无线调度台出现故障，检修人员进行修复时使用。

2. 主要工具器、材料

键盘、扳手、一字旋具、十字旋具。

3. 常见的故障处理

当调度台出现故障时，应首先判断是软件问题还是硬件问题，如果是软件问题，可通过重启调度台软件或调度台系统软件解决；如果是硬件问题，则可通过加固连接，更换连线或更换相应的故障板件（调度台主机、调度服务器、接口板等）来解决。

（1）软件故障。

故障现象：调度台退出正常运行界面，回到操作系统状态，或者调度台软件死机，无法正常操作。

处理指南：重启调度台系统。

① 在调度台操作界面选择菜单栏的调度台退出键，关闭当前调度台程序。

② 在关闭程序的密码输入窗口正确输入关闭密码。

③ 点击确认键即可关闭调度台程序。

④ 重新打开调度台程序。

⑤ 使用正确身份和密码登录调度台。

⑥ 调度台通话资源分配后，测试若干通话组的通话质量，如果还不能解决，则继续下面操作。

⑦ 重启调度台与系统连接的接口部件，关闭调度台应用程序，拔掉调度台系统接口部件电源。2～3 s后重新上电，确认板件工作正常后，再重新打开调度台应用程序。

⑧ 重启系统调度台系统接口板卡，在重新确认板件工作正常后，再重启调度台应用程序。

（2）调度台与中心交换设备链路故障或服务器故障。

故障现象：调度台出现连接链路通信告警状态。

处理指南：检查网络及服务器状态，如果检查发现链路故障，则更新链路；如果服务器故障，则重启服务器；如果重启还不能恢复，则必须更换服务器的故障件（更换服务器不要求初级人员掌握）。

（3）调度台通话故障1。

故障现象：调度台接收呼叫无提示音。

处理指南：有可能是调度台软件故障，重启调度台软件或调度台系统。

（4）调度台通话故障2。

故障现象：调度台和移动台进行通话时，话筒不能同时接收或送话。

处理指南：有可能是通话故障，检查话筒里面的喇叭或PTT送话键的连线是否正常，检查喇叭或PTT按键的硬件是否正常。

（5）调度台无法呼叫某一移动台。

故障现象：调度台工作正常，但无法呼叫到某一个或某一区的移动台。

处理指南：有可能是被呼叫手机关机，或被叫手机处于信号盲区，可过段时间后再呼叫；如果仍然呼叫不到，有可能是交换机或基站故障，可待交换机基站恢复正常后再进行呼叫。

4. 注意事项

（1）遵循"先通后复"原则。

（2）判断和处理事故时要有依据，严禁盲目重启和复位设备程序，导致故障扩大。

（3）如果行车调度台出现故障，经过初步判断后，认为无法立即恢复，则应采用"先通后复"原则，在其他调度台上启用行车调度的功能，以确保行车调度员对列车的调度指挥。

5. 衡量标准

故障排除，设备运行正常。

（五）听取无线调度台的录音数据

1. 应用范围

该项技能在相关人员听取录音时使用，无线调度台录音系统对所有的无线调度台和其他用户的通话进行录音，从而为调度指挥指令提供查证、举证的依据。

2. 操作方法

（1）调度录音系统的配置检查。
① 检查确认调度台的语音输出与录音机语言通道已经硬件连接成功，并能正常通信。
② 使用正确用户名和密码登录录音配置界面。
③ 配置录音机通道名称，必须要与物理连接通道一致。
④ 调节好相关的录音参数（如启动方式、持续时间、静音时长等）。
⑤ 确认并保存。
（2）听取调度录音。
① 使用正确用户名和密码登录录音操作界面。
② 正确选择检查查询调度的语音通道。
③ 选择查询的起始和结束时间。
④ 调节计算机输出音量和喇叭音量，以满足听取需要。
⑤ 听取完成后，退出操作界面。

3. 注意事项

（1）由于录用数据涉及查证、取证等重要信息，必须做好密码保密工作。
（2）严禁在未经相关部门允许的情况下，对录音数据进行删除、修改或者拷贝等工作。
（3）使用部门或者外单位听取录音必须按照相关规定申请审批，并在听取过程中统一由通信专业人员进行操作。

4. 衡量标准

调度台录音完整、齐全、清晰。

（六）查询无线调度话务记录

1. 应用范围

该项技能在检修人员进行话务查询时使用，无线通信系统可对无线调度台和用户的所有通话记录和数据交换信息提供查询功能，为调度指挥指令提供查证、举证的依据。

2. 操作方法

（1）使用正确用户名和密码登录调度台服务器的通话查询界面。

（2）正确选择查询调度台和用户或信息类型。

（3）选择查询起始和结束时间。

（4）检查结束后，退出通话界面。

3. 注意事项

严禁在未经相关部门允许的情况下，对通话记录和数据信息等进行删除、修改或拷贝等工作。

4. 衡量标准

调度台的所有通话信息和数据交换信息完整、齐全。

二、电话交换子系统

（一）电话线室内布线

1. 应用范围

适用于当电话安装地点离面板较远，需要加长电话线时，或者电话线故障而需要重新布线以及其他需要敷设电话线的场合。

2. 主要工器具、材料

旋具（十字、一字）、冲击钻及钻头、铁锤、斜口钳、尖嘴钳、人字梯（可选）、电话线、线槽、线码、水泥钉、标签、图纸、膨胀螺钉（可选）、螺钉等。

3. 操作方法

（1）测量出需要敷设电话线的大致长度。

（2）确定电话线的敷设路径。

（3）从电话面板开始安装线槽，用水泥钉固定线槽或者用钻孔打胶塞上螺钉固定线槽，直到电话安装地点。

（4）把电话线理顺放入线槽。

（5）合上线槽盖。

（6）制作电话接头。

（7）接上话机测试。

（8）清理现场。

4. 衡量标准

（1）走线横平竖直。

（2）电话通话无杂音，声音正常。

（二）检查设备板卡状态

1. 应用范围

在日常维护和故障处理中，了解设备当前运行状态是必不可少的一步。在设备检修和故障处理中，应用本技能检查设备修前修后状态，并定位故障设备。

2. 主要工器具、材料

防静电手环、维护终端。

3. 操作方法

（1）目测检查板卡的指示灯、发光二极管的状态，并与正常状态比较，观察是否一致。

（2）在维护终端上输入板卡状态查看指令或进入板卡状态查看菜单，检查板卡状态是否正常。

4. 注意事项

（1）观察指示灯、发光二极管的状态时，必须持续观察 5 s 以上，不能一眼扫过。

（2）在维护终端上查看完毕后必须退出登录。

5. 衡量标准

板卡通常有空闲、忙（工作中）、故障 3 种状态，状态表现形式一般有指示灯、发光二极管和维护终端信息输出等。通常指示灯绿色表示正常状态、红色表示故障状态、闪烁表示工作中。

（三）检查维护终端工作站状态

1. 应用范围

在日常维护和处理故障中，维护终端是设备维护工作人员控制管理设备的工具，是经常需要使用的设备，检查维护终端就是为了确保维护终端正常工作，为日常工作和故障处理提供保障。

2. 主要工器具、材料

维护终端。

3. 操作方法

（1）检查维护终端接口参数设置是否正确。

（2）维护软件是否正常登录。

（3）检查交换机能否正确执行维护指令。

4. 注意事项

（1）维护终端使用完后必须退出登录。

（2）操作过程中做的修改必须做记录。

5. 衡量标准

维护终端与交换机连接正常、交换机能正确执行维护指令。

三、传输系统

（一）设备硬件板卡状态信息查看

1. 应用范围

传输系统的硬件设备提供了大量的状态监控信息，掌握板卡的状态信息显示对系统的日常保养、检修和故障处理都具有重要的参考意义，是设备检修与维护初级人员必须具备的。

2. 主要工器具、材料

配线资料、系统资料。

3. 操作方法

（1）记录板卡面板上的各种指示灯并标注。

（2）参考系统文件，查找并记录指示灯的含义。

（3）联系接入用户及运行设备，记录板卡正常工作时的状态显示。

（4）联系接入用户及模拟运行，记录非正常运行情况下的状态显示。

4. 注意事项

板卡的某一显示状态可能由多种原因引发，必须联系实际，加深理解。

5. 衡量标准

板卡状态与网管显示状态一致。

（二）配线架（MDF）配线操作

传输系统拥有多种数据接口，涉及大量的接线，需具备熟练配线及快速查线的技能。相关 MDF 查线技能及配线操作详见交换机技能部分。

（三）光纤配线架（ODF）配线操作

1. 应用范围

光纤配线架主要由架体部分、走线部分、配线部分、熔接部分、光缆固定和接地部分所组成。掌握良好的布线利于光纤保护，降低损耗，便于维护。

2. 主要工器具、材料

尾纤。

3. 操作方法

（1）光纤连接器（跳线）一端连接适配器，顺配线架的配线板左面单侧引出。
（2）将尾纤垂直走线槽向下，经过底部绕线环环绕。
（3）根据光纤的长短选择不同位置的挂线环，顺势自然盘绕。
（4）顺走线引出跳线并连接系统端口，注意预留接线长度。

4. 注意事项

光纤跳线在环绕时不可过紧或过松，盘绕时勿生拉硬拽。

5. 衡量标准

（1）光纤弯曲半径大于 40 mm。
（2）光纤不受损伤，安全可靠。
（3）走线整齐，可维护性强。

（四）光纤接头清洁

1. 应用范围

传输系统大量采用光纤媒介，在检修或故障处理时，若对光纤接头的清洁不当，则会增大损耗，影响传输质量。

2. 主要工器具、材料

尾纤、光纤清洁器。

3. 操作方法

（1）推开光纤接口清洁器的拉键。
（2）将光纤连接器的接头放入其中一个清洁槽内，按箭头指示方向垂直略微用力擦一次。
（3）为了保证清洁效果，可把接头放入另一个清洁槽内再清洁一次。
（4）清洁结束后，将拉键松开，光纤清洁器自动关闭。

4．注意事项

（1）不可使用棉球蘸酒精清洁光纤接头，因为棉花的纤维较粗，容易造成光纤接头的磨损。

（2）清洁时，眼睛不可直视光接头，防止有光信号时对眼睛造成伤害。

5．衡量标准

（1）光纤清洁良好，无磨损。

（2）连接器插入损耗在 0.5 dB 内。

（五）网管信息查看

1．应用范围

通过网管计算机查询设备数据，了解设备的工作状态，在故障时，对告警信息的查询能协助分析、定位故障点。

2．主要工器具、材料

计算机、网管软件。

3．操作方法

（1）进入网管软件界面，打开告警信息窗口栏，查看告警信息。

（2）检查网络拓扑结构、链接及显示状态是否正确。

（3）针对 SDH 系统网管，可查看各单板指示灯。

（4）针对 SDH 系统网管，可登陆各网元，查看是否处于工作状态。

（5）针对 SDH 系统网管，可查询系统的性能数据。

（6）告警信息的颜色显示，代表不同级别的告警。

（7）解读告警信息，并查找相应的节点网元或板卡。

4．注意事项

对于系统网管，在关闭服务器软件时会自动清空当前的告警信息，应注意备份。

5．衡量标准

（1）根据要求，查看信息正确。

（2）判断常见故障点，信息正确。

（3）操作正确，显示信息与硬件一致。

（六）日常检修维护

1．应用范围

通过对设备的日常检修维护，及时了解设备的工作状态，降低运行风险，保障系统运行的稳定、可靠。

2．主要工器具、材料

检修记录表、抹布、清洁剂、光纤清洁器、旋具、扳手、万用表等。

3．操作方法

（1）检查环境温度及设备温度。

（2）清洁环境卫生、机柜卫生和设备外壳卫生。

（3）检查设备输入电源及设备工作电源。

（4）检查设备各类板卡的工作状态。

（5）检查各类连线、接头及地线。

（6）查看网管的设备信息。

（7）检查各节点或网元是否有告警事件，并对告警进行分析。

（8）根据要求进行各类检修，对不合标准的项目进行整改。

（9）按检修表完成记录。

4．注意事项

检修时注意人身安全及设备安全，严格按照检修规程进行，遵守"三不动、三不离"原则。

5．衡量标准

（1）环境温度及设备温度在正常范围内。

（2）环境卫生、机柜卫生和设备外壳卫生良好。

（3）设备输入电源及设备工作电源正常，设备运行正常。

（4）设备各类板卡工作正常。

（5）各类连线、接头及地线接触良好，连接紧固。

（6）网管的设备信息显示正常。

（七）光缆线路维护

1．应用范围

通过对光缆巡检，检查线路的状态，降低运行风险，保障线路运行的稳定、可靠。

2．主要工器具、材料

检修记录表、抹布、绑扎带、斜口钳、人字梯等。

3．操作方法

（1）检查光缆是否绑扎牢固。

（2）检查表示是否清晰准确。

（3）检查架空光缆线是否掉线、有杂物。

（4）检查光缆弯曲度。

（5）检查光缆滴水情况。

（6）根据检修标准，整改不合乎要求的项目。

（7）按检修内容完成表格记录并归档。

4. 注意事项

巡检光缆线路时应注意人身安全。

5. 衡量标准

光缆标识清晰，绑扎牢固，外皮无破损，光缆无浸水。

四、广播子系统

（一）平行广播的测试

1. 应用范围

通过对广播系统的平行广播测试，检查平行广播播音功能，使系统功能满足生产需要。

2. 主要工器具、材料

广播播音控制盒、传声器。

3. 操作方法

（1）首先选用预录音对 A 区进行广播。

（2）接着对 B 区进行实况广播。

（3）再使用线路出入对 C 区进行广播。

（4）检查 A、B、C 区是否同时播放相应的内容。

（5）最后 A、B、C 区播放音源轮换。

（6）再检查 A、B、C 区是否同时播放相应的内容。

4. 注意事项

（1）测试时，不能影响系统正常工作；

（2）测试时，要清除系统优先级设定，避免操作被系统播音优先级中断。

5. 衡量标准

正常时，各播音区应同时播放不同语音内容。

（二）检查系统工作状态

1. 应用范围

通过检查各单元的工作状态，初步判断系统的运行状况，更好地对设备进行及时维护保养，及时清除设备运行隐患。

2. 主要工器具、材料

维护终端。

3. 操作方法

在检查系统工作状态时，先使用系统功能，如使用传声器触发系统进行广播，再检查系统人机界面信息，然后完成以下操作：首先观察系统单元电源指示灯，接着观察系统单元工作状态灯，再观察系统单元输入电路工作状态指示灯，观察系统单元控制电路工作状态指示灯，最后观察系统单元输出电路工作指示灯。

4. 注意事项

检查各指示灯时，应对每个灯细心观察，避免遗漏及错判。

5. 衡量标准

符合相关的检修标准和产品操作、技术手册。

五、视频监控子系统

（一）设备状态检查

1. 应用范围

在设备日常维护和故障处理中，了解设备当前运行情况是必不可少的一步。

2. 主要工器具、仪器仪表

系统资料。

3. 操作方法

（1）通过设备状态指示灯检查设备状态。查看并记录各模块面板上的各种指示灯。视频监视系统机柜内各模块一般有电源状态指示灯，部分模块还有其他状态指示灯。对照设备维护文件，检查指示灯的状态是否正常，从而判断设备状态。

（2）通过中心网管检查设备状态。大型视频监视系统一般配置有中心网管，其监控软件设有图形化或列表形式的站点设备监控界面，具有查看所有设备状态的功能。根据具体系统的监控软件设计，进行相关操作，调出该功能，在设备站点分布图或列表中选择要查看的站点、设备、模块，即可查看该设备的状态信息。另外，还要查看系统的告警信息，检查相应设备是否有故障。

（二）摄像机的安装

1. 应用范围

摄像机的安装是检修人员必须掌握的技能之一。

2. 主要工器具、仪器仪表

扳手、内六角旋具、对讲机、冲击钻、工作梯、万用表。

3. 操作方法

摄像机的使用很简单，通常只要正确安装镜头，连通信号电缆，接通电源即可工作。但在实际使用中，如果不能正确安装镜头并调整摄像机及镜头的状态，则可能达不到预期的使用效果。以下简要介绍摄像机的正确使用方法。

（1）安装镜头。摄像机必须配接镜头才可使用，一般应根据应用现场的实际情况来选配合适的镜头，如定焦镜头或变焦镜头、手动光圈镜头或自动光圈镜头、标准镜头或广角镜头等。具体步骤如下：

① 去掉摄像机及镜头的保护盖。

② 将镜头轻轻旋入摄像机的镜头接口并使之到位。对于自动光圈镜头，还需将镜头的控制线连接到摄像机的自动光圈接口上，对于电动两可变镜头或三可变镜头，只要旋转镜头到位，暂时不需校正其平衡状态（只有在后焦距调整完毕才需要最后校正其平衡状态）。

（2）调整镜头光圈与对焦。关闭摄像机上的电子快门及逆光补偿等开关，将摄像机对准欲监视的场景，调整镜头的光圈与对焦环，使监视器上的图像最佳。如果是在光照度变化比较大的场合使用摄像机，最好配接自动光圈镜头，并将摄像机的电子快门开关置于 OFF 位。如果选用了手动光圈，则应将摄像机的电子快门开关置于 ON 位，并在现场最为明亮（环境光照度最大）时，将镜头光圈尽可能打开，并仍使图像为最佳（不能使图像过于发白而过载），镜头即调整完毕，装好防护罩并上好支架即可。由于光圈较大，景深范围相对较小，对焦距离应尽可能照顾到整个监视现场的清晰度。当现场照度降低时，电子快门将自动调整为慢速，配合较大的光圈，仍可使图像满意。

在以上调整过程中，若不注意在光线照明时将镜头的光圈尽可能开大，而是关得比较小，则摄像机的电子快门会自动调在低速上，因此仍可以在监视器上形成较好的图像；但当光线变暗时，由于镜头的光圈比较小，而电子快门也已经处于最慢了，此时的成像就可能是乌黑一片。

（3）后焦距的调整。后焦距也称背焦距，指的是当安装上标准镜头（标准 C/CS 接口镜头）时，能使被摄景物的成像恰好在 CCD 图像传感器的靶面上，一般摄像机在出厂时，对后焦距都做了适当的调整，因此，在配接定焦镜头的应用场合，一般都不需要调整摄像机的后焦距。

在有些应用场合，可能出现当镜头对焦环调整到极限位置时仍不能使图像清晰的情况，此时必须首先确认镜头的接口是否正确。如果确认无误，就需要对摄像机的后焦距进行调整。根据经验，在绝大多数摄像机配接电动变焦镜头的应用场合，往往都需要对摄像机的后焦距进行调整。

后焦距调整的步骤如下：

① 将镜头正确安装到摄像机上。

② 将镜头光圈尽可能开到最大（目的是缩小景深范围，以准确找到成像焦点）。

③ 通过变焦距调整（Zoom In），将镜头推至望远（Tele）状态，拍摄 10 m 以外的一个

物体的特写，再通过调整聚焦（Focus）将特写图像调清晰。

④ 进行与上一步相反的变焦距调整（Zoom Out），将镜头拉回至广角（Wide）状态，此时画面变为包含上述特写物体的全景图像，但此时不能再作聚焦调整（注意：即使此时的图像变模糊也不能调整聚焦），而是准备下一步的后焦调整。

⑤ 将摄像机前端用于固定后焦调节环的内六角螺钉旋松，并旋转后焦调节环（对于有后焦调节环的摄像机则直接旋转镜头而带动其内置的后焦环），直至画面最清晰为止，然后暂时旋紧内六角螺钉。

⑥ 重新推镜头到望远状态，看看刚才拍摄的特写物体是否仍然清晰，如不清晰则重复上述第①、②、③步骤。

⑦ 通常只需一两个回合就可完成后焦距的调整了。

⑧ 旋紧内六角螺钉，将光圈调整到适当的位置。

4．注意事项

（1）安装镜头时，注意镜头与摄像机的接口，是 C 型接口还是 CS 型接口（这一点切记，否则用 C 型镜头直接往 CS 接口摄像机上旋入时极有可能损坏摄像机的 CCD 芯片）。

（2）接上电源前，先用万用表测量电压值是否正常，并检查与摄像机输入电源电压是否匹配。

（三）视频同轴电缆的连接器制作和安装

1．应用范围

视频电缆与设备的连接通常用 BNC 连接器，检修人员必须掌握视频同轴电缆的连接器制作和安装技能。

2．主要工器具、仪器仪表

同轴电缆剥线器、同轴电缆压线钳、电烙铁、万用表、焊锡丝。

3．操作方法

同轴电缆接头制作方法如下：

（1）套上接头外护套。

（2）用同轴电缆剥线器剥开电缆外皮，断口要整齐，不伤及内缆，开剥长度适中。

（3）用同轴电缆剥线器剥开内芯护套。剥开护套时，不能伤及线丝，开剥长度适中。

（4）将内芯线丝拧成一股，用焊锡焊紧。

（5）用 BNC 压接钳压紧内芯，不能有线丝散出。

（6）将卡夹夹紧外护套。要求卡夹全部夹在外护套上。

（7）用 BNC 压接钳压紧接头外护套。

（8）用万用表测试两接头间的电阻及内芯对地电阻。要求两接头间的电阻小于 0.1 Ω，对地电阻无穷大。

（四）监视器的安装和检验

1. 应用范围

检修人员必须掌握监视器的安装与检验技能。

2. 主要工器具、仪器仪表

扳手、内六角旋具、冲击钻、工作梯、万用表。

3. 操作方法

（1）监视器在安装前，先使用视频信号发生器检测监视器显示是否正常。

（2）视频信号发生器可以输出彩色、黑白测试图形，网格信号，点阵信号，灰阶信号，彩条信号，白窗口信号，圆和复合测试信号，水平-垂直清晰度测试信号，各向清晰度测试信号，自然图像测试信号。使用视频信号发生器可检查彩色电视机自然色彩的还原能力、图像分解能力和表现能力，内容包含色彩亮暗层次、高频细节、不规则线条等。

（3）测试方法：用同轴电缆连接监视器与视频信号发生器，分别接通监视器与视频信号发生器的电源，选择视频信号发生器的输出测试信号和图形，检查监视器显示与所选的信号是否一致，一致即说明监视器功能正常。

（4）监视器的安装较简单，只要安装放置监视器的支架，接通监视器的电源和视频信号即可。放置监视器的位置应与操作者观看的距离、角度和高度相适应。

4. 注意事项

接上电源前，先用万用表测量电压值是否正常，并检查与监视器输入电源电压是否匹配。

六、时钟子系统

（一）查看设备状况

1. 应用范围

在日常维护和故障处理中，了解设备当前运行情况是必不可少的。在时钟子系统日常包养、检修和故障处理中，应用本技能检查母钟/子钟修前修后状态，并定位故障设备。

2. 操作方法

（1）查看中心母钟工作状态。
（2）查看二级母钟工作状态。
（3）查看子钟工作状态。

3. 衡量标准

通过指示灯、面板显示等查看得到的设备状态应与设备实际运行状态、故障状态相一致。

（二）母钟、子钟手动校时

1. 应用范围

在时钟子系统定期检修和母钟、子系统故障处理中，应用本项技能对母钟、子钟时间进行手动调整，或检查母钟、子钟手动校时及相关按键功能、自动校时功能是否正常。

2. 操作方法

（1）中心/二级母钟。

① 在中心母钟或二级母钟前面板上一般都设有用于调整当前母钟时间的键盘按键组。找到这些按键，进行手动调整母钟时间。

② 根据具体系统的按键定义，通过适当操作来调整当前母钟的时间。

（2）数显式子钟。

① 在数显式子钟上一般设有用于调整当前时间的按键组，找到这些按键，手动调整数显式子钟时间。

② 根据具体系统的按键定义，通过适当操作来调整当前子钟的时间。

3. 衡量标准

母钟、子钟的时间能手动调整到希望值，校时后设备运行正常。

4. 注意事项

调整本地设备时间后，若系统校时功能正常，且调整的时间与上一级传送来的校时信号不一致，则当上一级传送来校时信号时，本地设备时间会被重新校准。

七、不间断电源子系统

（一）检查设备的运行情况

1. 应用范围

通过检查设备的运行情况，及时掌握通信不间断电源子系统的运行状况。

2. 主要工器具、材料

网管中断。

3. 操作方法

（1）检查设备运行指示状态，查看是否与设备正常指示标准一致。

（2）检查各部件线缆、接头及插件是否正常和完好。

（3）检查网管终端是否有故障告警信息。

（4）通过维护终端检测设备部件的运行状态。

4. 注意事项

网管终端使用完毕后必须退出登录。

5．衡量标准

设备各部件运行正常，网管终端无故障告警信息显示。

（二）清洁设备机柜

1．应用范围

清洁 UPS 设备机柜、蓄电池柜和配电设备柜。

2．主要工器具、材料

抹布、清洁剂、吹尘枪、防静电刷等。

3．操作方法

（1）使用干净的抹布清洁机柜。

（2）对于机柜难清洁的部位可用防静电刷或洗尘枪小心清洁。

（3）清洁机柜要按"先上后下、先里后外"的原则进行。

4．注意事项

（1）不能用有腐蚀性的清洁剂清洁机柜。

（2）不能用容易脱毛、掉毛的抹布等清洁机柜。

（3）不能用滴水的抹布清洁机柜。

（4）清洁机柜时不能产生大量的灰尘。

5．衡量标准

UPS 机柜、蓄电池柜和配电柜无积尘，表面无污垢。

（三）交流电压的测量

1．应用范围

测试 UPS 的输出电压、主电源的三相交流电输入电压和电源的输入电压。

2．主要工器具、材料

数字式万用表或钳形电流表。

3．操作方法

（1）交流电压的测量通常使用数字式万用表，测量方法主要有直读法。

（2）从 VOLT 及 COM 插口输入被测电压，测量功能旋钮旋至 AC 对应量程，可测交流电压值。

（3）测试表棒直接并联在被测电路两端，数字式万用表的读数即为被测电路的有效电压值。

4. 注意事项

对于高压电，为了保证测试人员和测量设备的安全，一般采用电压互感器将高压变换到电压表量程范围内，然后通过表头直接读取。进行电压互感器的安装和维护时，严禁将电压互感器的输出端短路。

5. 衡量标准

与设备正常运行标准一致。

（四）直流电压的测量

1. 应用范围

测试 UPS 蓄电池组各单体电池端电压的均一性。

2. 主要工器具、材料

数字式万用表。

3. 操作方法

（1）直流电压的测量通常使用数字式万用表，测量方法主要有直读法。

（2）从 VOLT 及 COM 插口输入被测电压，测量功能旋钮旋至 DC 对应量程，可测直流电压值。

（3）测试表棒直接并联在被测电路两端，数字式万用表的读数即为被测电路的有效值电压。

（4）确认蓄电池组处在浮充状态。

（5）测量各单体电池的端电压，求得一组电池的平均值。

（6）将每只电池的端电压与平均值相减，取最大差值。

4. 注意事项

（1）为保证所测量的蓄电池组端电压的准确性，要求所测量蓄电池组要处在浮充状态 24 h 以上。

（2）操作前必须检查有无不安全因素，如导体裸露等，所有工器具要做好绝缘处理。

5. 测量标准

蓄电池组各单体电池端电压的最大差值小于 ± 50 mV 为合格，否则不合格。

（五）交、直流电流的测量

1. 应用范围

测试主电源的三相交流输入电流、UPS 的输出电流及蓄电池组的浮充电流、放电电流和充电电流等。

2. 主要工器具、材料

交、直流钳形电流表。

3. 操作方法

（1）交、直流电流的测试一般选用交、直流钳形电流表。

（2）将量程旋钮的 AC/Ω 对准 AC 2 000 A 时，表示为交流 2 000 A 挡；若量程旋钮的 DC 对准 DC 200 A 时，表示为直流 200 A 挡。

（3）测量时，按压手柄，使变钳口张开，只套在一根通电导线上，并使所测导线位于闭合钳的中央。

（4）在钳形电流表的显示器上读出的数值即为被测电路的电流值。

4. 注意事项

（1）当测量直流电流时，测前先放开手柄，使变钳口闭合，调节调零旋钮（DCA0ADJ），使显示器上显示为 0.00 A。每改变一次直流电流量程都应调零一次。在测量直流电流时，钳口所钳被测导线中的电流流向应与钳表口中所标箭头方向一致，不然会在显示器上的数值前出现负号，并影响测量准确度。

（2）在测量过程中，若所测位置无法目测显示值，可按锁定键（HOLD），锁住显示值，待取回表后再读数。

5. 衡量标准

与设备正常运行标准一致。

子模块 SB2　中级检修技能

一、无线通信子系统

（一）使用无线综合检测仪

1. 应用范围

无线综合检测仪使用广泛，主要应用在移动终端测试、移动通信系统基站维护、信号频谱分析没信号波形显示和分析、模拟和数字移动通信系统的通信测试平台等。

2. 使用方法

（1）正确连接综合检测仪和待测设备。

（2）综合测试仪上电自检。

（3）选择综合检测仪功能模式，按键选择显示屏幕菜单中所列的功能模块（如发射测试、接收测试、双工测试等），进入相应的测试模式子菜单。

（4）设置基础数据（频率、电平等），即输入测试所必需的已知条件参数。先按键选中要操作的参数选项，使其成为可操作状态（亮显），然后用键盘输入数值，选择单位，然后确定。

（5）开启待测设备，读出综合检测仪测试结果并记录。

（6）进入下一项测试。

3. 注意事项

（1）连接、设置过程中，保持待测设备电源处于关闭状态，连接、设置完成后才开待测设备电源。

（2）注意阻抗匹配，综合检测仪面板上有音频和射频两种信号类型的端口，音频输入输出阻抗是 600 Ω，射频输入输出阻抗是 50 Ω。

（3）综合检测仪面板上有两个 RFN 射频端口，由端口正上方 LED 的亮、灭状态指示对应的端口在用与否，其中一个射频输入端口使用大功率输入，另一个使用 2 W 以下的小功率输入，在不确定待测设备功率大小的情况下，首先使用综合检测仪大功率输入端口进行测试。

4. 应用实例

（1）发射机测试。

① 连接待测设备的 RFOUT 射频输出端口到综测仪的 RFIN 射频输入窗口。

② 开启综合检测仪，在主菜单选择“TXTEST”测试模块。

③ 通过输入端口选择按键使当前端口上的 LED 点亮。

④ 开启待测设备，综合检测仪自动调谐到发色痕迹的射频频率，并自动测试和显示功率数值。

⑤ 正常读取并做好记录。

⑥ 关闭综合检测仪和被测设备电源，然后拆除测试连线。

（2）接收机测试。

① 连接综合检测仪的“RFOUT”射频输出端口到待测设备的“RFIN”射频输入端口。

② 连接待测设备的主音频输出端口“AFOUT”到综合检测仪的音频输入端口“AFIN”。

③ 开启综合检测仪，在主菜单选择“RFOUT”测试模块进入接收机测试菜单。

④ 在菜单选择上选择射频信号发生器“RFGEN”，使用综合检测仪数字键盘输入待测设备接收机的测定频率射电平。

⑤ 开启待测设备，综合检测仪自动测试和显示被检测设备的接收灵敏度和信纳比等参数值。

⑥ 正常读数并做好记录。

⑦ 关闭综合检测仪和被测设备电源，然后拆除测试连接。

5. 衡量标准

能熟练使用无线电综合检测仪，测试的数据准确合理。

（二）使用射频功率计

1. 应用范围

射频功率计主要应用于移动通信系统基站测试和故障检测，直放站和射频放大器输出测试，射频天线发射功率、回波功率和回波损耗测试等。常见的射频功率计有指针式和数字式两种类型，指针式功率计包括表头和功率探头两部分，数字式功率计包括表头和定向功率传感器。

2. 使用方法

（1）指针式功率计的用法。

① 选择合适的功率探头以及测试挡位。

② 根据不同的测试挡位和测试功率，选择不同的功率探头，常用的功率探头有 5 W、50 W、25 W。

③ 将指针式功率计与被测设备连接。

④ 开启设备，通过指针读出被测设备前向功率。

⑤ 如果需要用模拟功率计测试驻波比（SWR），可以采用以下步骤：

a. 关闭设备。

b. 将指针式功率计的探头方向旋转成反方向。

c. 再开启设备，则可以读出反方向功率 P。

d. 根据驻波比（SWR）与功率的关系公式计算驻波比。

（2）数字式功率计的用法。

① 安装定向功率传感器，在安装定向功率传感器时必须严格按照下述方法进行：首先要正确选择相对应的传感元件，如选择 460 ~ 500 MHz 频率范围使用的传感元件 DPM-50E 与 DPM-5E，然后将 DPM-5E 安装至"Forword"插孔，将 DPM-5E 安装至"Reflected"插孔，调整两个元件，使其箭头相对，固定好传感元件。

② 测试仪器的连接。用射频跳线将所测试设备的无线信号发射端连接至 DPM 的"Input"端口，DPM 的"Output"端口与无线相连接，用设备原装的线缆连接 DPM 的"Internet"接口与"SENSOR"接口。

③ 开启功率计和待测设备电源。

④ 操作功能计按键，依次选择正向功率、反向功率、驻波比及回波损耗等测试项目，读出并记录测试结果。

3. 注意事项

（1）在功率计与待测设备连接完成后，才开启设备电源，以免损坏被测设备功率计。

（2）功率计探头选择一定要正确，探头功率小于被测设备功率会烧毁功率计，探头功率远大于被测设备功率则会增大测试的结果误差。

（3）连接时，注意探头上的测试方向标志，设备发送端应连接测试方向标志箭头的尾端，测试方向标志箭头处连接天馈口（馈口或跳线）。

4. 衡量标准

能正确使用设备，测试的数据准确合理。

（三）设置移动参数

1. 应用范围

该项技能在检修人员根据系统用户要求，设置移动台的各项参数，使移动台加入系统网络进行无线通信时使用。

2. 主要工器具、材料

专用移动台编程软件、计算机、编程数据连接线。

3. 操作方法

（1）正确连接移动台与编程计算机的接线及附件（如加密狗）。
（2）使用正确用户名和密码登录软件操作界面。
（3）正确设置计算机与移动台通信链路的参数设置。
（4）正确打开移动台电源开关。
（5）通过编程软件和操作界面，读取移动台软件设置数据。
（6）修改移动台个人识别码（ISSI）。
（7）根据系统设计要求，设置手持机各项功能参数和通信权限。
（8）编制各通话组，包括组名、号码优先识别、扫描监听等参数。
（9）确认并保存数据到手持机上。
（10）编程完毕后，拆线并重启移动台，必要时进行通话测试。

4. 注意事项

移动台在进行参数设置时必须有足够的电池电量，以保证整个设置过程顺利进行，否则会造成移动台软件数据出错，甚至移动台无法正常使用。

5. 衡量标准

移动台数据齐全、正确，能加入无线系统网络，实现通信功能。

（四）测试移动台性能

1. 应用范围

该项技能在检修人员测试移动台性能指标时使用。将参数的测试值和标准值相比较，从而判断移动台的各项性能是否正常。

2. 主要工器具、材料

移动台、综合测试仪、射频测试线、扳手、旋具。

3. 操作方法

（1）移动台发射性能测试。

① 关闭移动台电源。

② 断开移动台发射接收端无线接头。

③ 通过射频电缆，将综合测试仪连接在移动台发射/接收端上。

④ 开启综合测试仪，并设置好相应的参数。

⑤ 综合测试仪进入"TXTEST"界面。

⑥ 重新打开移动台电源，按压电台"PTT"发射键。

⑦ 在综合测试仪上读取移动台的发射功率。

⑧ 测试纸与标准值误差应不超过 ± 2 dB，否则移动台接收性能有问题，需要进行修理。

⑨ 测试完毕后，拆线并恢复移动台原来的结构连接，重新开机。

（2）移动台接收性能测试。

① 关闭移动台电源。

② 断开移动台发射/接收端无线接头。

③ 通过射频电缆，将综合测试仪连接在移动台发射/接收端上。

④ 开启综合测试仪，并设置好相应的参数。

⑤ 综合测试仪进入"RXTEST"界面。

⑥ 重新打开移动台电源，使移动台处于待机状态。

⑦ 调节并逐步增大综合测试仪输出功率（从 – 130 dBm 开始），当移动台收到有效信号时，综合测试仪的输出功率就是该移动台的接收灵敏度。

⑧ 测试纸与标准值误差应不超过 ± 2 dB，否则移动台接收性能会有问题，需要进行修理；测试完毕后，拆线并恢复移动台原来的结构连接，重新开机。

4. 注意事项

在测试时选取正确的测试模式。

5. 衡量标准

移动台发射和接收性能指标在设计规定范围内，移动台工作正常，通信质量良好，移动台性能测试包括发射和接收两项性能，其中，发射性能在发射功率的指标上，而接收性能体现在接收灵敏度的指标上，在轨道交通的无线集群系统中，发射功率的主表常用使用范围是 1 ~ 5 W。接收灵敏度指标的常用使用范围是小于 – 112 dBm（静态），小于 – 105 dBm（动态）。

（五）测试基站发射性能

1. 应用范围

该项技能在检修人员测试基站发射性能指标时使用。将指标的测试值和标准值相比较，从而判断基站的发射性能是否正常。

2. 主要工器具、材料

笔记本计算机、终端软件、综合测试仪、数据连接线、射频电缆、扳手、移动台。

3. 操作方法

（1）关闭基站，接收发信机停止工作，不发射信号。

（2）将笔记本计算机连接到收发信机测试口。

（3）将基站工作设定在测试模式。

（4）将无线综合测试仪 RF 的输入口通过射频电缆连接到收发信机 BR 输出的"PAOUT"端口。

（5）综合测试仪进入"TXTEST"界面。

（6）在笔记本计算机上输入指令，使该 EBTS 基站产生输出信号，并测试其频率、功率和频偏。

（7）根据测试结果，调整 BR 频率和功率。

（8）使用无线综合测试仪测试 BR 的矢量误差（RMS）和矢量峰值误差。

（9）使用无线综合测试仪测试 BR 的驻波比（SWR）。

（10）测试完毕，恢复基站到正常工作模式。

4. 注意事项

（1）拆卸或连接基站发射端口前，必须确保基站已停止发射。

（2）必须在基站进入测试状态后，方可进行测试。

（3）在测试前，要根据基站的系统参数，正确设置综合测试的各项参数。

5. 衡量指标

基站发射性能参数的测试结果应在设计标准范围内，在基站的信号覆盖范围区域，信号场强稳定，无线数字集群系统的基站发射性能通常体现在发射功率、矢量误差、矢量峰值误差、频率误差、驻波比等几项指标上。在轨道交通的无线集群系统中，以上几个指标的常用使用范围是：发射功率在 40～43 dBm，矢量误差小于 10%，矢量峰值误差小于 30%，驻波比误差小于 1.5%。

（六）测试基站接收性能

1. 应用范围

该项技能在检修人员测试基站接收性能指标时使用，将指标的测试值和标准值相比较，从而判断基站的接收性能是否正常。

2. 主要工具、材料

笔记本计算机、软件终端、综合测试仪、数据连接线、射频电缆、同步线、扳手、移动台。

3. 操作方法

（1）关闭基站，使收发信机停止工作，不发射信号。

（2）用射频电缆连接综合测试仪和基站的天线发射口，用同步线连接综合测试仪和接收发信机的数据接口。

（3）连接笔记本计算机和基站收发信机数据接口。

（4）重启基站，进入基站的接收测试模式。

（5）综合测试仪进入"RXTEST"界面。

（6）对于数字集群，综合测试仪向基站发射测试信号，调整测试电平到标准要求，读出并记录此时的误码率即为基站接收机的误码率值。

（7）重启基站，并进入基站的正常工作模式。

（8）使用手持机进行通话测试，并测试场强，确认基站工作正常。

4. 注意事项

（1）测试误码率时，要将基站设置为测试状。

（2）综合测试仪在测试过程中充当测试信号源，要正确设置好综合测试仪的各项参数。

（3）当更换基站的载频后，在进行测试时，必须要对综合测试仪的设置频点进行修改，保证和当前基站的频点相一致。

5. 衡量标准

基站接收性能指标的测试值应符合系统设计标准，基站工作正常，通话质量良好，数字集群系统基站的接收性能指标主要是测试误码率。

6. 应用实例

下面以 EADS（NOKIA）的 TETRA 产品 Dxtip 系统为实例，详细介绍如何用综合测试仪进行基站的发射、接收性能测试。

（1）发射性能的测试。

① 连接 IFR2968I 综合测试仪和收发信机接收端、发射端。

② 进入 IFR2968 综合测试仪的测试菜单，操作步骤为：SYSTEM→MENU→T1Test→TxTest→输入频点。

③ 将笔记本计算机和基站收发信机测试口连接，并打开测试软件，在 RF Parameters 菜单中选择 Parameters 项，配置发收信机频率和功率。

④ 通过笔记本计算机，根据需要修改发射功率的等级，输入发射、接收频率，然后依次单击 copy to flash、load to radio 应用确定按钮。

⑤ 在测试软件的 test 菜单中选择 local state 项，将载频设为 local 状态。

⑥ 在 test 菜单中选择"test Transmission"项，修改发射功率等级，发射、接收频率，然后依次单击 apply、start 按钮开始测试。

⑦ 在进行发射功率测试时，需要测试 1、3、15 三个功率等级，并详细记录各等级的输出功率、矢量误差、矢量峰值误差、频率误差、驻波比。

⑧ 测试完毕后，单击 stop 按钮停止，恢复某站的正常工作模式。

（2）接收性能的测试。

① 射频电缆连接无线综合测试仪和基站的天线发射口，用同步线连接无线综合测试仪和基站收发信机数据口。

② 选择进入综合测试仪的"RXTEST"界面。

③ 调节 IFR2968 综合测试仪的输出，依次改变基站 RX 的输入为 − 50 dBm、− 85 dBm、− 115 dBm 3 个等级，分别进行测试。

④ 将载频设为 local 状态，若在设置前已是 local 状态，则要取消，并重新设置一次。

⑤ 在测试软件上选择 test 菜单中的 BER test 项。

⑥ 在进行接收误码测试时每个载频均需要对接收进行 − 50 dBm、− 85 dBm、− 115 dBm 三个等级测试，若测试结果的数值均符合相关指标，则表示测试通过，通常测试过程中默认的测试时间为 30 s。

（七）备份基站配置数据

1. 应用范围

该项技能在检修人员进行日常维护、备份基站数据时使用，当基站控制器故障，需要更换处理时，可以将备份好的基站数据导入新的基站控制器中，快速恢复基站运行。

2. 主要工具器、材料

笔记本计算机、软件终端、数据连接线、手持机。

3. 操作方法

（1）将笔记本计算机和基站控制器相连。

（2）运行基站的相关专用软件。

（3）重启基站并进入数据配置模式。

（4）在数据配置模式下进行数据下载备份，并保存在笔记本计算机中。

（5）重启基站，进入正常工作模式。

（6）用专用软件查看基站参数，确认参数正确后，退出软件。

（7）用手持机进行通话测试，并测试场强，确认基站工作正常。

4. 注意事项

（1）备份数据时必须在基站的配置模式下进行。

（2）当基站参数有变动时，要及时进行数据备份。

5. 衡量标准

备份的基站数据完整、齐全、无误。

（八）测试直放站发射性能

1. 应用范围

该项技能在对应直放站发射性能的测试时使用，将测试值和标准值相比较，从而判断直放站的发射性能是否正常。

2. 主要工具器、材料

笔记本计算机、直放站专用软件、综合测试仪、测试电缆、手持机。

3. 操作方法

（1）关闭直放站电源，断开直放站的射频输出电缆。

（2）使用射频电缆将无线综合测试仪与放射站的射频输出端相连。

（3）重新开启直放站的电源。

（4）在直放站只接收控制信道通信号的条件下，测试并记录射频输出功率。

（5）将确定测试值与系统设计标准值进行比较。

（6）确定测试值与标准误差不超过 ± 2 dB，否则通过设置软件调整增益设置或直接调拨衰减器增益设置进行补偿。

（7）调整完毕，关闭直放站电源。

（8）重新接上直放站输出到功分器的射频输出电缆。

（9）开启直放站电源。

（10）使用移动台进行呼叫测试，确认直放站工作正常。

4. 注意事项

拆卸或连接直放站进行呼叫测试，确认直放站工作正常。

5. 衡量标准

直放站发射性能测试数据符合系统设计标准，在轨道交通的无线集群系统上，该指标的使用范围通常是 37 ~ 40 dBm。

（九）远程控制基站

1. 应用范围

该项技能在检修人员通过中心交换设备远程控制基站动作时使用。

2. 操作方法

（1）打开/关闭信道机发射。

① 正确选中所要遥控的基站。

② 正确选中相应的信道机。

③ 使用相关打开/关闭指令。

④ 完成后恢复正常。

（2）重启基站。

① 正确选中所要遥控的基站。

② 使用相关的重启指令。

③ 完成后恢复正常。

（3）转换基站的工作模式。

① 正确选中所要遥控的基站。

② 检查该基站数据库中是否有工作模式的数据包。

③ 使用相关的工作模式转换指令。

④ 成功切换后，进行通话测试。

⑤ 测试完成后恢复正常。

3. 注意事项

（1）此项工作涉及修改系统数据，必须在熟悉系统结构和原理的基础上，对设置的步骤及相关参数含义有充分的认识，然后才能进行操作。

（2）由于上述功能是通过交换机对基站的遥控指令完成的，在操作过程中，必须保证通信畅通和足够的作业时间，在基站没有反馈执行完遥控的指令前，严禁对基站进行其他操作，以免造成设备数据出错和损坏。

4. 衡量标准

基站能按照系统指令进行相应动作。

（十）查看、诊断无线系统设备故障

1. 应用范围

该项技能在检修人员对设备进行日常故障诊断时使用。

2. 操作方法

（1）进入网管终端的监控软件登录界面，输入用户名以及相应的口令。

（2）通过监控软件查看相关状态，故障信息的类型、内容以及故障部件等信息。

（3）通过系统维护终端或到现场通过设备维护接口读取故障信息，准确地诊断设备故障点、故障板卡等信息。

各个系统诊断操作指令和步骤略有不同，具体操作维护可参考系统的操作维护手册，此处不再详细描述。

二、交换系统

（一）系统连接配置

1. 应用范围

当系统连接断开和需要与其他系统连接的情况下使用。

2. 主要工器具、材料

维护终端。

3. 操作方法

（1）进入站点配置菜单对站点进行配置。
（2）进入客服端 IP 配置菜单对 IP 地址进行配置。
（3）进入服务端 IP 配置菜单对 IP 地址进行配置。
（4）进入 ICSCS 和传输数据端口菜单对端口数据进行配置。
（5）进入子系统 IP 配置菜单对子系统 IP 进行配置。

4. 注意事项

（1）对站点配置时，需确认站点选择是否正确。
（2）对 IP 进行配置时，需确认输入 IP 是否正确。

5. 衡量标准

站点信息配置正确，IP 配置正确，ICSCS 和传输数据端口配置正确。

（二）安装交换机电路板

1. 应用范围

当程控交换机需要扩容、增加新功能或更换电路板槽位的时候需要用到安装电路板的技能。

2. 主要工器具、材料

防静电腕带、拨板器、防静电保存袋、维护终端。

3. 操作方法

（1）把电路板插入正确槽位。
（2）输入安装电路板的指令或进入安装电路板菜单。
（3）输入要安装电路板的种类。电路板种类一般分为外围电路板、铃流板、控制板、中继板和信号音板等。
（4）输入电路板的型号。每块电路板都贴有一块标签，写明电路板的型号。
（5）输入电路板的驱动软件代号。不同电路板类型有不同的驱动软件，电路板必须和驱动软件匹配才能正常工作。
（6）输入电路板的物理安装地址，即要安装的电路板在交换机中的位置。
（7）其他参数使用系统默认值即可。
（8）确认执行。

4. 注意事项

（1）插拔电路板时必须戴上防静电腕带。
（2）插拔电路板时，应动作平缓、果断、干脆，插拔到位，插拔过程中电路板保持垂直或水平，不能左摇右摆。
（3）必须输入正确的电路板型号和驱动软件代号，否则电路板不能正常工作。

5. 衡量标准

按步骤正确安装电路板，遵守注意事项。

（三）重启交换机电路板

1. 应用范围

当电路板状态异常、端口锁死或对端局故障时需要用到电路板重启的技能。

2. 主要工器具、材料

维护终端。

3. 操作方法

（1）输入重启电路板的指令或进入重启电路板菜单。
（2）输入电路板物理地址。
（3）选择是立即重启电路板或等电路板空闲后再重启。
（4）确认执行。

4. 注意事项

（1）必须输入正确的电路板物理地址和型号，避免误操作。
（2）重启电路板过程中应密切观察电路板的状态变化进度是否正常。

5. 衡量标准

按步骤正确重启电路板，遵守注意事项。

三、传输系统

（一）更换板卡（机盘）

1. 应用范围

中级要求能处理一般故障及对损坏接口卡进行更换处理，由于接口卡较多，针对不同的板卡有不同的更换方法，需要参考维护手册进行操作，这里介绍支持热插拔板卡的通用更换方法。

2. 主要工器具、材料

旋具、防静电手环、防静电保护袋、网管终端等。

3. 操作方法

（1）更换板卡前，检查业务影响范围，根据实际情况做好准备。
（2）带上防静电手环，手环接地良好。

（3）关闭板卡的开关。

（4）将用户连接线放下后取出板卡。

（5）将拔下的板卡放置于静电袋内并做好标记。

（6）将新的板卡设置参数后，插入对应的槽位。

（7）接上用户线。

（8）打开板卡开关。

（9）检查板卡工作是否正常。

（10）登录网管终端，查看更换板卡的状态是否正常。

4. 注意事项

（1）更换板卡时，必须戴上防静电手腕。

（2）换下的板卡放置于防静电袋内。

5. 衡量标准

（1）按正确步骤拔插电路板。

（2）严格遵守注意事项。

（二）光功率的测试

1. 应用范围

通过对光功率的测量，检验光信号的衰减。

2. 主要工器具、材料

光纤清洁器、旋具、防静电手环、光功率计等。

3. 操作方法

（1）将输出端光纤接头接入光功率计。

（2）设置相应的光端口强制发光（也可在线测）。

（3）将光功率计设置在被测光波长。

（4）待输出功率稳定后，从光功率计读出平均发送光功率。

4. 注意事项

（1）该项测试清洁光接头，并保证连接良好。

（2）要得到更精确的数据，可通过多次测试取平均值，然后再用光连接器和测试光纤的衰减对平均值进行修正。

5. 衡量标准

光功率测量根据不同的光纤波长与设备类型参考标准不一样，一般传输网测量值在负几分贝到负二十几分贝之间。

（三）网管操作、数据备份

1. 应用范围

网管数据是监控软件运行的基础，其中包含了所有的服务连接配置，在软件运行出现故障时，可重新导入数据库，恢复网络监控。

2. 主要工器具、材料

计算机、操作系统、网络监控管理软件等。

3. 操作方法

（1）掌握数据库备份指令。
（2）清楚数据备份路径及自动备份储存位置。
（3）执行备份。

4. 注意事项

备份时注意切换至管理员级别。

5. 衡量标准

（1）按正确步骤进行备份。
（2）严格遵守注意事项。

（四）电话通路测试

1. 应用范围

测试电话通路是否满足标准。

2. 主要工器具、材料

旋具、防静电手环、跳线、卡线刀、电话机等。

3. 操作方法

（1）话音通路的连接。测试模拟话音通路，通过硬件指示灯的显示、铃流及语音是否正常判断通路是否满足要求。
（2）测试操作。
① 将模拟话机接到节点语音卡一侧。
② 提起节点侧的话机，相应的板卡上的指示灯亮，通道被占用。
③ 此时配置的数据端口对应段的板卡上的指示灯亮，通道被占用。
④ 拨号，进行通话，测试通话质量。

4. 注意事项

（1）测试前，通过网管建立相应的连接。
（2）测试时，两个话机均要进行电话拨通及语音测试。

5. 衡量标准

电话有振铃，使用正常，语音清晰。

（五）RS422 数据测试

1. 应用范围

测试系统低速数据通路，采用对端回环，本端发送并接收数据的方式，根据接收的数据误码率来判断通路是否满足要求。

2. 主要工器具、材料

旋具、防静电手环、跳线、卡线刀、数据转换器、低速率误码测试仪等。

3. 操作方法

（1）RS422 数据测试通路连接。
（2）操作测试。
① 将低速误码测试仪与数据接口一端相连。
② 将对应的服务链路的另一端进行回环。
③ 设置通道测试的速率、通信类型、校验、数据方向、数据包类型和大小。
④ 设置完成后进行测试。

4. 注意事项

（1）注意测试仪表的数据接口类型，根据协议确定是否选择转换器。
（2）注意连线准确，若设置错误将直接影响误码率。

5. 衡量标准

（1）测试 9.6 kb/s 的速率，需要测试 18 min，误码率低于 10^{-7}。
（2）测试 19.2 kb/s 的速率，需要测试 9 min，误码率低于 10^{-7}。

（六）广播接口业务测试

1. 应用范围

衡量系统的音频接口是否达到标准，需对广播通道进行无业务测试。

2. 主要工器具、材料

旋具、防静电手环、音频发生器等。

3. 操作方法

（1）建立测试通道。
（2）测试操作。

① 将音频生成器连接到节点的输入侧，将接收器连接到节点的输出侧。

② 使用网管软件，将衰减/放大设置到 0 dB。

③ 选择高频范围，并将输出等级设置成 40 Hz。

④ 检查接收端侧的衰减，必须小于 3 dB。

4. 注意事项

（1）设定输出等级后，可清除对生成器频率的选择。

（2）接收器接收发送的信号，传输介质的衰减可以针对每个频率进行设定。

5. 衡量标准

（1）选择 1 000 Hz，衰减必须小于 0.5 dB。

（2）选择 15 kHz，衰减必须小于 3 dB。

四、视频监控子系统

1. 应用范围

通过控制键盘，可对某台监视器显示的图像进行手动切换或自动序列切换。

2. 主要工器具、仪器仪表

控制键盘。

3. 操作方法

（1）手动切换。

① 选择监视器。进入"监视器"选项，输入有效的监视器编号并确认，所选监视器的编号会显示在当前的键盘上。

② 选择摄像机。进入"摄像机"选项，输入有效的摄像机编号并确认，所选的摄像机会出现在与当前键盘"相连"的监视器上。

（2）自动切换。

① 编制序列。要使用自动切换功能，需预先编制序列：

a. 进入"序列"选项，输入所要编成组的号码并确认。

b. 输入要扫描的摄像机的编码、监视器的编码和时延。

c. 按"下一个"按键，输入下一个要扫描的摄像机编码。

d. 重复 b、c 步，实现扫描组的编程。

在城市轨道交通系统中，可按监视区域划分序列：序列 1 设定为所有站台分屏图像和所有站厅图像；序列 2 设定为所有站台的单幅图像和分屏图像；序列 3 设定为所有站厅图像。

② 运行序列。序列编制完成后，将编好的序列调入工作区，应按照以下步骤进行：进入"序列"选项，键入要调入的序列的编号并确认。注意：一个序列中可能涉及几台监视器，那么此时这些监视器应该是空闲的（没有另外的序列在使用它）。不需运行序列时，可以清除工作区中的序列。

③ 中止序列的运行。键盘上一般有"停止"按键，可以中止运行中的序列。

④ 控制序列的运行方向。序列可以正方向或反方向运行，运行可以是自动的也可以是手动的。如运行方向调整为正向，并走到下一步，可按键盘上"下一个"按键；如运行方向调整为反向，并走到下一步，可按键盘上"前一个"按键。

（3）站厅云台横摇/俯仰和镜头变焦的控制。

① 云合控制。云台控制可通过键盘4个方向键来控制，按4个方向键可以使摄像机显示屏中显示的摄像机上下倾斜或左右旋转。

② 镜头控制。转动镜头控制按钮，使镜头缩进或放出，或打开关闭光圈，可以同时进行缩放和调整焦距。

五、广播系统

（一）功率放大器的增益调节

1. 应用范围

通过对功率放大器的参数进行调节，使功放输入/输出符合技术要求，提高功效工作效率，使扬声器音量符合要求。

2. 主要工器具、材料

便携式维护终端、示波器、旋具、万用表。

3. 操作方法

（1）首先通过便携式维护终端对功率放大器进行诊断，初步判定系统及功率放大器的工作状况。

（2）接着使用示波器观察输入/输出信号波形，初步判定测量数据符合相关技术指标。

（3）使用旋具调节增益电位器，使输入信号幅值/音量符合要求。

（4）测量输出声压。

4. 注意事项

（1）在测试中要注意用电安全。测试表笔应套用测试夹，避免板件触点短路，损坏设备，影响测试数据。

（2）拆装部件时，要使用合适的工具，避免损坏设备，应做好防静电工作，戴好防静电腕带。

5. 衡量标准

参考相关的声压标准、相关的检修手册及设备技术手册。

（二）线网阻抗测量

1. 应用范围

通过使用阻抗测试仪，测量广播网阻抗，检查线路质量，满足功率放大器的输出匹配点阻抗要求，并比较以前的同一线网的阻抗值，分析线路老化、受损情况，为检修提供技术支持。例如，扬声器播音区声强低或扬声器播音区声音质量差时，分段检查线路阻抗，判定故障点。

2. 主要工器具、材料

阻抗测量仪、旋具。

3. 操作手法

（1）首先把需检测线路的功率放大器断开，以免影响测量和损坏设备。

（2）检查阻抗测量仪是否完好，打开仪表，拨到相应的量程，短接表笔，检查表笔及接头是否完好。

（3）选择阻抗测量仪适当的参数及挡位，接着把表笔夹到测量线路两个接头，等待 10 s，仪表显示数据较稳定时，读取数据。

（4）关闭仪表，收拾工器具，清洁现场。

4. 注意事项

（1）在测试中要注意用电安全，功率放大器的输出端有较高电压，误操作会引起人身伤害或设备损坏。

（2）在测试过程中，测试表笔和测试点不可以与人体接触，避免影响测试数据。

5. 衡量标准

参考相关线缆、功放、扬声器技术指标，与上次检测数据对比变化值。

六、时钟系统

（一）母钟、子钟手动复位

1. 应用范围

在时钟子系统定期检修和母钟、子钟故障处理中，应用本项技能对母钟、子钟时间进行手动复位或检查母钟、子钟手动复位及相关按键功能、自动校时功能是否正常。

2. 主要工器具、材料

旋具、扳手。

3. 操作方法

（1）中心/二级母钟。

在中心母钟或二级母钟前面板上一般设有用于对母钟时间进行手动复位的按键，找到这个按键对母钟时间进行手动复位；按照具体系统定义操作该复位按键，母钟时间复位，跳到00：00：00并开始走时，结果会及时反映在母钟前面板的屏幕或数码管显示上。

（2）数显子钟。

在数显子钟上一般设有用于对子钟时间进行手动复位的按键，找到这个按键，对数显子钟时间进行手动复位；按照具体系统定义操作该复位按键，子钟时间复位，跳到00：00：00并开始走时，结果会及时反映在数显子钟前面板的数码管显示上。

4. 衡量标准

母钟、子钟正确复位，运行正常。

5. 注意事项

对本地设备时间进行复位后，若系统校时功能正常，且时间与上一级传送出的校时信号不一致，则当上一级传送来校时信号时，本地设备时间会被其重新校准。

（二）母钟手动主备切换

1. 应用范围

时钟子系统的中心/二级母钟一般为一主一备冗余设计，正常运行时，主/备其中一个母钟运行，另一母钟处于待命状态。在当前运行的母钟发生故障时，系统能自动切换到另一母钟运行，以保障系统在故障情况下仍能不间断工作。除自动切换外，系统还有手动切换功能。

2. 操作方法

（1）在中心母钟或二级母钟前面板上一般设有用于手动切换主备母钟的按键，找到这个按键，对母钟进行手动主备切换。

（2）按照具体系统定义操作该切换按键，正在运行的母钟转换为另一母钟工作。

（3）切换到另一母钟后，根据具体系统的设计，一般可看到母钟面板上原运行的母钟数码管显示熄灭并处于待命状态，另一母钟数码管亮起并开始工作。

3. 衡量标准

母钟正确切换到另一单元运行，原运行的单元转入备用状态，切换后主用、备用母钟运行正常。

4. 注意事项

在主用母钟正常工作，手动切换到备用母钟时，如主用母钟没有故障，则系统一般会自动切换回主用母钟工作。

七、综合电源系统

市电停电时 UPS 无输出故障的处理。

从现象判断为逆变器故障，可按以下程序检查：

（1）检测蓄电池电压，查看蓄电池是否充电不足，若蓄电池充电不足，则要检查是蓄电池本身故障还是充电电路故障。

（2）若蓄电池工作电压正常，则检查逆变器驱动电路工作是否正常，若驱动电路输出正常，说明逆变器损坏。

（3）若逆变器驱动电路工作不正常，则检查波形产生电路有无 PWM 控制信号输出，若有控制信号输出，说明故障在逆变器驱动电路。

（4）若波形产生电路无 PWM 控制信号输出，则检查其输出是否因保护电路工作而封锁，若有则查明保护原因。

（5）若保护电路没有工作且工作电压正常，而波形产生电路无 PWM 波形输出，说明波形产生电路损坏。

子模块 SB3　高级检修技能

一、无线通信子系统

（一）设置直放站参数

1. 应用范围

该项技能在对直放站进行相关参数设置时使用。

2. 主要工器具、材料

笔记本计算机、直放站设置专用软件。

3. 操作方法

（1）连接笔记本计算机和直放站的数据接口。

（2）用专用软件进行参数设置，设置上行载波中心频点。

（3）设置下行载波中心频点。

（4）设置上行载波增益。

（5）设置上行增益等参数。

4. 注意事项

设置中心频点要准确无误。

5. 衡量标准

直放站参数设置应符合各系统设置标准，且直放站工作正常。

（二）更换无线直放站

1. 应用范围

该项技能在遇到直放站设备故障，检修人员需要更换直放站时使用。

2. 主要工器具、材料

绝缘旋具、扳手、万用表、笔记本计算机。

3. 操作方法

（1）确认通信 UPS 电源正常工作后，断开电源分配柜的无线直放站电源开关。

（2）拆卸直放站连接线缆及固定杆件后，更换一台新的直放站，并做好直放站的固定和线缆连接。

（3）使用万用表的交流电压挡测量无线直放站电源的输入电压是否为设备标称电压，其波动范围是否满足设备要求。

（4）确认输入电压稳定后，开启直放站电源。

（5）目测直放站各指示灯是否正常，如发现异常则应立即关机，彻查原因。

（6）直放站正常工作后，用笔记本计算机重新设置直放站的上下行增益和中心频点（必须与以前该站数值一致）。

4. 衡量标准

直放站运行正常。

（三）配置基站载频的工作频点

1. 应用范围

该项技能在检修人员对基站无线载频进行频点设置时使用。基站载频的频点需要向所在城市的无线电管理局（或委员会）申请，获得批准后方可使用。目前，在城市轨道交通行业中使用的基站通常分为 400 MHz 和 800 MHz 两种。

2. 主要工器具、材料

笔记本计算机、终端软件、数据连接线、手持机。

3. 操作方法

（1）用数据线连接笔记本计算机和基站控制器。

（2）在笔记本计算机上运行基站专用软件。

（3）利用专用软件打开基站控制器的数据文件。

（4）将数据文件中收发信机的载频点修改为本地使用的频点。

（5）修改成功后，保存。

（6）重启基站，进入数据配置模式。

（7）将装配好的基站数据上传到基站控制器中。

（8）重启基站，进入正常的工作模式。

（9）用专用软件查看基站无线载频的频点，确认无误后，退出软件。

（10）用手持机进行通话测试，并测试场强，确定基站工作正常。

4. 注意事项

配置基站无线载频频点时，要考虑到同频干扰、邻道干扰因素，正确规划好基站载频频点的配置。

5. 衡量标准

基站载频频点按照系统设计设置正确，不存在频率干扰，且基站工作正常。

（四）配置基站载频的发射功率

1. 应用范围

该项技能在检修人员对基站载频进行发射功率设置时使用，集群基站在频道发射功率可以调整，在经过基站内部的射频分配后，利用无线综合测试仪测试基站所有载频的总输出功率。

2. 主要工具器、材料

笔记本计算机、基站专用软件、综合测试仪、数据连接线、射频电缆、扳手、移动台。

3. 操作方法

（1）关闭基站，让基站发信机停止工作，不发射信号。

（2）将无线综合测试仪和基站的天线发射口用射频电缆连接，将无线综合测试仪设置到发射模式。

（3）将笔记本计算机和基站收发信机测试口连接。

（4）开启基站，在笔记本计算机上运行专用软件。

（5）登录专用软件，读取收发信机当前功率数据。

（6）重新修改，设置收发信机的功率。

（7）确认，保存，并下载回基站数据库。

（8）用同样的方法配置其他的发信机功率。

（9）手动调整基站的谐振时，观察无线综合测试仪上的数据显示，直到出现想要的发射功率数据时才停止。

（10）关闭基站，接回原来基站天线，断开笔记本计算机和收发信机的连接，重启基站恢复。

（11）通话测试，必要时使用手持机进行场强测试。

4. 注意事项

（1）此项工作涉及修改系统数据，必须在熟悉系统结构和原理的基础上，对设置的步骤及相关参数含义有充分认识，然后才能进行操作。

（2）在连续、断开基站无线前要先关闭基站。

（3）手动调整基站谐振时，动作要小，而设备属于自动调整谐振的，则要保证足够的调整时间，以免设备损坏。

（4）使用无线综合测试仪时，要选择发射模式，选择合适的量程。

5. 衡量指标

基站载频的发射功率设置符合系统设计指标，根据城市轨道交通的线路特点和组网结构，线路上的基站载频的总输出功率的标准通常为 30～37 dBm。

（五）远程配置基站收发信机频率和功率

1. 应用范围

该项技能在检修人员通过中心交换设备远程配置基站的各种数据时使用。

2. 主要工具器、材料

维护终端、操作手册。

3. 操作方法

（1）使用正确的用户名和密码登录系统的结构数据库。

（2）通过相应指令或操作步骤，查看接收发信机当前频率和功率。

（3）通过相应指令或操作步骤，关闭接收发信机。

（4）通过相应指令或操作步骤，修改收发信机频率和功率。

（5）确认，保存，并下载回基站数据库。

4. 注意事项

（1）此项工作涉及修改系统数据，必须在熟悉系统结构和原理的基础上，对设置的步骤及相关参数含义有充分认识，然后才能进行操作。

（2）如基站合路器设备属于自动调整的谐振腔体，要保证足够的调整时间，在此时间内严禁对基站进行任何数据操作，以免设备损坏。

5. 衡量标准

基站收发信机频率和功率符合系统设计标准，基站工作正常。

（六）配置调度台系统新的用户或通话组

1. 应用范围

该项技能在系统增加新大用户或中心配置调度台系统工作等情况时进行。

2．操作方法

（1）依照系统数据库配置移动用户或通话组数据的方法，在系统数据库上新增加相应用户或通话组。

（2）通过关联软件，把新增用户或通话组的系统数据关联到调度台服务器数据库上，并作为编译数据。

（3）设置车体与电台、通话组与调度台的对应关系，并设置车体组合。

（4）确认并保存数据。

（5）发布并同步调度台系统的数据信息。

3．注意事项

（1）此项工作涉及修改系统数据，必须在熟悉系统结构和原理的基础上进行，对设置的步骤及相关参数含义有充分认识，然后才能进行操作。

（2）系统一般会对重复或超出范围的数据有错误提示，应根据相关提示进行修正，严禁盲目保存错误数据，避免造成系统数据错乱。

4．衡量标准

系统资源配置正确，新用户和通话组能在调度台上正确使用。

（七）配置系统数据库中移动用户数据

1．应用范围

该项技能在将移动用户的个人数据添加到系统的用户数据库中时使用。

2．操作方法

（1）使用正确的用户名和密码登录系统用户数据库。

（2）选择并打开，新建一个用户页面。

（3）输入该新用户的个人识别号。

（4）正确输入系统的国家代码和网络号。

（5）配置，修改用户的通信权限。

（6）确认并保存。

3．注意事项

（1）此项工作涉及修改系统数据，必须在熟悉系统结构和原理的基础上，对设置的步骤及相关参数含义有充分认识，然后才能进行操作。

（2）对于新增的某个用户可以通过复制数据库中原有的同一类用户的参数数据，再重新修改个人识别码来完成配置。

（3）系统一般会对重复或超出范围的数据有错误提示，应根据相关提示进行修正，严禁盲目保存错误数据，避免造成系统数据错乱。

4. 衡量标准

移动用户成功入网登记，并能正常使用。

5. 实用案例

下面以 EADS 的 TETRA 产品 Dxtip 系统为例，详细介绍。

（1）在计算机上双击 Nokia 超级终端软件，打开软件，输入用户名、密码，单击"确定"按钮登录软件。

（2）登录成功后，在管理菜单中选择"无线用户"。

（3）在弹出的对话框中选择"新无线用户"，单击"确定"按钮。

（4）设置用户参数。

① 选择该用户归属的系统组织块，如"gzmetro100"。

② 输入系统的国家代码和网络号。

③ 输入该新用户的个人识别号。

④ 输入该用户归属域及助记名。

⑤ 配置、修改通信权限。

⑥ 单击"确认"键，把该用户数据保存到交换机数据库中，重启手持机。该手持机就应该能在有信号的区域注册成功，加入网络正常使用。

（八）在系统数据库上配置通话组数据

1. 应用范围

该项技能是将移动用户编制的通话组数据添加到系统的用户数据库中时使用。

2. 操作方法

（1）使用正确的用户名和密码登录系统用户数据库。

（2）选择并打开，新建通话组页面。

（3）输入该新的通话组组号（GSSI）。

（4）正常输入系统的国家代码和网络号。

（5）配置、维修通话组通信区域和权限。

（6）确认并保存。

3. 注意事项

（1）此项工作涉及修改系统数据，必须在熟悉系统结构和原理的基础上，对设置的步骤及相关参数含义有充分认识，然后才能进行操作。

（2）对于新增的某个通话组可以通过复制数据库中原有的同一类通话组的参数数据（如系统国家代码、网络号、通信区域、权限等），再重新修改通话组组号（GSSI）来完成配置。

（3）系统一般会对重复或超出范围的数据有错误提示，应根据相关提示进行修正，严禁盲目保存错误数据，避免造成系统数据错乱。

4．衡量标准

配置通话组在移动台上均能正常使用，通话正常。

（九）更换设备板卡

1．适用范围

该项技能在故障处理或检修作业中需要更换模块板卡时使用。

2．操作方法

（1）通过系统维护终端诊断该板卡当前的运行状态。

（2）通过系统维护终端停止该板件的工作状态。

（3）检测该板卡退出服务后，后备板卡是否已经激活并运行。

（4）修改设置，使该板卡处于软件设置的"离线"状态。

（5）戴上防静电手环并夹紧，使手环与机柜接地接触良好并牢固。

（6）对于支持"热插拔"的板卡可直接拔下，而不支持"热插拔"的板卡则应关闭板卡的电源输入，并确认板卡及背板接口槽已处于无电状态，方可拔下板卡。

（7）根据设计要求并参照拔下的旧板卡，对新的板卡进行跳线等相关设置。

（8）支持"热插拔"的板卡可直接插入，而不支持"热插拔"的板卡应在插入并紧后，逐步打开背板接口槽和板卡的电源输入，最后确认当前板卡已处于上电状态。

（9）松开手环接触，拆下防静电手环。

（10）通过新的板卡连接系统或维护用笔记本计算机，重新设置板卡相关参数和系统数据。

（11）确认板卡单独运行正常后，通过语音或数据通信等方法测试系统是否一切工作正常。

（12）确认板卡在系统运行正常后，通过语音或数据通信等方式测试系统工作是否一切正常。

3．注意事项

（1）设置关闭板卡前，必须清楚系统部件、板卡冗余情况，以免引起系统部分功能丢失。

（2）在更换新的板卡前，必须根据设计要求设置好跳线，尤其是关于电源输入的选择更需要重视，以免引起设备损坏或火灾发生。

4．衡量标准

板卡能正常工作，无故障显示，各项功能正常。

（十）处理基站设备故障

1．应用范围

该项技能在基站发生故障，检修人员需要对基站故障进行修复时使用。基站故障大体上可以分为软故障和硬故障：基站的软故障一般是指由于软件、参数等设备错误或不合理等原因引起的故障；而基站的硬故障一般是指在设备硬件安装、维护、运行过程中由于安装不当或设备在运行过程中出现硬件本身问题的故障。下面针对基站运行维护中的几种常见故障进行分析，并给出处理指南。

2. 主要工器具、材料

笔记本计算机、专业软件、数据连接线、旋具、扳手、万用表、专用工器具。

3. 常见故障分析

（1）基站和交换中心的物理链路出现故障。

故障现象：导致基站进入单站集群模式，交换中心无法和基站联系，无法对基站进行监控和远端操作。

处理指南：检查和传输系统的接口，检查基站和主站的物理链路是否短路或者断路。

（2）基站和交换中心的 IP 网络地址不匹配。

故障现象：导致某站进入单站集群模式，交换中心和基站联系，无法对基站进行远程和远端控制。

处理指南：检查主站配置数据和基站配置数据，确定基站 IP 地址和中心匹配。

（3）基站的收发信机故障。

故障现象：基站收发信机显示报警，可以工作的无线通信数减少，如果基站所有的收发信机故障，则整个基站覆盖范围内没有无线信号。

处理指南：更换收发信机或相关故障板卡，更换收发信机后，要配置收发信机的物理位置。

（4）基站控制器故障。

故障现象：基站无法正常发射和接收信号，不能进行数据交换，整个基站覆盖范围内没有无线信号。

处理指南：更换基站控制器，并将该基站的备份数据导入新的基站控制器板卡。

4. 注意事项

故障处理必须具备丰富的理论知识和实践经验，这是衡量一个技术人员能力的重要标尺。由于城市轨道交通的特点，故障处理必须做到先通后复，一旦发现问题要彻底整改处理好。

5. 衡量标准

先通后复，基站故障排除后，基站运行正常。

（十一）开启和关闭中心交换设备

1. 应用范围

该项技能在设备检修维护、故障处理时，需要对中心交换设备进行停机和重新启动的工作中使用，中心交换设备绝大部分都是计算机控制的设备，而且其中相当一部分是采用计算机服务器来完成的，这就要求开关中心设备必须严格遵守开关机步骤进行，以免损坏系统数据库数据。

2. 操作方法

（1）开启中心交换设备的前提条件。

① 中心交换设备各部件、元器件均为正常，并已通过单击设备正常运行测试。

② 各部件均已连接正确，通信正常。

③ 系统开启的其他条件均已具备，如供电电源的电压、功率、设备运行环境等。

（2）开启步骤。

① 开启系统用户数据服务器或计算机储存单元模块。

② 开启系统结构管理服务器。

③ 开启中心交换机控制计算机或服务器。

④ 开启语音交换单元或语音交换服务器。

⑤ 开启中心交换机其他组成或部件及服务器。

⑥ 开启无线调度台服务器及各个调度台。

⑦ 开启无线告警网络系统。

⑧ 开启无线调度录音系统。

（3）验证测试。中心交换设备全部启动后，需要检测交换机与各基站通信是否畅通；基站之间移动台通信是否正常，即系统实现广域集群；调度台与系统正常注册移动台是否能正常通信。

（4）关闭中心交换设备的前期准备工作。

① 检查并测试系统备份数据是否完好。

② 中心交换设备维护终端能正常监控、配置和修改各部件运行状态。

（5）关闭步骤。

① 通过设备维护终端，屏蔽中心交换机控制计算机或服务器。

② 通过设备维护终端，屏蔽系统用户数据服务器或计算机储存单元模块。

③ 关闭中心交换机控制计算机或服务器电源。

④ 关闭系统结构管理服务器电源。

⑤ 关闭系统用户数据服务器或计算机储存单元模块电源。

⑥ 屏蔽并关闭语音交换单元或语音交换服务器电源。

⑦ 屏蔽并关闭中心交换机其他组成部件及服务器电源。

⑧ 屏蔽并关闭调度台服务器和调度台电源。

⑨ 关闭无线告警网络系统电源。

⑩ 关闭无线调度录音系统。

（6）验证测试。当中心交换设备电源关闭后，系统将失去中心语音交换和通信的广域集群功能，此时必须核实、确认各基站是否自动进行后备降级模式（单站集群或 FALLBACK 模式），同时也要确认电台（尤其是车载电台）已在基站后备降级模式下通信，且通信顺畅、清晰。

3. 注意事项

此项工作涉及修改系统整体工作模式，必须在熟悉系统结构、电源及相互连接的基站上，对服务器和设备的指令及相关参数含义有充分认识，且严格遵守启动和关闭的步骤流程，然后才能进行操作。

4. 衡量标准

开关中心设备时必须严格遵守开关及步骤，中心交换设备上电后能正常运行。

二、交换系统

（一）交换机的数据库备份

1. 应用范围

建立备份数据库的时候，需要用到备份数据库的技能。

2. 主要工器具、材料

维护终端、存储器等。

3. 操作方法

（1）输入备份数据库的指令或输入数据库备份菜单。

（2）输入源数据库位置。

（3）输入备份数据库位置，即保存数据的地方，一般是指除存储器以外的存储介质，如硬盘、磁光盘、软盘等。

（4）输入备份数据库名称，一般按照数据库名称 + 备份日期来命名。

（5）输入备份内容，一般都选择全盘备份，也可以选择数据库的部分数据备份。

（6）确认执行。

4. 注意事项

（1）必须输入正确的源数据库位置和目的数据库位置，不能混淆。

（2）执行操作前，必须检查、确认备份存储器可以正常使用。

5. 衡量标准

按步骤正确备份数据库，遵守备份注意事项。

（二）交换机数据库的恢复

1. 应用范围

当交换机在用数据库发生故障而无法工作或在用数据库不适应实际工作，要从备份数据库恢复的时候，要用到数据库恢复功能。

2. 主要工器具、材料

维护终端、存储器等。

3. 操作方法

（1）输入恢复数据库指令或进入恢复数据库菜单。

（2）输入备份数据库位置、路径。

（3）输入目的数据库位置、路径。

（4）输入备份数据库名称，即要执行恢复操作的数据库名称。

（5）确认执行。

4. 注意事项

（1）必须输入正确的源数据库位置和目的数据库位置，不能混淆。

（2）执行操作前，必须检查、确认备份存储器可以正常使用。

5. 衡量标准

按步骤正确备份数据库，遵守备份注意事项。

（三）常见故障处理方法

实例 1 故障现象：所有电话无法出入局。

故障原因 1：中继板故障。

处理方法：在维护终端上查看中继板的工作状态，如果状态异常，首先可以重启中继板，查看状态能不能恢复正常；如果不行则更换一块中继板。

故障原因 2：中继参数设置错误。

处理方法：如果更换中继板仍然无法拨打局外电话，可以在维护终端上查看与中继相关的数据参数，如中继线权限、中继路由、中继信令和中继等级等关键参数与故障前是否一致。通常维护终端会把中继线的故障信息分成 3 类显示出来，让维护人员判断故障，一类是物理层故障，中继线断；一类是链路层故障，表示中继线收发不对应；另一类是网络层故障，表示两端交换机中继信令不匹配，维护人员可以根据故障类别有针对性地查找具体原因。

实例 2 故障现象：大范围的电话无拨号音。

故障原因：用户层控制板损坏。

处理方法：用户层控制板管理着多块用户板，当其发生故障时，所管辖的用户板都没有拨号音。统计无拨号音的电话位置，如果都集中在一个用户层，则可确定是用户层控制板故障，只需更换一块用户层控制板即可恢复。

三、传输系统

（一）设备停电检修

1. 应用范围

高级工要求能对设备进行停电维护和检修，对各类接口卡可以正确更换及熟练清洁，并熟悉各类接线及光纤跳接。

2. 主要工器具、材料

检修记录表、清洁剂、抹布、光纤清洁器、压缩空气、旋具、扳手、光功率计、万用表、防静电手环等。

3. 操作方法

（1）戴上防静电手环，关闭板卡的开关。
（2）将设备进行下电，拔出接口电缆或光纤。
（3）取下板卡，对节点、风扇及各类板卡进行清洁。
（4）正确安装板卡，接上用户线，上电恢复网络运行。
（5）填写检修记录。

4. 注意事项

（1）拆卸或安装板卡时，必须戴上防静电手环。
（2）系统恢复运行后，要进行业务恢复确认。
（3）正确使用各类材料及主要工器具。

5. 衡量标准

（1）节点（网元）及风扇清洁无灰尘。
（2）清洁完成后系统恢复正常运行。

（二）SDH 光接收机灵敏度

1. 应用范围

本测试用于检测相应端口的灵敏度，光接收灵敏度是指在参考点上达到规定的比特差错率所能接收到的最低平均光功率。

2. 主要工器具、材料

SDH 分析仪器、网管软件。

3. 操作方法

（1）连接测试系统。
（2）设置相应光端口，强制发光。
（3）建立一个 STM-N 和 STM-N 之间的双向交叉连接。
（4）设置测试仪表，确认无误码。
（5）增加可调衰减器数值，直到测试仪表出现误码为止，再减少可调衰减器数值，直到测试仪表误码消失为止。
（6）反复调节可调衰减器，确认准确的衰减器数值。
（7）用光功率计测试灵敏度数值。

4. 注意事项

对于较低比特率的通道误码监视，需要很长时间才能确定实际的比特差错率。

（三）SDH 接收机过载功率

1. 应用范围

本测试用于测试相应端口的最小过载功率。接收机过载功率是在参考点上达到规定的比特误码率时所能接收到的最高平均光功率。

2. 主要工器具、材料

SDH 分析仪器、网管软件。

3. 操作方法

（1）连接测试系统。
（2）设置相应光端口强制发光。
（3）建立一个 STM-1 和 STM-1 之间的双向交叉连接。
（4）设置测试仪表，确认无误码。
（5）减少可调衰减器数值，直到超过期望值，确认测试仪表无误码。
（6）观察 1 min。

4. 注意事项

根据 SDH 仪表和设备输入功率范围，在它们之间要适当调节衰耗器。

（四）SDH 系统误码在线测试

1. 应用范围

在线测试的基本原理是：在开业务的状态下（无需用仪表发送测试信号），利用业务信号帧结构中特殊设计的差错检测编码字节检测出信号中的误码。

2. 主要工器具、材料

SDH 分析仪器、网管软件。

3. 操作方法

（1）连接设备和测试仪表。
（2）根据需要测试的实体（再生段、复用段、高阶通道或低阶通道），选择适当的监视点。
（3）在监视点接入 SDH 分析仪，用来接收测试实体的参数。
（4）调整 SDH 分析仪，连续监视相应的参数。
（5）设置测试时间，同时在网管上进行相同的检测。
（6）记录测试结果。

4. 注意事项

注意正确设置设备和仪表参数。

（五）SDH 设备时钟功能测试

1. 应用范围

验证 SDH 设备时钟系统锁定后时钟及自由振荡性能。

2. 主要工器具、材料

SDH 分析仪器、网管软件。

3. 操作方法

（1）连接设备和测试仪表。

（2）设置设备待测 2 Mb/s 电接口信号在矩阵中环回，使仪表无误码。

（3）设置仪表为内时钟方式。

（4）设置 SDH 设备时钟工作方式为提取线路时钟。

（5）从仪表上观察误码情况。

（6）设置 SDH 设备时钟工作方式为自由振荡。

（7）从仪表上观察误码情况。

4. 注意事项

注意正确设置设备和仪表参数。

（六）SDH 设备复用段保护倒换时间测试

1. 应用范围

本测试用来验证 SDH 设备的复用段保护倒换的能力和保护倒换时间。

2. 主要工器具、材料

SDH 分析仪器、网管软件。

3. 操作方法

（1）连接设备和测试仪表。

（2）在被测试网元 1 和网元 3 之间建立被测试率的 2 Mb/s 通道，电路路由从网元 1 经过网元 2 到达网元 3，并在网元 1 处的支路进行环回。

（3）将 SDH 分析仪接在网元 3 的 2 Mb/s 支路口，调节 SDH 测试仪表，使仪表无误码。测试并记录在保护倒换准则下环网的保护倒换时间。

4. 注意事项

注意正确设置设备和仪表参数。

（七）SDH 设备关电重启动数据恢复测试

1. 应用范围

本测试验证 SDH 设备关电后重新启动没有配置数据丢失的能力。

2. 主要工器具、材料

SDH 分析仪器、网管软件。

3. 操作方法

（1）连接设备和测试仪表。

（2）设置设备待测 2 Mb/s 接口信号环回，使仪表无误码。

（3）设置仪表为内时钟方式。

（4）关掉设备的两路电源输入，从仪表可以看到电路中断。

（5）重新打开电源，等待片刻后，设备正常工作，同时仪表没有误码，这说明设备原来的数据没有丢失，设备正常工作。

4. 注意事项

注意正确设置设备和仪表参数。

（八）光纤接续

1. 应用范围

光纤在传输网络中大量应用，对于维护人员来说，光纤接续是必须掌握的一项技能，要求在光缆或光纤中断时，能对光纤进行接续，达到工艺要求。

2. 主要工器具、材料

光纤熔接机、全套熔接主要工器具、光缆接头盒。

3. 操作方法

光纤接续是一项细致的工作，特别是端面制备、熔接、盘纤等环节，要求操作者仔细观察，周密考虑，操作规范，降低接续损耗，以达到接续标准。

（1）剥开光缆，并将光缆固定到接续盒内。事先计划好光缆接头的摆放和光缆的盘放空间及固定位置，两根光纤接头处安设在地势平坦、地质稳固的地点。

（2）将不同束管、不同颜色的光纤分开，按照接续的顺序进行分纤，将待接续光纤穿入热缩套管，热缩套管应在剥覆前穿入，严禁在端面制备后穿入。

（3）将熔接机平稳放置，打开熔接机电源，选择合适的熔接程序，在使用中和使用后及时清理熔接机中的灰尘，特别是夹具、各镜面型槽内的粉尘和光纤碎末。

（4）端面的制备。光纤断面的制备包括剥覆、清洁和切割几个环节。合格的光纤端面是熔接的必要条件，端面质量直接影响着熔接质量。

① 剥覆。光纤涂覆层的剥除，要掌握"平、稳、快"三字剥纤准则。"平"即持纤要平。左手拇指和食指捏紧光纤，使之成水平状，所露长度以 5 cm 为准，余纤在无名指、小拇指之间自然打弯，以增加力度，防止打滑。"稳"即剥纤钳要握得稳。"快"即剥纤要快，剥纤钳应与光纤垂直，根据刀口形状向内倾斜一定角度，然后用钳口轻轻卡住光纤，右手随之用力，顺光纤轴向平推出去，整个过程要自然流畅，一气呵成。

② 裸纤的清洁。

③ 裸纤的切割。

（九）光纤衰减测试

1. 应用范围

（1）光纤在接续完成后，通常使用光时域反射仪进行测试。熔接机上的接头衰减值只能说明光纤轴心对准的程度，并不含有光纤本身的固有特性所影响的损耗。而 OTDR 的测试方法是后向散射法，它包含有光纤参数的不同设置而形成的反射损耗。

（2）OTDR 测试内容。

① 光纤断点的位置。

② 光纤链路的全程损耗。

③ 了解沿光纤长度的损耗分布。

④ 光纤接续点的接头损耗。

2. 主要工器具、材料

尾纤、OTDR 仪表。

3. 操作方法

（1）参数的设置。

人工设置测量参数包括：

① 波长选择（λ）。因不同的波长对应不同的光纤特性（衰减、微弯等），故测试波长一般遵循与系统传输通信波长相对应的原则，即系统开放 1 310 nm 波长，则测试波长为 1 310 nm。

② 脉宽（Pulse Width）。脉宽越长，动态测量范围越大，测量距离越长，但在 OTDR 曲线波形中产生的盲区越大；短脉冲注入光平低，但可减小盲区。脉宽周期通常以 ns 来表示。

③ 测量范围（Range）。OTDR 测量范围是指 OTDR 获取数据取样的最大距离，此参数的选择决定了取样分辨率的大小。最佳测量范围为待测光纤长度 1.5 ~ 2 倍距离。

④ 平均时间。由于后向散射光信号极其微弱，故一般采用统计平均的方法来提高信噪比，平均时间越长，信噪比越高。例如，3 min 的获取值将比 1 min 的获取值提高 0.8 dB 的动态；但超过 10 min 的获取值时间对信噪比的改善并不大，平均时间一般不超过 3 min。

⑤ 光纤参数。光纤参数的设置包括折射率 n 和后向散射系数 η 的设置。折射率参数与距离测量有关，后向散射系数则影响反射与回波信号的测量结果。这两个参数通常由光纤生产厂家给出。

参数设置好后，OTDR 即可发送光脉冲并接收由光纤链路散射和反射回来的光，对光电探测器的输出取样，得到 OTDR 曲线，对曲线进行分析即可了解光纤质量。

（2）测量。

① 光纤的长度测量。在测试判断障碍前，仪器光标应设在线路曲线末端裂断点菲涅尔反射峰上升沿的试点。测试的精度与选用的纤芯折射率 n 值和测试选用的脉冲宽度有关。

② 两点损耗，又称为中继段损耗。其值等于自身衰减累计 + 接续损耗累计 + 活接头损耗 + 附加损耗（弯曲、侧压）。

③ 衰减系数是多模光纤和单模光纤最重要的特性参数之一，在很大程度上决定了多模和单模光纤通信的中继距离。

四、视频监控子系统

视频监控子系统参数测试可使用视频综合测试仪，下面以 MD1802 型视频综合测试仪为例说明测试方法和步骤。

MD1802 型视频综合测试仪具备电视波形监视器、矢量示波器和视频噪声测试仪等多种仪器功能，适用于电视台、转播台、微波站、有线电视台的视频通道测试和在线监测。

1. 面板控制器、连接器、显示器说明

（1）电源开关。按下为接通，弹出为断开。

（2）聚焦调节。调节该旋钮，使聚焦最佳。

（3）辉度调节。顺时针转动辉度增加。

（4）刻度照明调节。顺时针转动照明亮度增加。

（5）水平扫描选择。两者都弹出为"1 行"显示，两者都按下为"7 行"显示。

（6）水平扩展开关。两键都弹出时不扩展；按"×2"键，扩展 2 倍；按"×5"键扩展 5 倍；两者都按下扩展 25 倍。

（7）全场开关。按下时，选择全场；在全场显示时，奇、偶两场信号重叠显示，扫面长度仅有整个屏幕的一半，奇/偶场选择开关无效；弹出时，奇/偶场开关有效。

（8）奇/偶选场开关。按下时为奇场，弹出时为偶场。

（9）行选择开关。按下时，可变选行有效，数码管显示所选行；弹出时，数字选行有效，配合右边 7 个数字选行按键，并结合奇/偶场开关，可选择 16（329）~ 22（335）行中任一行，屏幕上显示所选行信号。

（10）可变选行调节。"行选择开关"按下后，可调节"粗调"、"细调"旋钮，选取任一行。

（11）重叠指示灯。当重叠功能被启动后指示灯亮，否则指示灯灭。

（12）波形重叠开关和重叠位置调节。右旋钮为重叠开关（电位控制的电子开关）兼作粗调。逆时针转动到一定角度，关闭重叠功能（指示灯熄灭）；顺时针转动到一定角度，开启重叠功能（指示灯亮）。从开启角向顺时针方向的区域起重叠粗调作用，左旋为重叠细调，只有在重叠功能开启后才有作用。

（13）水平位移调节。使波形在水平方向移动。

（14）显示器。有三位 LED 数码管，在 TV 可变选行方式，指示所选的行数，其他情况不显示。

（15）校准器按键钮。3 个按键开关是互锁的。按下"0.7 V"键，机内产生 0.7 V 的直流偏置，显示波形分两次扫描，一次为正常偏置下的波形，一次为偏置提高 0.7 V 的波形，"－10 dB"、"－20 dB"键与"dB"转轮开关配合，为噪声测量提供偏置电平。噪声值应是按键上的数值与转轮开关置定数之和。在 DP 测量、矢量或 V 信号显示时，校准器按键无效。

（16）"dB"转轮开关。作用如（15）所述。

（17）输入偶合开关。仅在"箝位"时有效，可选择"AC"和"DC"两种输入偶合方式。

（18）箝位开关。置"箝位"时可以箝住后肩电平波动。在滤波器工作时，不要置"箝位"，以免影响仪器工作。

（19）增益调节旋钮。逆时针转到底，处于"校准位置"；在非校准时，顺时针转动使增益减少；增益调节范围为 0.2 ~ 1 倍。

（20）移相调节旋钮。在矢量以及 DP 测量时，用它调节色同步参考相位。

（21）垂直移位。调节波形的垂直位置。

（22）滤波器按键组。3 个按键开关互锁。3 个按键都弹出时为不经过滤波器的直通方式，即平直方式。按下"亮度"键，显示亮度信号的波形。按下"4.43 MHz"键，显示色度信号，用于观测色度信号和测量 DG 值。按下"阶跃微分"键，滤去色度信号，并使亮度信号中的阶跃被微分，用于测量亮度信号的非线性失真，这时不能用"箝位"，否则，工作不稳定。在 DP 测量、矢量或 V 显示时，滤波器无效。

（23）垂直量程选择开关。它与（24）、（25）构成垂直工作方式选择。5 个按键是互锁的，5 个按键都弹出时为满度"1 V"波形显示，单独按时，"0.1 V"、"0.2 V"、"0.5 V"时分别为满度 0.1 V、0.2 V、0.5 V 波形显示。

（24）DP 测量键。垂直工作方式选择之一。按下时，作微分相位失真测量，可从"DIFF Φ"刻度上直接读出测量结果。

（25）矢量或 V 显示键。垂直工作方式选择之一。水平工作在"1 行"时，按下此键，作矢量显示；水平上作方式选择在"2 行"或"7 行"时，按下此键，显示 V 信号（解调过的）。

（26）75 Ω 终接开关。按下时，内部自动接上 75 Ω 终端式匹配器。

（27）电源指示灯。电源指示。

（28）环通输出插座。视频输出信号插座（1 Vpp，75 Ω 负载）。

（29）视频输入插座。视频输入信号插座。

（30）PAL/NTSC 选择开关。当置于"PAL"时，V 解调副载波不逐行倒相，解调输出的 V 是逐行倒相的；当置于"NTSC"时，V 解调副载波是逐行倒相的，解调输出的 V 不逐行倒相，即只有 + V，没有 － V 信号。

（31）交流供电带熔丝插座。内装 1.5 A 熔丝。

2. 使用方法

输入 1Vpp 视频信号到视频综合测试仪后面板视频输入插座，环通端接 75 Ω 终端。

（1）使用准备及注意事项。

① 使用环境。温度 0～40 ℃；湿度 20%～90%，无强电磁干扰，无强烈振动，仪器上面不能放置重物，不能盖住机壳上的散热孔。

② 电源连接和开关选择，见面板控制器、连接器、显示器说明（30）～（31）条，电源插座的保护接地端应与大地可靠连接。

③ 仪器通电后要预热 15 min 后再进行测试。

（2）操作步骤。

面板控制件的预置，一般置定在如下位置：

① "辉度" "聚焦" "刻度照明" "垂直位移" "水平位移" 等置于适合观察的位置。

② 按下 75 Ω 终端开关。

③ "箝位" 键置 "箝位"。

④ 滤波器按键组全部弹出。

⑤ 垂直工作置 "1 V"。

⑥ "增益" 置 "校准"。

⑦ 校准器键（－20 dB、－10 dB、0.7 V）3 键全弹出。

⑧ 水平扫描置 "1 行"（2 场、2 行键全弹出）。

⑨ 水平扩展键全弹出。

⑩ "全场" 键弹出。

⑪ 行选择按键组全弹出。

⑫ "重叠" 右旋钮逆时针转到底。

⑬ "PAL/NTSC" 开关置 "PAL"。

3. 信号的输入和输出

如果前面板 "75 Ω" 终端匹配开关按下，则后面板另一输入插座不需外接 75 Ω 终端；如果信号还要经过仪器的环通输入转接到其他视频设备，则 "75 Ω" 按键弹出，由最末端的设备接 75 Ω 终端匹配。

输入信号经过机内放大后从环通输出端输出，输出幅度为 1Vpp（75 Ω 负载）；当仪器处于选行工作方式时，在输出信号中被选中的那些行的波形电平被抬高，CRT 显示时，该部分图像被加亮。

4. 波形监视器工作

（1）波形监视器工作时，可建立 1 行、2 行、7 行、2 场等显示方式。

（2）每种方式都可作水平×2、×5、×25 扩展。

（3）观测时，垂直灵敏度有满度 1.0 V、0.5 V、0.2 V、0.1 V 四挡。

（4）利用 "重叠" 功能可以将水平方向任意两部分波形重叠显示，便于精确地比较它们的幅度关系和时间关系。

（5）在波形监视时，按下 "箝位" 键，可以箝住电视信号的后肩电平，减少相应平场图像电平或增益的变化以及慢交流干扰而产生的电平波动。

（6）滤波器是波形监视器，是工作中必备的功能。"亮度" 键按下时，能滤除信号中的色度成分，仅显示亮度成分，用于观察亮度和色（度）亮（度）交调失真的测试；"4.43 MHz"带通滤波器仅让色度信号通过，用于观测色亮信号和进行微分增益失真（DG）的测量；"阶跃微分"滤波器用于测量亮度信号的非线性失真。

5．噪声测量

该测试仪有噪声测量功能，可对视频连续随机噪声的有效值进行测量，测量范围为 − 36 ～ − 68 dB。

测量原理为：它是由各种频率成分、各种幅度、各种形状的杂波混合而成的，波形显示时杂乱无章，但也有某些规律可循。大量统计研究证实，噪声波形中间（显示较亮）部分的能量约相当于同等幅度正弦波能量的 1.414 倍；测试仪根据能量填补的"切线法"，为连续随机噪声的测量设置了偏置电平，并将常规的扫描显示分成两次，一次偏置在零电平上（700 mV），一次偏置在置定电平 L 上。这样两次扫描可以同时在屏幕上看到。调节偏置电平 L 的大小，使原来分开的两个噪声波形逐渐靠拢，边缘部分互相双叠，直到重叠部分的显示亮度与噪声中心部分相同。这时的偏置电平将等于噪声有效值的 2 倍。为了便于测试，dB 转轮开关旁的 dB 刻度值，就是以二分之一 L 电平来刻度的。例如，− 40 dB 的二分之一 L 电平为 1% × 700 mV = 7 mV，实际偏置电平为 14 mV。

测量方法如下：测试时，水平工作方式置 1 行，垂直灵敏度一般置 "0.5 V" 或 "0.2 V" 挡，提高垂直灵敏度可以增加测试分辨率；增益置"校准"，不接滤波器；辉度不要调得太亮，这样容易辨出辉度层次。调节偏置电平，偏置电平由 "− 10 dB" 或 "− 20 dB" 按键与 dB 转轮开关联合置定；输入平场信号，开始时应先将偏置电平调得大一些，让两个噪声波形之间有间隔，然后再逐步减小电平值，直到两个噪声波形重叠部分的显示亮度与噪声中心部分相同为止；这时按键上的 dB 值与转轮开关指示的 dB 值之和就是所测噪声的有效值。由于转轮开关是以 "− 2 dB" 步进的，若所测噪声介于两挡之间，则要靠估计加上一个修正值。

五、广播系统

（一）预置录音的灌录

1．应用范围

通过对广播系统的语音存储模块进行灌录，实现预置语音播放功能。

2．主要工器具、材料

便携式维护终端、数字录音机、CD 播放机、带相应接头的传输线、耳机。

3．操作方法

（1）首先对每条录音进行测试，确保语音质量良好。

（2）接着连接好音源机与有线广播系统的语音灌录接口、音源机使用线路输出接口，使用耳机通过扬声器接口对灌录语音进行监听。

（3）在灌录语音开始前 1 s 内，触发广播系统灌录功能。

（4）灌录语音停止后 1 s 内，关闭广播系统灌录功能。

（5）调用广播系统播放灌录语音，检查灌录语音内容及音质效果。

4. 注意事项

灌录时，要求对每个按钮熟悉掌握，避免误操作，删除语音信息。

5. 衡量标准

（1）灌录语音内容存储位置正确。

（2）灌录语音播放声音质量完好。

（二）板件的更换及设置

1. 应用范围

通过对板件的更换，保证设备正常运行。

2. 主要工器具、材料

旋具、镊子、便携式维护终端。

3. 操作方法

（1）在更换板件时，要首先确认板件的地址，然后才能建立通信。

（2）对于 TCP/IP 协议，更换板件时，要配置 IP 地址、子网掩码等，才能让系统设备通信正常。对于单体设备应修改其相应的 ID 号码。

4. 注意事项

（1）在更换板件前应掌握操作流程，特别是板块能否热插拔等。

（2）在更换板件时，要佩戴防静电腕带。

（3）更换后应先检查设备连线、卡位是否正确后才能上电测试。

5. 衡量标准

新设备能正常运行。

（三）系统配置的备份

1. 应用范围

通过广播系统管理终端操作，对系统进行配置数据备份，做好故障处理技术支持。

2. 主要工器具、材料

便携式维护终端、刻录机、可写 CD。

3. 操作方法

（1）首先检查系统运行状况，保证目前配置正确。

（2）接着启动相关软件，打开相关菜单，进行数据备份。

（3）把备份数据拷贝到 CD 或其他存储介质上。

4. 注意事项

（1）备份时有条件离线操作就应离线操作。

（2）备份数据后应检查备份数据是否正确及能否恢复。

5. 衡量标准

设备通过备份数据的恢复能正常运行。

六、时钟系统

1. 应用范围

在时钟子系统故障处理中，应用此技能，可以在二级母钟或子钟检查通信通道是否连通、是否能传送正常的信息，从而判断故障点所在。

2. 主要工器具、材料

便携式维护终端、卡线钳、旋具、跳线若干、相关的端口适配器或协议转换器。

3. 操作方法

（1）根据系统配线图，确定待测端口在配线架上的位置。

（2）使用卡线钳、旋具、跳线等工具和材料正确连接配线架上的待测端口和适配器或协议转换器，如没有使用适配器或协议转换器，则直接连接到便携式维护终端的串行通信端口上。

（3）如使用了适配器或协议转换器，则需将其连接到便携式维护终端的串行通信端口上。

（4）打开便携式维护终端，运行"超级终端"等串行端口测试程序，选择连接的串行端口，并根据时钟子系统通信参数设置端口参数，打开端口进行测试。

（5）观察程序提供的接收信息，如果系统通信正常，将在此看到从上一级设备发送过来的时间信息，并且其格式结构与时钟系统定义的通信报文格式完全一致。如果收不到信息或收到的信息格式不正确，则说明被测链路存在故障。

4. 衡量标准

操作步骤、方法正确，测试结果正确反映通信通道状态。

七、不间断电源子系统

故障现象：UPS 开机后，面板无显示、不工作。

从故障现象分析，其故障在市电输入、蓄电池及市电检测部分及蓄电池电压检测回路。检测步骤如下：

（1）检查市电输入熔断器是否烧毁。

（2）若市电输入熔断器完好，则检查蓄电池熔断器是否烧毁，因为当某些 UPS 检测不到蓄电池电压时，会将 UPS 的所有输出及显示关闭。

（3）若蓄电池熔断器完好，则检查市电检测电路工作是否正常，若市电检测电路工作不正常，且 UPS 不具备无市电启动功能时，UPS 同样会关闭所有输出及显示。

（4）若市电检测电路工作正常，则再检查蓄电池电压检测电路是否正常。

附 录

附录一 名词中英文对照表

序号	英文缩写	英文全拼	中文全称
1	AM	Amplitude Modulation	调幅
2	FM	Frequency Modulation	频率调制
3	ASK	Amplitude Shift Keying	振幅键控
4	FSK	Frequency-shift keying	频移键控
5	WAN	Wide Area Network	广域网
6	MAN	Metropolitan Area Network	城域网
7	LAN	Local Area Network	局域网
8	TCP/IP	Transmission Control Protocol/Internet Protocol	传输控制协议/因特网互联协议
9	FTP	File Transfer Protocol	文件传输协议
10	SMTP	Simple Mail Transfer Protocol	简单邮件传输协议
11	PSTN	Published Switched Telephone Network	公用电话交换网
12	ISDN	Integrated Service Digital Network	综合业务数字网
13	ADSL	Asymmetrical Digital Subscriber Line	非对称数字用户环路
14	DDN	Digital Data Network	数字数据网
15	HFC	Hybrid Fiber-Coaxial	混合光纤同轴电缆网
16	IP	Internet Protocol	网络之间互连的协议
17	EMC	Electromagnetic Compatibility	电磁兼容
18	SPD	Surge Proteltive Device	电涌保护器
19	ODF	Optical Distribution Frame	光纤配线架
20	MDF	Main Distribution Frame	总配线架
21	DDF	Digital Distribution Frame	数字配线架

续附录一

序号	英文缩写	英文全拼	中文全称
22	CCTV	Closed Circuit Television Monitoring System	闭路电视监控系统
23	PA	Public Address	广　播
24	UPS	Uninterruptible Power System/Uninterruptible Power Supply	不间断电源
25	CLK	Clock	时　钟
26	PIS	Passenger Information System	乘客导乘信息系统
27	PLMN	Public Local Mobile Network	公用陆地移动通信网
28	FDMA	Frequency Division Multiple Access	频分多址
29	TDMA	Time Division Multiple Access	时分多址
30	CDMA	Code Division Multiple Access	码分多址
31	SDMA	Space Division Multiple Access	空分复用接入
32	PDH	Plesiochronous Digital Hierarchy	准同步数字传输系统
33	SDH	Synchronous Digital Hierarchy	同步数字传输系统
34	MSTP	Multi-Service Transfer Platform	多业务传送平台
35	OTN	Optical Transport Network	光传送网
36	ATM	Asynchronous Transfer Mode	异步传输模式
37	ISCS	Integrated Supervisory Control System	综合监控系统
38	ATS	Automatic Train Supervision	信号系统（自动列车监控系统）
39	GPS	Global Positioning System	全球定位系统
40	LCD	Liquid Crystal Display	液晶显示器
41	LED	Light-Emitting Diode	发光二极管

附录二 轨道交通通信系统样卷（一）

题号	一	二	三	合计	统分人
得分					

评卷人	得分

一、填空题（请将正确答案填在横线空白处；每空 2 分，共 40 分）

1. 昆明地铁 6 号线传输组网方向为：（   ）—（   ）—（   ）—（   ）—（   ）最后回到（   ）。

2. 昆明地铁 6 号线专用无线基站均采用（   ）基站，每个基站（   ）个信道机，每个载波（   ）个信道，采用的多址技术为（   ）。

3. TETRA 系统的工作方式：（   ）、（   ）、（   ）。

4. UPS 系统的工作模式：（   ）、（   ）、（   ）、（   ）。

5. 现有 1 路高清图像，如果码流 6 Mb/s，全天 24 h 不间断录像，录像为 30 天，则需要的存储空间为（   ）。

6. SDI 即 Serial Digital Interface，俗称（   ）。

7. 昆明地铁 6 号线公务、专用电话程控交换机采用（   ）V 电流供电。

评卷人	得分

二、选择题（请将正确答案的代号填入括号内；每题 2 分，共 30 分）

1. 在数字电视的信源压缩编码中，由于要求的压缩比高，故普遍采用的是（   ）。

   A. 有损编码　　　　　　　　B. 无损编码

   C. 高清有损编码　　　　　　D. 标清无损编码

2. 昆明地铁 6 号线车站视频高清矩阵设备平台 VAR3 系统中不包括（   ）。

   A. 机箱　　　　　　　　　　B. 电源

   C. 矩阵光输出卡　　　　　　D. 主控板

3. PIS 系统中心编码器输出的视频流是（   ）路。

   A. 1　　　　　　B. 2　　　　　　C. 3　　　　　　D. 4

4. 昆明地铁 6 号线车载 PIS 系统车地无线下载标准码流为（　　　）。

    A. 2 M　　　　　　B. 16 M　　　　　　C. 8 M　　　　　　D. 6 M

5. STM-1 可以复用进（　　　）2 M。

    A. 1 024 个　　　　B. 64 个　　　　　C. 63 个　　　　　D. 155 个

6. PQ1 单板是对（　　　）进行处理的。

    A. E1 信号　　　　　　　　　　　　B. SDH 信号

    C. 专用无线信号　　　　　　　　　　D. 频分多路复用信号

7. STM-64 的速率等级为（　　　）。

    A. 64 G　　　　　　B. 32 G　　　　　C. 10 G　　　　　D. 12.5 G

8. IPX3000 最大配置可用卡板数量为（　　　）。

    A. 165　　　　　　　B. 170　　　　　　C. 177　　　　　　D. 178

9. 下列卡板中不属于公务电话系统的是（　　　）。

    A. 24SA　　　　　　B. 8SFT　　　　　C. 2DT-PRI　　　D. PUGW

10. 光功率计用于测量（　　　）、光损耗、误码率等指标。

    A. 电压　　　　　　B. 电流　　　　　　C. 光功率　　　　D. 光接续点

11. 昆明地铁 6 号线是由 3 组蓄电池组（　　　）供电，每组蓄电池组由（　　　）节蓄电池（　　　）组成。

    A. 串联　　　15　　　串联　　　　B. 并联　　　30　　　串联

    C. 并联　　　20　　　并联　　　　D. 串联　　　30　　　串联

12. 三相五线制电源线的颜色：U 相（A 相）（　　　）、V 相（B 相）（　　　）、W 相（C 相）（　　　），零线 N 为（　　　），保护地线 PE 为黄、绿双色。

    A. 红色　绿色　黄色　黑色　　　　B. 绿色　黄色　黑色　黄色

    C. 红色　绿色　黄色　绿色　　　　D. 黄色　绿色　红色　黑色

13. TETRA 集群模式下的组呼工作方式为（　　　）。

    A. 单工通信　　　　　　　　　　　　B. 半双工通信

    C. 全双工通信　　　　　　　　　　　D. 以上均正确

14. 对于 TETRA 系统来说，最重要的设备为（　　　）。

    A. MSO　　　　　B. 基站控制器　　　C. ZC　　　　　　D. 核心路由器

15. MTS4 基站每个信道机有（　　　）个时隙。

    A. 8　　　　　　　　B. 4　　　　　　　　C. 16　　　　　　D. 12

评卷人	得分

三、判断题（正确的请在括号内打"√"，错误的打"×"；每题 3 分，共 30 分）

1. TETRA 集群模式下的组呼工作方式为全双工。　　　　　　　　　　　（　　　）

2. MTS4 基站有且仅可配置 2 台信道机。　　　　　　　　　　　　　　（　　　）

3. 公务电话系统中无法使用数字话机。　　　　　　　　　　　　　　　（　　　）

4. 电池内阻影响电池工作电压、工作电流和输出能量，内阻越小电池性能越好。（　　　）

5. 昆明地铁 6 号线是由 3 组蓄电池组并联供电，每组蓄电池组由 30 节蓄电池并联组成。
　　　　　　　　　　　　　　　　　　　　　　　　　　　　　　　　　　（　　　）

6. 红 + 蓝 + 绿 = 白色。如某色光中掺入一半白光，则色饱和度是 60。　　　（　　　）

7. 车站 CCTV 实时图像通过车站专用通信机房内的编码器编码后经由交换机传往临时
控制中心。　　　　　　　　　　　　　　　　　　　　　　　　　　　　　（　　　）

8. 广播系统中功率放大器最大可将音量调整到 10 dB。　　　　　　　　　　（　　　）

9. CCTV 系统 VAR6 光矩阵中右起第三块板卡为 CPU 卡。　　　　　　　　　（　　　）

10. 传输系统 STM-64 的速率等级为 10 G。　　　　　　　　　　　　　　　（　　　）

附录三 轨道交通通信系统样卷（二）

题号	一	二	三	合计	统分人
得分					

注意事项：1. 答卷前将装订线左边的项目填写清楚。

　　　　　2. 答卷必须用蓝色或黑色钢笔、圆珠笔，不许用铅笔或红笔。

　　　　　3. 本份试卷共 3 道大题，满分 100 分，考试时间 120 分钟。

评卷人	得分

一、填空题（请将正确答案填在横线空白处；每空 2 分，共 40 分）

1. 地铁广播系统是地铁通信系统中的一个专用子系统在（　　　）、（　　　）、（　　　）、（　　　）等方面具有十分重要的作用。

2. （　　　）、（　　　）、（　　　）称为彩色三要素。

3. 通信设备的接地可分为：（　　　）、（　　　）和（　　　）。保护接地有：（　　　）、（　　　）、（　　　）保护 3 种方法。

4. 目前国际上有两种 PCM 体制：一种是 24 路 PCM；另一种是 30/32 路。30/32 路的抽样频率为（　　　），比特数为（　　　），时隙为（　　　），PCM 话路为（　　　），输出比特率（　　　）。

5. 中国的国家代号是（　　　），长途区号是第（　　　）位。

评卷人	得分

二、选择题（请将正确答案的代号填入括号内；每题 2 分，共 30 分）

1. 时分多路复用使各路信号在（　　　）的时间占用同一条信道进行传输。

　　A. 相同　　　　　　　　B. 随机

　　C. 任何　　　　　　　　D. 不同

2. PCM30/32 路系统可提供（　　　）个话路。

　　A. 24　　　　　　　　　B. 30

　　C. 32　　　　　　　　　D. 64

3. PCM 是实现模拟信号（　　　）的一种方式。

　　A. 数字化　　　　　　　B. 模拟化

　　C. 集成化　　　　　　　D. 小型化

4. 脉冲编码调制"PCM"在发送端主要通过抽样、量化和编码工作完成（　　）转换；在接收端主要通过译码和滤波工作完成（　　）转换。

A. D→A　A→D

B. 电压　电流

C. 电流　电压

D. A→D　D→A

5. 有线通信中的多路复用技术主要有（　　）复用和（　　）复用。

A. 空分　时分

B. 信令　时分

C. 频分　空分

D. 频分　时分

6. 时钟系统由标准时钟信号接收单元、一级母钟、（　　）、二级母钟及子钟组成。

A. 中心控制设备

B. 监控设备

C. 传输设备

D. 接口设备

7. 直流基础电源的电压首选标称值为（　　），直流变换器是将一种电压的直流电变换为另一种或几种电压的直流电。

A. − 12 V

B. − 24 V

C. − 48 V

D. ＋24 V

8. 蜂窝移动通信系的特点是（　　）。

A. 能指挥调度

B. 无线电话

C. 大区覆盖

D. 服务对象是集团用户

9. 如某色光中掺入一半白光，则色饱和度是（　　）。

A. 0

B. 100

C. 50

D. 25

10. 前置放大器由多级内部放大器组成，分别是 a.输入放大器、b.节目放大器、c.输出放大器，一个话筒信号从前置放大器输入端到输出端的流程是（　　）。

A. a→c→b

B. b→c→a

C. a→b→c

D. c→b→a

11. 传输衰减是网络的输入端功率与输出端功率（　　）。

A. 之和

B. 之积

C. 之比

D. 之差

12. PCM 抽样频率一般取（　　）Hz。

A. 2 000

B. 4 000

C. 6 000

D. 8 000

13. 拨打长途电话号码时还需加长途字冠，CCITT 建议的国际长途字冠为（　　），国内长途字冠为（　　）。

A. 00　0

B. 000　00

C. 86　0

D. 086　0

14. NTP 提供准确时间，首先要有准确的时间来源，在时间系统中（　　）提供给 NTP 时钟源。

A. LAN

B. WAN

C. UDP

D. GPS

15. 蓄电池的电极以（　　）及其氧化物为材料，故又称铅酸蓄电池。

A. 铜   B. 铝

C. 锌   D. 镉

评卷人	得分

三、判断题（正确的请在括号内打"√"，错误的打"×"；每题 3 分，共 30 分）

1. 通信线路是将电信号从一个地点传送到另一个地点的传输介质。   （   ）

2. 全塑电缆按导线材料可分为铜导线和铅导线。   （   ）

3. 对于广播设备的概念，正确的理解是用于语音信号测量的设备。   （   ）

4. 红 + 蓝 + 绿 = 白色。   （   ）

5. TCP/IP 协议结构模型的第三层是网间互联层。   （   ）

6. 广播设备中对音源错误认识的是人的讲话声。   （   ）

7. 移相键控是指数字信号的相位调制。   （   ）

8. 富兰克林天线分为全向与定向两种类型。   （   ）

9. 时钟系统的设备可分为中央级设备和车站级设备。   （   ）

10. 电源线的颜色应符合规定：A 相为黄色，B 相为绿色，C 相为红色，零线为黑色，保护线为黄、绿双色。   （   ）

参 考 文 献

[1] 张传生. 数字通信原理[M]. 西安：西安交通大学出版社，1990.

[2] 张文冬. 程控数字交换技术原理[M]. 北京：北京邮电大学出版社，1995.

[3] 曾少燊. 现代网络通信技术[M]. 成都：西南交通大学出版社，2004.

[4] 韦乐平，李英颢. SDH 及其新应用[M]. 北京：人民邮电出版社，2001.

[5] 侯振义. UPS 电路分析与维修[M]. 北京：科技出版社，2001.

[6] 李正吉. 程控交换技术实用教程[M]. 西安：西安电子科技大学出版社，2004.

[7] 宋铮，张建华，黄冶，等. 天线与电波传播[M]. 2 版. 西安：西安电子科技大学出版社，
2011.

[8] 刘达. 数字电视技术[M]. 北京：电子工业出版社，2005.

[9] 徐宝强. 电视原理及其应用技术[M]. 天津：天津大学出版社，2001.

[10] 人力资源和社会保障部教材办公室，广州市地下铁道总公司. 通信检修工[M]. 北京：
中国劳动社会保障出版社，2009.